¡Ya verás!

Primer nivel

Heinle & Heinle Publishers
A Division of Wadsworth, Inc.
Boston, Massachusetts 02116

John R. Gutiérrez
The Pennsylvania State University

Marta Rosso-O'Laughlin
Tufts University

¡Ya verás!

Primer nivel

TEXT PERMISSIONS

We wish to thank the authors, publishers, and holders of copyright for their permission to reprint the following:

p. 179 Madrid city map and **242** metro map reprinted from El Corte Inglés brochure; **265–6** "Tarjeta joven," adapted from RENFE brochure; **342** "Magia y color en Los Ángeles," from *Más Magazine*, Univision Publications, Vol. 1, No. 1 (Otoño 1989); **401** reprinted from El Corte Inglés store directory. Special thanks to the Dalí Restaurant, Somerville, MA for their cooperation during the shooting of the tapas on p. 25.

PHOTO CREDITS

Stuart Cohen: p. 2, 3, 4, 5 bottom right and bottom left, 6 left, 14, 24, 25, 55 right, 56, 67, 68, 69, 70, 87, 92, 103, 110, 130 top, 131 top and bottom, 143, 144, 145, 146, 153, 161, 170, 186, 213, 214, 215, 216, 221, 240, 248, 249, 250, 254, 255, 259, 275, 324, 325, 326, 332, 333, 334, 335, 351.

Beryl Goldberg: p. 5 top, 6 far left, 6 right and far right, 19, 40, 42, 50, 53, 55 left, 89, 119, 122, 130 bottom, 278, 288, 314, 315, 350, 352, 368, 378, 388, 410.

p. 80 **Douglas Donne Bryant**; 194 **Mark Nohl/NM Economic & Tourism Department**; 234 **Peter Menzel/Stock, Boston**; 276, 280, 281 left **Stuart Cohen/Comstock**; 281 right **Bonnie Kamin/Comstock**; 287 **Mexican Ministry of Tourism**; 289 **Ernst Braun/Comstock**; 296 **Sharon Chester/Comstock**; 297 **Georg Gerster/ Comstock**; 298 **Organization of American States**; 304 **Mark Nohl/NM Economic & Tourism Dept.**; 305 **The Bettmann Archive**; 306 top **P. Greenberg/Comstock**; 306 bottom **Mark Nohl/NM Economic & Tourism Dept.**; 316 left **Carol L. Newsom**; 316 right **Randee St. Nicholas/Epic Records**; 317 **Cisneros Management**.

Maps on pp. xiv–xvi by **Deborah Perugi**.

Publisher: Stanley J. Galek
Editorial Director: Janet L. Dracksdorf
Project Manager: Judy Keith
Art Editor/Copyeditor: Kris Swanson
Associate Editor: Sharon Buzzell
Production Supervisor: Patricia Jalbert
Manufacturing Coordinator: Lisa McLaughlin
Composition: NovoMac Enterprises
Text Design: Sue Gerould/Perspectives
Cover Design: Jean Duvoisin/Duvoisin Design Associates
Illustrator: Jane O'Conor
Illustrator Coordinator: Len Shalansky

Heinle & Heinle Publishers is a division of Wadsworth, Inc.

Manufactured in the United States of America

ISBN 0-8384-2010-9 (Student Edition)
ISBN 0-8384-2033-8 (Teacher's Edition)

10 9 8 7 6 5

To the Student

We are living in a world where the most advanced nations realize that they can no longer be ignorant of the languages and cultures of other peoples on this very small planet. Learning a new language is the first step to increasing your awareness of our world. It will open up cultures other than your own: different ways of living, thinking, and seeing. In fact, there is an old Spanish proverb that underscores the importance of knowing another language. It states: **El que sabe dos lenguas vale por dos**—the person that speaks two languages is worth two people.

You are about to begin an exciting and valuable experience. Today the Spanish language is spoken all over the world by over 300 million people. Many of you will one day have the opportunity to visit a Spanish-speaking country. Your experience will be all the richer if you can enter into the cultures of those countries and interact with their people. However, even if you don't get to spend time in one of those countries, Spanish is very much alive right here in this country for it is spoken everyday by millions of Americans!

Have you ever been exposed to a Spanish speaker or to some element of Hispanic culture? We feel sure that you have. Perhaps you have sampled some Mexican food, turned on the television to find a Spanish news broadcast on the *Univisión* cable station, or seen *MTV Internacional*. Perhaps you have listened to Gloria Estefan or Rubén Blades or maybe seen a movie with Spanish subtitles. The possibilities are endless.

Once you begin to use the Spanish language in class, you will discover that you can interact with Spanish speakers or your classmates right away. It might help to persuade you of this to know that of over 80,000 words found in the Spanish language, the average speaker of Spanish uses only about 800 on a daily basis. Therefore, the most important task ahead of you is NOT to accumulate a large quantity of knowledge ABOUT Spanish grammar and vocabulary but rather to USE what you do know as effectively and creatively as you can.

Communication in a foreign language means understanding what others say and transmitting your messages in ways that avoid misunderstandings. As you learn to do this, you will make the kinds of errors that are necessary in language learning. DO NOT BE AFRAID TO MAKE MISTAKES! Instead, try to see errors as positive steps toward effective communication. They don't hold you back; they advance you in your efforts. Learning a language is hard work, but it can also be an enriching experience. We hope your experience with *¡Ya verás!* is both rewarding and enjoyable!

Contents

2 ¡Vamos a conocernos!

3 ¿Dónde y a qué hora?   145

Acknowledgments

Creating a secondary language program is a long, complicated, and difficult process. First of all, we must express our deepest and most heartfelt thanks to our Editorial Director, Janet Dracksdorf, who strongly yet with great sensitivity and support, guided the project from its inception through its realization. Our Associate Editor, Sharon Buzzell, has been very helpful to us during the developmental and production stages. Our Project Editor, Judy Keith, has managed the many facets of the production process with skill and good humor. Kris Swanson copyedited the manuscript and we thank her for her poignant comments and excellent suggestions at every phase of the process. We would like to thank many other people who played a role in the production of the program: Pat Jalbert, Production Supervisor; Sue Gerould, Designer; Jean Duvoisin, Cover Designer; Jane O'Conor, Illustrator; Stuart Cohen, Photographer; Vivian Novo-MacDonald, Compositor; Michelle Bordeau, native Spanish-speaking reviewer; and Nancy Siddens and Camilla Ayers for their editorial assistance.

Our thanks also go to others at Heinle & Heinle who helped make this project possible: Charles Heinle, Stan Galek, José Wehnes, Erek Smith, and, of course, to Jeannette Bragger and Donald Rice, the authors of *On y va!*. We also wish to express our appreciation to the people responsible for the fine set of ancillary materials available with the *¡Ya verás!* program: Stephen J. Collins, Workbook; José M. Díaz, Testing Program; Douglas Morgenstern, Laboratory Tape Program; Bernard Petit and Frank Rossi, Video Program; and Roby Ariew, Software Program.

Finally, a very special word of acknowledgment must go to Mía and Stevan Gutiérrez, who are always on their daddy's mind, and also to Michael O'Laughlin and twins Andrés and Nicolás for their support and encouragement throughout this endeavor. We hope Mía, Stevan, Andrés, and Nicolás all will learn Spanish with *¡Ya verás!* when they get to high school.

John R. Gutiérrez
Marta Rosso-O'Laughlin

The publisher and authors wish to thank the following teachers who pilot-tested the *¡Ya verás!* program. They used the materials with their classes and made invaluable suggestions as our work progressed. Their feedback benefits all who use this final product. We are grateful to each one of them for their dedication and commitment to teaching with the program in a prepublication format.

Nola Baysore
Muncy JHS
Muncy, PA

Barbara Connell
Cape Elizabeth Middle School
Cape Elizabeth, ME

Frank Droney
Susan Digiandomenico
Wellesley Middle School
Wellesley, MA

Michael Dock
Shikellamy HS
Sunbury, PA

Jane Flood Clare
Somers HS
Lincolndale, NY

Nancy McMahon
Somers Middle School
Lincolndale, NY

Rebecca Gurnish
Ellet HS
Akron, OH

Peter Haggerty
Wellesley HS
Wellesley, MA

José M. Díaz
Hunter College HS
New York, NY

Claude Hawkins
Flora Mazzucco
Jerie Milici
Elena Fienga
Bohdan Kodiak
Greenwich HS
Greenwich, CT

Wally Lishkoff
Tomás Travieso
Carver Middle School
Miami, FL

Manuel M. Manderine
Canton McKinley HS
Canton, OH

Grace Angel Marion
South JHS
Lawrence, KS

Jean Barrett
St. Ignatius HS
Cleveland, OH

Gary Osman
McFarland HS
McFarland, WI

Deborah Decker
Honeoye Falls-Lima HS
Honeoye Falls, NY

Carrie Piepho
Arden JHS
Sacramento, CA

Rhonda Barley
Marshall JHS
Marshall, VA

Germana Shirmer
W. Springfield HS
Springfield, VA

John Boehner
Gibson City HS
Gibson City, IL

Margaret J. Hutchison
John H. Linton JHS
Penn Hills, PA

Edward G. Stafford
St. Andrew's-Sewanee School
St. Andrew's, TN

Irene Prendergast
Wayzata East JHS
Plymouth, MN

Tony DeLuca
Cranston West HS
Cranston, RI

Joe Wild-Crea
Wayzata Senior High School
Plymouth, MN

Katy Armagost
Manhattan HS
Manhattan, KS

William Lanza
Osbourn Park HS
Manassas, VA

Linda Kelley
Hopkinton HS
Contoocook, NH

John LeCuyer
Belleville HS West
Belleville, IL

Sue Bell
South Boston HS
Boston, MA

Wayne Murri
Mountain Crest HS
Hyrum, UT

Barbara Flynn
Summerfield Waldorf School
Santa Rosa, CA

The publisher and authors would also like to thank the following people who reviewed the *¡Ya verás!* program at various stages of development. Their comments on the presentation of the content were much appreciated.

Lee Benedetti (Springfield Central HS, Springfield, MA); Patty Bohannon (Dewey HS, Dewey, OK); Maria Luisa Castillo (San Francisco University HS, San Francisco, CA); Diana Chase (Howell HS, Farmingdale, NJ); C. Ben Christensen (San Diego State University, San Diego, CA); Marty Clark (Peters Township HS, Canonsburg, PA); Stephen Collins (Boston College HS, Dorchester, MA), Wendy Condrat (Judge Memorial HS, Salt Lake City, UT); José M. Díaz (Hunter College HS, New York, NY); Johnny Eng (Alamo Heights HS, San Antonio, TX); Helen Ens (Hillsboro HS, Hillsboro, KS); Joe Harris (Poudre School District, Fort Collins, CO); Martha Hatcher (Wayzata West JHS, Wayzata, MN); Brooke Heidenreich (Issequah HS, Issequah, WA); Marty Hogan (Brandon Valley HS, Brandon, SD); Helen V. Jones (Supervisor of Foreign Languages, ESL and Bilingual Education, Department of Education, Richmond, VA); Nancy Landmesser (Tom's River HS South, Tom's River, NJ); Sue Lashinsky (George Washington HS, Lakewood, CO); Lois C. Leppert (Heritage HS, Littleton, CO); Manuel M. Manderine (Canton McKinley HS, Canton, OH); Leslie Martineau (Middletown HS, Middletown, MD); Douglas Morgenstern (Massachusetts Institute of Technology, Cambridge, MA); Edith Moritz (Westminster School, Atlanta, GA); Isolina Núñez (Western Albemarle HS, Croyet, VA); Elizabeth Pitt (Charlottesville HS, Charlottesville, VA); Mary Jo Renzi (Santa Rosa HS, Santa Rosa, CA); Connie Rossi (Annie Wright School, Tacoma, WA); Richard Seibert (San Mateo HS, San Mateo, CA); Maria Soares (Columbia Grammar and Preparatory School, New York, NY); Phil Stone (Lake Forest HS, Lake Forest, IL); Margaret Sullivan (Duggin JHS, Springfield, MA)

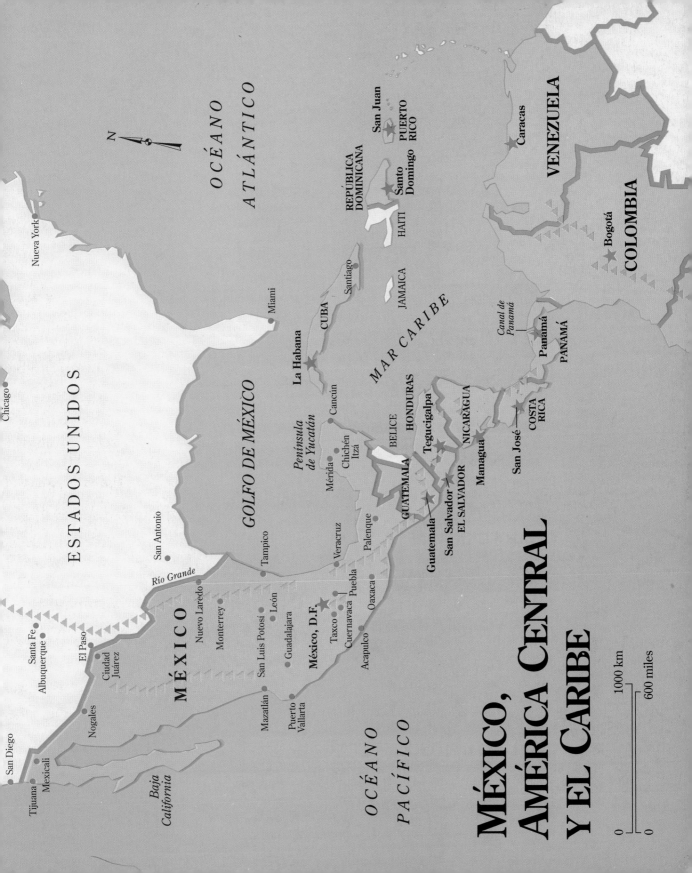

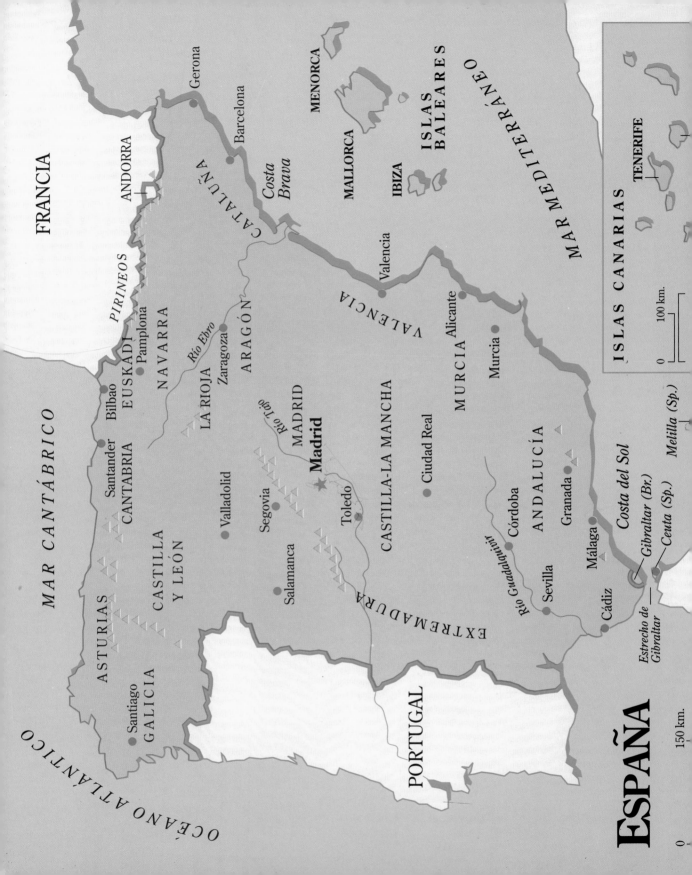

ESPAÑA

FRANCIA

OCÉANO ATLÁNTICO

MAR CANTÁBRICO

MAR MEDITERRÁNEO

PORTUGAL

GALICIA
Santiago

ASTURIAS

CANTABRIA
Santander

CASTILLA Y LEÓN
Salamanca
Valladolid
Segovia

EUSKADI
Bilbao

NAVARRA
Pamplona
PIRINEOS
ANDORRA

LA RIOJA

ARAGÓN
Zaragoza
Río Ebro

CATALUÑA
Gerona
Barcelona
Costa Brava

MADRID
Madrid
Río Tajo

CASTILLA-LA MANCHA
Toledo
Ciudad Real

EXTREMADURA

VALENCIA
Valencia
Alicante

MURCIA
Murcia

ANDALUCÍA
Córdoba
Sevilla
Granada
Málaga
Cádiz
Costa del Sol
Río Guadalquivir

Estrecho de Gibraltar
Gibraltar (Br.)
Ceuta (Sp.)
Melilla (Sp.)

ISLAS BALEARES
MENORCA
MALLORCA
IBIZA

ISLAS CANARIAS
TENERIFE

100 km.
0

150 km.
0

¡Ya verás!

Primer nivel

Vamos a tomar algo

Vamos a tomar algo
Let's get something
(to eat or drink)

Objectives

In this unit, you will learn:

- to meet and greet people;
- to discuss and express your likes and dislikes about common activities;
- to get something to eat and drink;
- to read a café menu;
- to express how well or how often you do something;
- to identify and understand meal-time customs in the Hispanic world.

Capítulo uno:	**Vamos al café**
Primera etapa:	¡Hola! ¿Qué tal?
Segunda etapa:	¡Un refresco, por favor!
Tercera etapa:	¡Vamos a comer algo!

Capítulo dos:	**¡Vamos a un bar de tapas!**
Primera etapa:	Las tapas españolas
Segunda etapa:	¡Buenos días!… ¡Hasta luego!

Capítulo tres:	**¿Te gusta la comida mexicana?**
Primera etapa:	¡Vamos a un restaurante!
Segunda etapa:	¡Qué comida más rica!

Miguel Palacios

CAPÍTULO UNO

Vamos al café

—Yo quisiera un refresco.
—Entonces, vamos al café.

Primera etapa

¡Hola! ¿Qué tal?

—**Buenos días**, Raúl.
—Buenos días, Antonio.
  ¿Cómo estás?
—**Muy bien, gracias.**
  ¿Y tú?
—**Más o menos.**

Vamos al café: Let's go to the café
¡Hola! ¿Qué tal?: Hello! How are you?

Good morning

How are you?
Very well, thank you.
And you?
So-so.

—¡Hola, Anita! ¿Qué tal?
—Muy bien, Laura. ¿Y tú?
—**Bien**, gracias. Anita, **te presento a** Juan. Juan, Anita.
—¡Hola!
—**Mucho gusto.**

Well / let me introduce you to...

Nice to meet you.

Saludos

	Buenos días.
Good afternoon.	**Buenas tardes.**
Good evening.	**Buenas noches.**
	¡Hola!
	¿Qué tal?
	¿Cómo estás?
How is it going?	**¿Cómo te va?**

Respuestas

Buenos días.
Buenas tardes.
Buenas noches.
¡Hola!
Bien, gracias. ¿Y tú?
Muy bien, gracias. ¿Y tú?
Más o menos. ¿Y tú?

Despedidas

Good-bye.	**Adiós.**
See you later.	**Hasta luego.**

Adiós.
Chao.

¡Hola!   *¿Qué tal?*   *¿Cómo estás?*   *Hasta luego.*

¡Aquí te toca a ti!

A. **Saludos** Answer these greetings appropriately.

1. ¡Hola!
2. Buenos días.
3. ¿Cómo estás?
4. ¿Qué tal?

5. Buenas tardes.
6. ¿Cómo te va?
7. Buenas noches.
8. Hasta luego.

B. **¡Hola! ¿Qué tal?** You are with a new student and you meet a friend in the hallway. You and your friend greet each other, and you introduce the new student. Divide into groups of three to act out the situation.

MODELO: Tú: *¡Hola! ¿Qué tal?*
Amigo(a): *Bien, gracias, ¿y tú?*
Tú: *Bien, gracias. Te presento a Marilú.*
Amigo(a): *¡Hola!*
Marilú: *Mucho gusto.*

▼ COMENTARIOS CULTURALES ▼

Saludos

In Hispanic culture, the body language that accompanies greetings and good-byes is different from American customs. In both situations, it is customary for men to shake hands formally or even embrace and pat each other on the back. Among women, the custom is to kiss each other on both cheeks in Spain and on only one cheek in Latin America. When a young man and woman who know each other meet, they generally kiss on both cheeks. Older people will usually shake hands unless they know each other well.

Pronunciación: *The Spanish alphabet*

A good place to start your study of Spanish pronunciation is with the alphabet. Listed below are the letters of the Spanish alphabet along with their names.

a	a	*ahhh*	**j**	jota	*hota*	**r**	ere	*airay*
b	be	*bay*	**k**	ka		**rr**	erre	*erray*
c	ce	*Bay*	**l**	ele	*LA*	**s**	ese	*S·ay*
ch	che	*chay*	**ll**	elle	*L·eay*	**t**	te	*tay*
d	de	*day*	**m**	eme	*M·ay*	**u**	u	*ooo*
e	e	*a*	**n**	ene	*N·ay*	**v**	ve	*vay*
f	efe	*fay*	**ñ**	eñe	*N·ya*	**w**	doble ve	
g	ge	*hay*	**o**	o	*O*	**x**	equis	
h	hache	*achay*	**p**	pe	*pay*	**y**	i griega	
i	i	*ee*	**q**	cu	*cooo*	**z**	zeta	*seta*

▶ **¿Qué crees?**

Which of the following letters are not officially part of the Spanish alphabet?

a) k, w
b) ll, rr
c) ch, ñ

respuesta ▶

Práctica

C. Spell the following words using the Spanish alphabet.

1. pan
2. refresco
3. mantequilla
4. leche
5. aceitunas
6. bocadillo
7. naranja
8. limón
9. mermelada
10. calamares
11. sándwich
12. desayuno
13. jamón
14. pastel
15. tortilla

Now spell your first and last names.

Expressing likes and dislikes: **gustar** + activities

In order to express in Spanish what activities you like or do not like to do, the following structure can be used:

Gustar + *infinitive**

Me gusta bailar.	*I like* to dance.
¿Te gusta cantar?	*Do you like* to sing?
No me gusta cantar. **Me gusta** escuchar música.	*I don't like* to sing. *I like* to listen to music.
¿Te gusta hablar español?	*Do you like* to speak Spanish?
Sí, pero **no me gusta** estudiar y practicar.	Yes, but *I don't like* to study and practice.

*An *infinitive* is a verb that is not conjugated (does not show a different ending for each person). For example, in English *to introduce* is an infinitive, and *she introduces* contains a conjugated verb.

Aquí practicamos

D. **¿Qué** *(What)* **te gusta?** Answer the following questions, according to the model.

MODELO: ¿Te gusta estudiar?
               Sí, me gusta estudiar.   o:
               No, no me gusta estudiar.

1. ¿Te gusta bailar?
2. ¿Te gusta hablar español en clase?
3. ¿Te gusta cantar óperas?
4. ¿Te gusta escuchar música rock? ¿clásica?
5. ¿Te gusta estudiar matemáticas? ¿historia?
6. ¿Te gusta cantar?

N O T A   G R A M A T I C A L

Here are some words that can be used to express whether you like something very much or just a little.

mucho	a lot	**poco**	a little
muchísimo	very much	**muy poco**	very little

Me gusta **mucho** bailar.
Me gusta **muy poco** escuchar música clásica.

These words are called *adverbs* and they come after the verb **gustar.**

E. **¿Muchísimo o muy poco?** Say how much or how little you like these activities.

MODELO: cantar
Me gusta mucho cantar.   o:
Me gusta muy poco cantar.

1. bailar
2. hablar en clase
3. hablar español
4. escuchar música rock
5. escuchar música clásica
6. estudiar
7. cantar

¡Adelante!

F. **¡Mucho gusto!** You and a friend are sitting in a café when another friend arrives. Greet him or her and introduce your friend. Then, after finishing your drink, you get up to go and say good-bye to your two friends.

Segunda etapa

¡Un refresco, por favor!: A soft drink, please!

¡Un refresco, por favor!

waiter / Here you are.
what do you want to drink?

Thank you very much
I would like / You're welcome.

—Pst, **camarero**.
—Sí señorita, **¿qué desea tomar?**
—Una limonada, por favor.
—Y usted, señorita, ¿qué desea?
—**Yo quisiera** un licuado de banana, por favor.

—**Aquí tienen ustedes.** Una limonada y un licuado de banana.
—**Muchas gracias,** señor.
—**De nada.**

hot drinks

Unas bebidas calientes

un café con leche   un café   un chocolate

un té

un té con limón

un té con leche

Unas bebidas frías

cold drinks

una botella de agua mineral   una granadina con agua mineral   un jugo de naranja   un licuado de banana   una limonada   un refresco   un vaso de agua con limón

¡Aquí te toca a ti!

A. **En el café** You are in a café and want to order the following drinks. Follow the model.

MODELO: un café con leche
—*¿Qué desea, señorita (señor)?*
—*Un café con leche, por favor.*

1. un refresco
2. un té con limón
3. una granadina con agua mineral
4. un chocolate
5. una botella de agua mineral
6. un licuado de banana
7. una limonada
8. un licuado de fresas
9. un té con leche
10. un jugo de naranja
11. un vaso de agua con limón
12. un té

C·A·F·É MONTEVIDEO		
Agua mineral, $1/2$ botella		175, —
Colas y refrescos, botella		200, —
Jugos, naranja o manzanilla		175, —
Limonada,		175, —
Licuado de banana o de fresa		225, —
Granadina con soda		200, —

BEBIDAS CALIENTES

Café, solo o con leche	150, —
Té, tilo o manzanilla	150, —
Leche, con azúcar	150, —
Chocolate	175, —

B. **Camarero(a), por favor** You need to get the waiter's attention and order the drink of your choice.

> MODELO:　　—*Pst, camarero(a).*
> 　　　　　　—*Sí señor (señorita), ¿qué desea tomar?*
> 　　　　　　—*Un licuado de fresas, por favor.*

C. **Aquí tienen.** Play the role of the waiter or one of two students at a café. The students each order a drink, but the waiter forgets who ordered what. Work in groups of three. Follow the model.

> MODELO:　　Camarero(a): *¿Qué desean tomar?*
> 　　　　　　Estudiante 1: *Una granadina con soda, por favor.*
> 　　　　　　Camarero(a): *¿Y Ud., señor (señorita)?*
> 　　　　　　Estudiante 2: *Quisiera un refresco, por favor.*
>
> 　　　　　　Camarero(a): *Aquí tienen. Un refresco para Ud....*
> 　　　　　　Estudiante 1: *No, señor, una granadina.*
> 　　　　　　Camarero(a): *¡Ah, perdón* (sorry)*! Una granadina para Ud., y un refresco para Ud.*
> 　　　　　　Estudiante 2: *Sí, gracias.*
> 　　　　　　Camarero(a): *De nada.*

Pronunciación: *The vowel* ***a***

The sound of the vowel **a** in Spanish is pronounced like the *a* of the English word *father* except that the sound is shorter in Spanish. Listen as your teacher models the difference between the Spanish **a** and the English *a* of *father*.

Práctica

D. Listen and repeat as your teacher models the following words.

1. hola	6. canta
2. va	7. habla
3. pan	8. hasta
4. patatas	9. calamares
5. tapas	10. cacahuetes

Repaso

E. **Hola, te presento a...** The Spanish Club has organized a meeting for its new members to get to know each other. Select a partner and introduce each other to three new people.

ESTRUCTURA

The indefinite articles **un, una**

The singular (one person or thing) indefinite articles in Spanish are:

Masculino   Femenino
un refresco   **una** limonada

1. The English equivalent of **un**, **una** is *a* or *an*.
2. Every noun in Spanish has a grammatical gender; that is, it is either masculine or feminine. The gender of a noun has nothing to do with what the word means.
3. If a noun is masculine, it often ends with the vowel **-o**, **un jugo**. If a noun is feminine, it often ends with the vowel **-a**, **una granadina**. But other words, like **té** or **café**, do not fall into these categories. For this reason, it is best to learn the noun with its corresponding article.

Aquí practicamos

F. **¿Un o una?** Add the correct indefinite article to these nouns.

MODELO: botella de agua mineral
            una botella de agua mineral

1. jugo de naranja   6. vaso de agua
2. limonada   7. refresco
3. té   8. café con leche
4. chocolate   9. licuado de fresas
5. vaso de leche   10. té con leche

G. **Yo quisiera... ¿Y tú?** You and your friend are deciding what to have. Express what you want and then ask your friend. Follow the model.

MODELO: café con leche
            Yo quisiera un café con leche. ¿Y tú?

1. chocolate   6. granadina con agua mineral
2. té   7. licuado de banana
3. vaso de agua mineral   8. té con leche
4. jugo de naranja   9. refresco
5. té con limón   10. limonada

COMENTARIOS CULTURALES

Los cafés

In the Spanish-speaking world, young and old people enjoy meeting at a **café** for a drink and a snack at different times during the day. In every neighborhood of a town or city one can find cafés, each with its own particular clientele and atmosphere. In a café near a school or university, for example, it is possible to see groups of students sitting at tables discussing their studies and politics or just chatting with friends. Older people may prefer sitting in a quieter café where they can listen to music while they read the newspaper, play cards, or simply relax watching the passersby. In the summertime, tables are usually set outside for the enjoyment of the customers.

¡Adelante!

H. **¿Qué desean tomar?** You and two friends are in a café. Decide what each person will order, call the waiter, and place your order. Work in groups of four and follow the model.

MODELO: —*¿Qué desean tomar?*
          —*Yo quisiera una limonada.*
          —*Un café para mí* (for me).

          —*Pst, camarero(a).*
          —*Sí, señorita (señor), ¿qué desean?*
          —*Una limonada, un café y un té con limón, por favor.*
          —*Muy bien, señorita (señor).*

Tercera etapa

¡Vamos a comer algo!

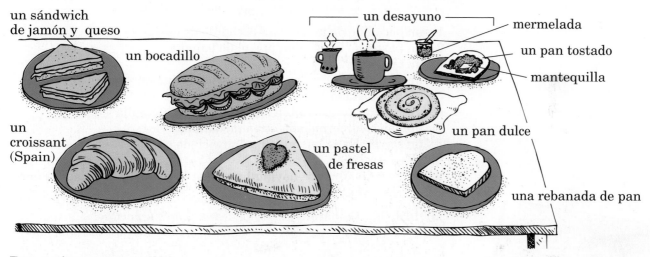

un sándwich de jamón y queso

un bocadillo

un desayuno

mermelada

un pan tostado

mantequilla

un croissant (Spain)

un pastel de fresas

un pan dulce

una rebanada de pan

Dos amigas en un café

Ana: Quisiera tomar un café. ¿Y tú?
Clara: Yo quisiera **comer algo**.
Ana: En **este** café **tienen** bocadillos, sándwiches y pasteles.
Clara: **Pues, voy a comer** un pastel, mm… con un café con leche.
Ana: Y **para mí** un sándwich de jamón y queso.

Dos amigas: Two friends

to eat something
this / they have
Then, I'm going to eat
for me

un bocadillo: sandwich made with a French roll; may have different fillings, such as cheese, ham, sausage, an omelette, etc.; most common in Spain

un croissant: a word borrowed from French and used in Spain with the same meaning as in English; called a **medialuna** in other countries, such as Argentina, Uruguay, and Chile

un desayuno: breakfast; often a cup of coffee with warm milk and a piece of toast and marmalade or bread and butter

un pan dulce: any kind of sweet roll, cinnamon roll, danish, etc.; usually eaten with hot chocolate; this expression is commonly used in Mexico

un sándwich de jamón y queso: toasted sandwich made with white bread, ham, and cheese; common in Spain

¡Aquí te toca a ti!

A. **¿Vas** *(Are you going)* **a comer algo?** You and a friend are in a snack bar. Using the words suggested, decide what snack you will have.

> MODELO: un sándwich de queso / un sándwich de jamón
> —*¿Vas a comer algo tú?*
> — *Yo quisiera un sándwich de queso.*
> — *Yo voy a comer un sándwich de jamón.*

1. un bocadillo de jamón / un bocadillo de queso
2. un pastel de fresas / un pastel de banana
3. un croissant / un pan dulce
4. un sándwich de queso / un sándwich de jamón y queso
5. un pan tostado / una rebanada de pan
6. un licuado de melocotón / un pan con mantequilla
7. un pan con mermelada / una medialuna
8. un sándwich de jamón / un sándwich de queso

B. **El desayuno** You are having breakfast in a café in Condado, Puerto Rico. What would you like to order?

> MODELO: Camarero(a): *¿Qué desea, señor (señorita)?*
> Tú: *Un café con leche y un pan tostado, por favor.*

TEL. 722-0748

Ibiza

AVE. ASHFORD 1035 - COND. EL MIRADOR - LOCAL NO. 2 - CONDADO, P.R. 00907

Pronunciación: *The vowel* e

The sound of the vowel **e** in Spanish is pronounced like the *e* of the English word *bet* except the sound is shorter in Spanish. Listen as your teacher models the difference between the Spanish **e** and the English *e* of *bet*.

Práctica

C. Listen and repeat as your teacher models the following words.

1. que	3. Pepe	5. café	7. nene	9. es
2. leche	4. este	6. tres	8. té	10. ese

Repaso

D. **Después de clase** *(After class)* You are meeting a friend after class in a nearby café. She or he arrives with a person that you have never met before. Greet your friend. She or he introduces you to the new person, and the three of you sit down for a drink. The waiter comes and takes your order. While you wait for your order, you ask the new person what things he or she likes to do. Work in groups of four, assigning each person the role of either the first person, the friend, the new person, or the waiter.

The present tense of regular **-ar** verbs — first and second persons

Yo tomo un refresco.	*I am drinking* a soft drink.
Tú deseas un bocadillo.	*You want* a sandwich.
Ud. habla con los amigos.	*You are talking* with your friends.
Nosotros cantamos en el café.	*We sing* in the café.
Vosotros bailáis bien.	*You dance* well.
Uds. escuchan música.	*You are listening* to music.

Subject pronouns

Spanish	English
yo	*I*
tú	*you* (used when you are on a first-name basis)
usted (Ud.)	*you* (more formal, used with people you do not know very well, your superiors, and older people in general; it can be abbreviated to **Ud.**)
nosotros(as)	*we* (**nosotros** has a feminine form, **nosotras**, that is used when referring to a group of all women)
vosotros(as)	*you* (used with more than one person with whom you are on a first-name basis; like **nosotros**, it has a feminine form, **vosotras**. **Vosotros[as]** is used only in Spain.)
ustedes (Uds.)	*you* (used with more than one person; it can be abbreviated to **Uds.**)

1. Verbs consist of two parts: *a stem*, which carries the meaning, and an *ending*, which indicates the subject or person the verb refers to.
2. In English, verb endings seldom change (with the exception of the third-person singular in the present tense—*I read,* but *she reads*). In Spanish, verb endings are very important, since each verb ending must agree in *person* (first, second, or third) and *number* (singular or plural) with its subject.

3. There are three types of Spanish verbs. One type ends in **-ar.**
4. To conjugate a regular **-ar** verb, drop the **-ar** and add the appropriate endings for each person: for example, look at the conjugation of **tomar.**

Subject	Stem	Ending	Conjugated verb form
yo	tom-	**-o**	tom**o**
tú		**-as**	tom**as**
Ud.		**-a**	tom**a**
nosotros(as)		**-amos**	tom**amos**
vosotros(as)		**-áis**	tom**áis**
Uds.		**-an**	tom**an**

Other verbs you already know that follow this form are: **bailar, cantar, desear, escuchar, estudiar, hablar, practicar,** and **tomar.** Two new **-ar** verbs are:

trabajar   *to work*   **viajar**   *to travel*

The present tense is used in Spanish as the equivalent of *I dance, I am dancing,* and *I do dance* in English.

Aquí practicamos

E. Replace the subjects in italics and make the necessary changes.

MODELO: *Yo* bailo mucho. (tú, usted, nosotros, vosotros)
Tú bailas mucho.
Usted baila mucho.
Nosotros bailamos mucho.
Vosotros bailáis mucho.

1. *Tú* cantas en el café. (usted, yo, nosotros, ustedes, vosotros)
2. *Nosotros* practicamos en la clase. (tú, usted, yo, ustedes, vosotras)
3. *Usted* habla español. (ustedes, yo, nosotras, tú, vosotras)
4. *Yo* viajo a México. (tú, usted, nosotros, ustedes, vosotros)
5. *Ustedes* estudian mucho. (yo, tú, usted, nosotras, vosotros)
6. *Nosotras* escuchamos música popular. (tú, yo, usted, ustedes, vosotras)

F. **¡Muy bien!** Say whether you do or do not do the following activities.

MODELO: bailar bien
Yo no bailo bien. o:
Yo bailo bien.

1. cantar muy bien
2. hablar mucho
3. practicar el piano
4. trabajar mucho

5. escuchar música rock
6. hablar en clase
7. estudiar poco
8. viajar a España

COMENTARIOS CULTURALES

Las comidas

In Spanish-speaking countries, there are usually cafés near schools and universities where students meet before or after class. It is very common to have a snack in the morning at about 11:00 and at about 6:00 or 7:00, because lunch and dinner are frequently served late. Lunch is around 2:00 in the afternoon, and dinner may be as late as 10:00 in the evening.

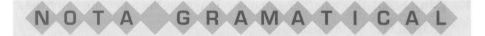

N O T A   G R A M A T I C A L

The following words and phrases are used in Spanish to express how well or how often you do something.

bien	well	**todos los días**	every day
muy bien	very well	**siempre**	always
mal	poorly	**a veces**	sometimes

Yo practico el piano todos los días

G. **Hablo español todos los días.** Say how well or how often you engage in the following activities.

MODELO: estudiar
          Yo estudio todos los días.

1. hablar español
2. bailar
3. cantar en clase
4. estudiar
5. escuchar música popular
6. trabajar

H. **Preguntas personales** *(Personal questions)* Answer the questions.

MODELO: ¿Cantas bien?
          No, canto mal. o:
          Sí, canto bien.

1. ¿Bailas mucho?
2. ¿Hablas español muy bien?
3. ¿Trabajas después de *(after)* clase?
4. ¿Estudias mucho o poco?
5. ¿Viajas todos los días a Nueva York?
6. ¿Escuchas música popular? ¿rock? ¿clásica?
7. ¿Cantas todos los días?
8. ¿Practicas el tenis?

I. **En pares** *(In pairs)* Choose a person in the class and ask the following questions.

   MODELO: — Ana, ¿hablas español todos los días?
   — *Sí, hablo todos los días.*

   1. ¿Bailas en clase?
   2. ¿Trabajas en la cafetería?
   3. ¿Hablas francés *(French)*?
   4. ¿Viajas mucho o poco?
   5. ¿Cantas bien?
   6. ¿Escuchas música clásica?

¡Adelante!

J. **La merienda** *(The snack)* You go to a café at about 11:00 in the morning for a snack and run into a classmate whose name you remember, but whom you don't know very well. Greet each other; then order something to eat. While waiting for your food, ask each other questions in order to get acquainted. Suggestions: Find out if the other person likes to travel, dance, and sing and if he or she works, etc.

◆ Vocabulario ◆

The **Vocabulario** consists of all new words and expressions presented in the chapter. When reviewing or studying for a test, you can go through the list to see if you know the meaning of each item. In the glossary at the end of the book, you can check the words you do not remember.

Para charlar

Para saludar

Buenos días.
Buenas tardes.
Buenas noches.
¿Cómo estás?
¿Cómo te va?
¿Qué tal?
¡Hola!

Para contestar

Buenos días.
Buenas tardes.
Buenas noches.
Bien, gracias. ¿Y tú?
Más o menos.
Muy bien, gracias.
¡Hola!

Para presentar

Te presento a...

Para contestar

Mucho gusto.
¡Hola!

Para despedirse

Adiós.
Chao.
Hasta luego.

Para expresar gustos

(No) Me gusta...
(No) Te gusta...

Para hablar en un restaurante

¿Qué desea tomar?
¿Qué desean tomar?
Yo quisiera...
¿Y Ud.?
Voy a comer...
Aquí tienen.
Para mí...
¡Un refresco, por favor!
Vamos al café.
Vamos a tomar algo.

Temas y contextos

Bebidas	Comidas
una botella de agua mineral	un bocadillo
un café	un croissant
un café con leche	desayuno
un chocolate	mantequilla
una granadina (con agua mineral)	una medialuna
un jugo de naranja	mermelada
un licuado de banana / fresas /	un pan dulce
melocotón	un pan tostado
una limonada	un pastel de fresas
un refresco	una rebanada de pan
una soda	un sándwich de jamón y queso
un té	
un té con leche	
un té con limón	
un vaso de agua (con limón)	

Vocabulario general

Adverbios	Pronombres	Sustantivos	Verbos
a veces	yo	un(a) camarero(a)	bailar
bien	tú	una merienda	cantar
después	usted (Ud.)	música	comer
mal	nosotros(as)	un señor	desear
muchísimo	vosotros(as)	una señora	escuchar
mucho	ustedes (Uds.)	una señorita	estudiar
muy			hablar
poco			practicar
siempre			tomar
todos los días			trabajar
			viajar

Otras palabras (words) y expresiones

algo
este
Gracias.
Muchas gracias.
pues

CAPÍTULO DOS

¡Vamos a un bar de tapas!

¡Bienvenidos a La Chuleta!

Primera etapa

Las tapas españolas

Las tapas españolas: Spanish snacks

pan con chorizo   tortilla (de patatas)   patatas bravas
  cacahuetes   aceitunas   queso
                                          calamares

patatas bravas: cooked potatoes diced and served in a spicy sauce

tortilla (de patatas): an omelette made with eggs, potatoes, and onions; served in small bite-size pieces

¡Aquí te toca a ti!

A. **¡Camarero(a), más *(more)* aceitunas, por favor!** You are in a **bar de tapas** with your friends, and you want to order more **tapas**. Ask the waiter to bring you some.

MODELO: aceitunas
          Camarero(a), más aceitunas, por favor.

1. cacahuetes
2. tortilla
3. patatas bravas
4. aceitunas
5. pan con chorizo
6. queso
7. calamares

B. **Pasa** *(Pass)* **las patatas, por favor.** The **tapas** that you want to eat
    are too far away from you. Ask your friend to pass them to you. Work
    in pairs and follow the model.

    MODELO: Amigo(a): ¿Deseas la tortilla? (patatas)
                     Tú: *No, pasa las patatas, por favor.*

    1. ¿Deseas los cacahuetes? (las aceitunas)
    2. ¿Deseas el queso? (el chorizo)
    3. ¿Deseas la tortilla de patatas? (el pan)
    4. ¿Deseas los calamares? (la tortilla)
    5. ¿Deseas las aceitunas? (el queso)
    6. ¿Deseas el chorizo? (las patatas bravas)
    7. ¿Deseas el pan? (los calamares)

C. **¡Qué hambre!** *(I'm famished!)* You are very hungry and want some-
    thing more to eat than **tapas**. What do you order? Work in groups of
    four. One person is the waiter and the others are customers. Take
    turns ordering something to eat. Use some of the vocabulary that you
    already know from **Capítulo uno**.

    MODELO: Camarero(a): *¿Qué desean comer?*
                       Tú: *Yo quisiera un sándwich de jamón y queso.*

Pronunciación: *The vowel i*

The sound of the vowel **i** in Spanish is pronounced like the *ee* of the
English word *beet*, except it is shorter in Spanish. Listen as your teacher
models the sound for you.

Práctica

D. Listen and repeat as your teacher models the following words for you.

    1. sí   7. hija
    2. mi   8. mochila
    3. silla   9. ti
    4. allí   10. tiza
    5. y   11. Lili
    6. mira   12. libro

COMENTARIOS CULTURALES

Las tapas

In Spain, one of the most popular meeting places for friends is the **bar de tapas**. Spaniards commonly stop in these places after work or before dinner for a snack and something to drink. These snacks are called **tapas** and include such things as peanuts, olives, cheese, and bite-size pieces of **tortilla**. Sometimes these **tapas** are provided at no charge with each beverage order. More substantial food, such as **bocadillos** and different kinds of fried fish, can also be ordered. **La Chuleta** is one of the better-known **tapas** bars in Madrid.

RESTAURANTE
LA CHULETA
ECHEGARAY, 20
TLF. 429 37 29
28014 MADRID

Repaso

E. **Mis actividades** *(My activities)* Say whether or not you do the following activities. If you do them, say how often or how well.

> MODELO: cantar
> *Yo no canto muy bien.*

1. trabajar
2. escuchar música
3. viajar
4. cantar
5. hablar inglés
6. bailar
7. hablar español
8. estudiar matemáticas

F. **Una conversación en un café** You and two other students meet in a café for a snack. One of you should make introductions. Then place your order. While waiting for the waiter to bring your food and beverages, ask each other questions about the things you like to do. On a signal from your teacher, end your conversation and say good-bye.

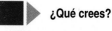

¿Qué crees?

In Spain, a typical breakfast would be:

a) bacon and eggs
b) coffee and toast
c) pancakes with hot syrup

respuesta

The present tense of regular **-ar** *verbs — third person*

1. ¿Miguel? ***Él viaja*** mucho.

2. ¿Anita? ***Ella habla*** español muy bien.

3. ¿Jaime y Tomás? ***Ellos cantan*** bien.

4. ¿Paquita y Laura? ***Ellas no estudian*** mucho.

5. ¿Juan y Clara? ***Ellos bailan.***

b

Subject pronouns	
Spanish	**English**
él	*he*
ella	*she*
ellos	*they* (two or more males or a group of males and females)
ellas	*they* (two or more females)

1. To form the present tense of an **-ar** verb in the third person, add the appropriate ending to the stem. Remember, the stem is found by dropping the ending (**-ar**) from the infinitive (**estudiar — estudi-**).

2. You will notice that the endings for **él, ella, ellos**, and **ellas** are the same as those used for the formal second persons, **usted** and **ustedes.**

Subject	Ending	Conjugated verb form	
		trabajar	**escuchar**
		trabaj-	**escuch-**
él	**-a**	trabaj**a**	escuch**a**
ella	**-a**	trabaj**a**	escuch**a**
ellos	**-an**	trabaj**an**	escuch**an**
ellas	**-an**	trabaj**an**	escuch**an**

Some additional **-ar** verbs and expressions are:

ganar dinero *(to earn money)*
mirar *(to look at or to watch)*
tocar *(to touch, to play an instrument)*

Aquí practicamos

G. Replace the subjects in italics and make the necessary changes.

> MODELO: *Yo* canto bien. (tú / Marta y yo / ellas / vosotros)
> *Tú cantas bien.*
> *Marta y yo cantamos bien.*
> *Ellas cantan bien.*
> *Vosotros cantáis bien.*

1. *Luz* habla alemán *(German).* (Juan y Alicia / Pepe / ellas / yo / vosotros)
2. *Él* trabaja en Madrid. (ella / ellos / ellas / tú / nosotros / vosotros)
3. *Ana* mira la TV. (ellos / Uds. / ellas / Ud. / yo / vosotras)
4. *Ella* no toca la guitarra muy bien. (él / nosotras / Carla y María / tú / vosotras)

H. **Mis amigos colombianos** *(My Colombian friends)* Your Colombian friends have some questions for you and your classmates. Answer their questions using subject pronouns and the expressions in parentheses.

> MODELO: ¿John habla español mucho? (poco)
> *No, él habla español poco.*

1. ¿Jack baila muy poco? (muchísimo)
2. ¿Nancy y Kay estudian poco? (mucho)
3. ¿Helen trabaja todos los días? (a veces)
4. ¿Julie y Tom viajan mucho? (poco)
5. ¿Ed y Andy escuchan música clásica todos los días? (a veces)
6. ¿Lisa gana mucho? (muy poco)
7. ¿Al mira la TV siempre? (a veces)
8. ¿Betty practica el piano muy poco? (muchísimo)

NOTA GRAMATICAL

Asking and answering yes/no questions

¿Tú estudias mucho?	*Do you study* a lot?
Sí, yo estudio mucho.	*Yes, I study* a lot.
¿Hablan ustedes francés?	*Do you speak* French?
No, nosotros no hablamos francés.	*No, we don't speak* French.

Ella toca la guitarra, **¿verdad?**   *She plays* the guitar, *doesn't she?*

Sí, ella toca la guitarra.   *Yes, she plays* the guitar.

Ellos trabajan mucho, **¿no?**   *They work* a lot, *don't they?*
Sí, ellos trabajan mucho.   *Yes, they work* a lot.

A great many questions can be answered with *yes* or *no*. There are three basic ways to ask such questions in Spanish.

1. Make your voice rise at the end of a group of words:

    ¿Usted mira mucho la TV?

2. Invert the order of the subject and the verb:

    ¿Practican ellas español en clase?
      Verb   Subject

3. Add the words **¿verdad?** or **¿no?** after a statement:

    Tú no ganas mucho, **¿verdad?**
    Clara canta bien, **¿no?**

The questions **¿verdad?** or **¿no?** are the equivalent of *don't you?, isn't she?, isn't that right?*, etc., at the end of an English sentence.

To answer a yes/no question negatively, place no before the conjugated verb:

Yo **no viajo** mucho.

Aquí practicamos

I. Change each statement to a question by making your voice rise at the end of the sentence.

1. Usted desea un café.
2. Tú miras mucho la TV.
3. La señorita Ruiz gana mucho dinero.
4. Román trabaja poco.
5. Ustedes estudian mucho.
6. Ester toca el piano.
7. Nosotros viajamos a México.
8. Vosotros cantáis bien.

J. **¿Verdad?** Now use **¿no?** or **¿verdad?** and make your voice rise to change the following statements into questions.

1. Paquita habla bien el alemán *(German)*.
2. Ana y Rosa cantan muy mal.
3. Tú hablas español en el laboratorio.
4. Ella no estudia mucho.
5. Ellos trabajan poco.
6. Ustedes toman té.
7. Usted no gana mucho dinero.
8. Reynaldo toca el violín todos los días.

K. **Hagan las preguntas** *(Ask questions)*. Laura is a North American exchange student attending school in Quito, Ecuador. She wants to ask her classmates some questions. Using the expressions suggested below, play the role of Laura. Change the infinitive to agree with the subject and vary the question form you use. Begin by asking questions of the whole class, following the model.

MODELO: ustedes / hablar / inglés
           Ustedes hablan inglés, ¿verdad? o:
           ¿Hablan ustedes inglés?

1. ustedes / cantar / en clase
2. ustedes / viajar / mucho
3. ustedes / estudiar / poco
4. ustedes / trabajar / todos los días
5. ustedes / tomar / muchos refrescos
6. ustedes / trabajar / mucho

Then ask questions of individual students, following the model.

MODELO: tú / escuchar / música rock
           Tú escuchas música rock, ¿no? o:
           ¿Escuchas tú música rock?

7. tú / hablar / inglés
8. tú / tocar / un instrumento
9. tú / cantar / bien
10. tú / trabajar / en la cafetería
11. tú / estudiar / todos los días
12. tú / mirar la TV / mucho

¡Adelante!

L. **Chismes** *(Gossip)* Your friend knows the new student in the class better than you do. You want to find out more information about her; so you invite your friend to have a snack so you can ask some questions. Suggestions: Find out if she is a good singer and dancer, if she travels a great deal, if she watches TV a lot, if she works, etc. Don't forget to order something to eat and drink.

Segunda etapa

¡Buenos días!... ¡Hasta luego!

As they come out of the café, Lucas Pereda and his friend Jaime Torres run into two friends of Lucas' parents, **el señor** and **la señora** García.   Mr. / Mrs.

Sr. y Sra. García:	Buenos días, Lucas.
Lucas:	¡Oh! Buenos días, señor García. Buenos días, señora. **¿Cómo están ustedes?**
Sra. García:	Muy bien, gracias. ¿Y tú?
Lucas:	**Estoy** muy bien, gracias. **Quisiera presentarles a mi amigo** Jaime Torres. El señor y la señora García.
Sr. y Sra. García:	Mucho gusto, Jaime.
Jaime:	**Encantado**, señora. Mucho gusto, señor.

How are you?

I am / I would like to introduce you to my friend

Delighted

Are you going to
we've just finished
Greetings to your parents.

Sr. García:	**¿Van a** tomar un café?
Lucas:	No, **acabamos de** tomar unos refrescos.
Sr. García:	¡Ah! Pues, hasta luego. **Saludos a tus padres.**
Lucas:	Gracias.
Lucas y Jaime:	Adiós, señor, señora.
Sr. y Sra. García:	Adiós.

Presentación: Introduction

Saludos

Buenos días.
¿Cómo están ustedes?
¿Cómo está usted?
(Estoy) Bien, gracias. ¿Y Ud.?

Presentación

Quisiera presentarles(le) a...
Encantado(a).

▼ COMENTARIOS CULTURALES ▼

Saludos informales y formales
When greeting people and making introductions, there are expressions that denote different degrees of formality or informality: **¡Hola!, ¿Qué tal?, ¿Cómo estás?, ¿Cómo te va?, Te presento a...** are used informally with people you know well and with peers. **¿Cómo está usted?, ¿Cómo están ustedes?, Quisiera presentarles(le) a...** are more formal and are used with older people or people you do not know very well. It is not uncommon for older people or superiors to speak informally to a younger person who addresses them as **usted**, as you saw in the conversation between Lucas, Jaime, and señor and señora García.

¡Aquí te toca a ti!

A. **¿Qué respondes?** *(What do you answer?)* Complete the dialogue with an appropriate expression, and don't forget to address the person in parentheses by name.

MODELO: Buenos días, Alberto. (señor Pérez)
          Buenos días, señor Pérez.

1. ¿Cómo estás, Adela? (señor Carrillo)
2. ¡Hola, Lourdes! (señora Ramírez)
3. Quisiera presentarle a mi amigo Pepe. (señora Ruiz)
4. ¿Cómo están ustedes, señores? (Margarita)
5. Mucho gusto, Raquel. (señora Castillo)

B. **Buenos días, señor (señora, señorita).** Greet and shake hands with your teacher, introduce a classmate to him or her, and then say good-bye.

Pronunciación: *The vowel o*

The sound of the vowel **o** in Spanish is pronounced like the *o* in the English word *open*, except it is much shorter in Spanish. Listen as your teacher models the difference between the English *o* and the Spanish **o**.

Práctica

C. Listen and repeat as your teacher models the following words.

1. ojo	7. jugo
2. con	8. política
3. algo	9. por
4. chorizo	10. vaso
5. año	11. nosotros
6. como	12. disco

Repaso

D. **Escuchen bien** *(Listen carefully).* Play the roles of the following students and enact their conversation according to the model. Anita asks Marcos a question. After Marcos answers, Claudia asks Ada what he said. If Ada has been listening, she should be able to answer with no problem.

MODELO: hablar inglés
      Anita: *Marcos, ¿tú hablas inglés?*
      Marcos: *No, yo no hablo inglés.*
      Claudia: *Ada, ¿habla inglés Marcos?*
      Ada: *No, él no habla inglés.*

1. tocar la guitarra
2. tomar café con leche todos los días
3. viajar a Bolivia
4. bailar muy bien
5. mirar mucho la TV
6. estudiar francés *(French)*
7. cantar muy mal
8. trabajar muchísimo

E. **Mi amigo(a)** Mention the name of one of your friends to some of your classmates. They will ask you questions about this friend, using the following verbs: **hablar**, **estudiar**, **cantar**, **bailar**, **viajar**, **trabajar**, **tocar**, **mirar**.

> MODELO: mi amiga Carmencita
> —*¿Carmencita canta bien?*
> —*No, no canta bien, canta...*

E S T R U C T U R A

The conjugated verb followed by an infinitive

Ellas necesitan estudiar mucho.	*They need to study a lot.*
¿Deseas trabajar?	*Do you want to work?*
¿Quisieras bailar?	*Would you like to dance?*

1. When there are two verbs in the same sentence or in the same part of a sentence, the first verb is conjugated (that is, made to agree with the subject), but the second verb remains in the infinitive form. This construction occurs frequently with some verbs and expressions you already know: **desear** and **yo quisiera**, for example. It also occurs with these new verbs and expressions:

acabar de	*to have just done something*
necesitar	*to need*
tú quisieras	*you would like*

2. The words **tampoco** *(neither)* and **también** *(also)* are often used to confirm what someone has just said:

—**Deseo bailar.**	—**No deseo estudiar.**
—**Deseo bailar también.**	—**No deseo estudiar tampoco.**

Aquí practicamos

F. **¿Quisieras tú...?** At a party, you try to impress a boy or a girl whom you like by asking in Spanish if he or she would like to do certain things. Use the suggested expressions to form your questions. He or she can answer either affirmatively or negatively.

MODELO: comer algo *(something)*
—*¿Quisieras comer algo?*
—*Sí, quisiera comer unas patatas bravas.* o:
—*No, quisiera bailar.*

1. bailar
2. cantar
3. escuchar música española *(Spanish)*
4. tocar la guitarra
5. tomar algo
6. hablar español
7. comer unas tapas
8. mirar la TV

G. **¿Deseas o necesitas?** Indicate whether you want or need to do the following activities. Then check with your classmate to see if he or she wants or needs to do the same things. If your classmate gives the same positive response as you, he or she will add **también** to the answer. If your classmate gives the same negative response as you, he or she will add **tampoco**. Look at the model for an example.

MODELO: estudiar
—*Necesito estudiar.*
—*Yo necesito estudiar también.* o:
—*No deseo estudiar.*
—*Yo no deseo estudiar tampoco.*

1. viajar a Sud *(South)* América
2. hablar español
3. tomar un refresco
4. trabajar mucho
5. tocar el piano
6. mirar la TV
7. estudiar mucho
8. ganar mucho dinero

H. **Consejos** *(Pieces of advice)* Your mother tells you what you need to do but you have already done everything she mentions. Follow the model.

MODELO: estudiar matemáticas
—*Necesitas estudiar matemáticas.*
—*Pero* (But) *acabo de estudiar matemáticas.*

1. estudiar inglés
2. trabajar mucho
3. comer bien
4. hablar en español
5. ganar dinero
6. practicar el piano

I. **¿Qué desea Sofía?** Say what Sofía wants or does not want to do according to the cues provided.

MODELO: hablar alemán *(German)* (no)
Sofía no desea hablar alemán.

1. trabajar en la cafetería (sí)
2. estudiar mucho (no)
3. cantar (no)
4. bailar (sí)
5. tocar la guitarra (sí)
6. tomar granadina (sí)
7. mirar la TV (sí)
8. comer aceitunas (no)

¡Adelante!

J. **Buenos días, señor (señora).** While walking with a friend, you run into a Spanish colleague of your parents, señor (señora) Ruiz. Introduce your friend to him or her. Tell him or her one thing your friend likes to do. Señor (señora) Ruiz will ask the two of you questions about other activities. When your teacher gives you a signal, end the conversation and say good-bye.

♦ Vocabulario ♦

Para charlar

Para saludar

¿Cómo está Ud.?
¿Cómo están Uds.?
Buenos días.
Saludos a tus padres.

Para contestar

(Estoy) Bien, gracias. ¿Y Ud.?
Muy bien, gracias.

Para presentar

Quisiera presentarle(les) a…

Para contestar

Encantado(a).

Temas y contextos

Tapas españolas

unas aceitunas
unos cacahuetes
unos calamares
chorizo
pan
unas patatas bravas
queso
una tortilla (de patatas)

Vocabulario general

Pronombres

él
ella
ellas
ellos

Verbos

acabar de
ganar
mirar
necesitar
tocar

Otras palabras y expresiones

dinero
mi amigo(a)
el (la) señor(a)
también

tampoco
van a…
¿verdad? / ¿no?

CAPÍTULO TRES

¿Te gusta la comida mexicana?

—Tengo hambre.
—¿Te gusta la comida mexicana?

Primera etapa

¡Vamos a un restaurante!

la comida mexicana: Mexican food

Rafael y Pablo **están** en un restaurante en México.

are

Camarero: Buenos días, señores. **¿Qué van a pedir?**

    Rafael: Yo quisiera comer un **taco de pollo** con **frijoles**.

    Pablo: Para mí, una **enchilada de carne** con **arroz**.

Camarero: ¿Y para tomar?

    Rafael: Un vaso de agua con limón.

Camarero: ¿Y para Ud., señor?

    Pablo: Una limonada, **bien** fría, por favor.

Camarero: Muy bien.

What will you have?
chicken taco / beans
meat enchilada / rice

very

enchilada: soft corn **tortilla** filled with cheese, meat, or chicken and served with hot sauce

frijoles: pinto or black beans cooked until tender; served mashed, most often as a side dish

taco: a corn **tortilla** filled with meat, chicken, or other fillings and topped with lettuce, tomato, grated cheese, and sauce

tortilla: made of corn meal and shaped like a pancake; in Mexico, the **tortilla** is served with all meals and takes the place of bread

¡Aquí te toca a ti!

A. **¿Qué va a pedir?** You are in a Mexican restaurant. Look at the pictures below and decide what you are going to order.

> MODELO: enchilada de queso
> —¿Qué va a pedir?
> —Yo quisiera comer una enchilada de queso.
> —Muy bien.

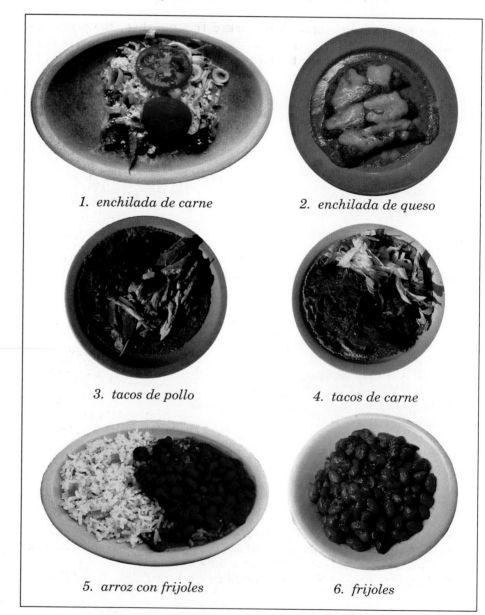

1. *enchilada de carne*

2. *enchilada de queso*

3. *tacos de pollo*

4. *tacos de carne*

5. *arroz con frijoles*

6. *frijoles*

B. **¿En España o en México?** Are these people in Spain or in Mexico? Decide according to the food they are eating.

    1. A mí me gusta mucho comer tapas con un refresco.
    2. Yo quisiera un bocadillo de jamón, por favor.
    3. Para mí una enchilada de carne con salsa, por favor.
    4. Yo voy a tomar un chocolate.
    5. Voy a comer un sándwich de jamón y queso.
    6. Yo deseo un taco de pollo con frijoles.

C. **¿Vamos a comer algo?** When asked this question, the people pictured below all answered **sí**, but each had a different place in mind. Match each statement with the appropriate person on the basis of the clues in the drawings.

1.   2.

3.   4.

    a. Yo quisiera comer unas tapas y tomar algo bien frío.
    b. A mí me gusta la comida mexicana… Mm, ¡tacos y frijoles con arroz!
    c. Yo deseo un café con leche y un sándwich.
    d. Nosotros deseamos unos licuados de fresas con unos bocadillos.

Pronunciación: *The vowel **u***

The sound of the vowel **u** in Spanish is pronounced like the *u* of the English word *rule*, except it is shorter in Spanish. Listen as your teacher models this sound for you.

Práctica

D. Listen and repeat as your teacher models the following words.

1. tú
2. lunes
3. Perú
4. un
5. gusta

6. saludos
7. Cuba
8. mucho
9. jugo
10. música

Repaso

E. **¡Hola! ¿Qué tal?** Play the roles of the people indicated in each of the following situations. Pay attention to the level of language—whether it should be formal or informal.

MODELO: —*¡Hola, Cristina!*
          —*¡Hola! ¿Qué tal, Silvia?*
          —*Muy bien. ¿Y tú?*
          —*Mm… más o menos.*

Silvia   Cristina

1. Sr. González Srta. Díaz

2. Enrique   Antonio

3. *Héctor Teresa Samuel*

4. *Amalia Clara Sra. Rivas*

5. *Aldo Luis*

6. *Sra. Cordoza Gerardo Cordoza*

F. **¿Te gusta bailar?** Survey classmates about their attitudes toward the following topics.

MODELO:　bailar
　　　　　　　—Luisa, ¿te gusta bailar?
　　　　　　　—Sí, me gusta bailar.
　　　　　　　—Tomás, ¿te gusta bailar?
　　　　　　　—No, no me gusta bailar.
　　　　　　　—Rafael, ¿te gusta bailar?
　　　　　　　—No, no me gusta bailar tampoco.

1. cantar
2. estudiar
3. hablar español
4. tomar café
5. mirar la TV
6. viajar
7. trabajar en clase
8. ganar dinero

The present tense of the verb **ser**

—¿De dónde **eres tú?**   —Where *are you* from?
—**Yo soy** de Perú.   —*I am* from Peru.
—¿**Son ustedes** mexicanos?   —*Are you* Mexican?
—No, **nosotros somos** españoles.   —No, *we are* Spanish.

—¡Hola! Yo soy Pablo Hernández.   —¿De dónde eres, Tomás?
 Y tú, ¿quién eres?   —Soy de Bogotá, Colombia.
—Yo soy Tomás García.   ¿Y tú?

—¡Ah! Colombiano. ¡Qué bien!   —No, nosotras no somos estu-
 Yo soy peruano. Soy de Lima.   diantes. Estamos aquí para
 Luisa y Raquel son de Lima   visitar la ciudad.
 también.   —Pues, bienvenidas (welcome).
—¿Uds. también son estudiantes
 aquí?

Some Spanish verbs are called irregular verbs because their conjugations do not follow a fixed pattern. One of the most frequently used irregular verbs is **ser** *(to be)*.

ser			
yo	**soy**	nosotros	**somos**
tú	**eres**	vosotros	**sois**
él		ellos	
ella	**es**	ellas	**son**
Ud.		Uds.	

1. **Ser + de** followed by the name of a country or city is used to express place of origin.

   Yo **soy de** Los Ángeles.

2. The expression ¿**de dónde + ser?** is used to inquire where someone or something is from.

   ¿**De dónde es** Ud.?

Aquí practicamos

G. Replace the subjects in italics and make the necessary changes.

1. *Abel* es de Santa Fe. (yo / ellos / tú / Teresa y yo / vosotras)
2. ¿De dónde es *Adela*? (tú / Uds. / él / vosotros)
3. *Ramón y Luis* no son de Puerto Rico. (ella / Ud. / yo / tú / vosotros)

H. **Ellos no son de los Estados Unidos** *(United States).* Even though a great number of Spanish-speaking people live in the United States, many were not born here. When you ask them if they are from the U.S., they tell you where they are from originally. Using the cues, ask and answer questions according to the model.

MODELO: Vicente / España
—*Vicente, ¿eres de los Estados Unidos?*
—*No, no soy de los Estados Unidos. Soy de España.*

1. Jorge / México
2. Patricia / Ecuador
3. Ángeles / Argentina
4. Mercedes / Colombia

5. Daniel / Paraguay
6. Luisa / Bolivia
7. Carlos / Chile
8. Francisco / Venezuela

Otros países *(Other countries)*	
España	*Spain*
Alemania	*Germany*
Canadá	*Canada*
China	*China*
Estados Unidos (E.E.U.U.)	*United States*
Francia	*France*
Inglaterra	*England*
Italia	*Italy*
Japón	*Japan*
Rusia	*Russia*

I. **¿De dónde eres?** Find out where five of your classmates are from (the place they were born). Then be prepared to report to the class.

MODELO: —*Anita, ¿de dónde eres?*
—*Soy de Nueva York.*
—*Anita es de Nueva York.*

¡Adelante!

▼

J. **Intercambio** *(Exchange)* Ask a classmate the following questions. After answering them, he or she will ask you the same set of questions.

1. ¿De dónde eres tú?
2. ¿Quisieras viajar a Sud América? ¿A qué país?
3. ¿Te gustan las enchiladas?
4. ¿Deseas comer un taco?
5. ¿Deseas visitar un restaurante mexicano? ¿Necesitas hablar español en el restaurante?

Segunda etapa

¡Qué comida más rica!:
  What delicious food!

¡Qué comida más rica!

What
hot pepper sauce
How hot (spicy)!
Here is another
This one / delicious
custard
good

North American

> Sara: Mm… ¡Qué comida más rica! ¿**Qué** es?
> Señora: Son enchiladas con **salsa de chile**.
> Carlos: ¡Ay!… **¡Qué picante!** No me gusta. Es muy picante para mí.
> Señor: **Aquí hay otra** enchilada que no es picante.
> Carlos: Mm… ¡Sí! **¡Ésta** es **riquísima!**
> Sara: Carlos, el **flan** es delicioso también.
> Carlos: Sí. ¡Qué **bueno!**
> Sara: Me gusta mucho la comida mexicana. Es muy diferente de la comida **norteamericana**.

chile: a pepper ranging from mild to very hot; used to make sauces

flan: very common dessert in all Hispanic countries; baked custard topped with caramel sauce

¡Aquí te toca a ti!

A. **¿Qué tal es?** Complete the sentences according to your preferences in food. **¡OJO!** If the noun is masculine, use the ending **-o** for the adjective; if it is feminine, use the ending **-a**.

MODELO: *El flan* es delicioso.

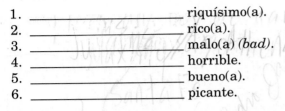

1. _____ riquísimo(a).
2. _____ rico(a).
3. _____ malo(a) *(bad)*.
4. _____ horrible.
5. _____ bueno(a).
6. _____ picante.

B. **¿Cómo** *(How)* **son?** What is your opinion of the following foods?

MODELO: un taco con salsa
            Un taco con salsa es muy picante. No me gusta.

1. una hamburguesa *(hamburger)*   5. un croissant
2. un pastel de fresas   6. un flan
3. una enchilada de queso   7. un bocadillo de jamón
4. un licuado de banana   8. un taco de pollo

Repaso

C. **¿De dónde son estas comidas?** Ask a classmate where these foods come from.

MODELO: la salsa de chile
            —¿De dónde es la salsa de chile?
            —Es de México.

1. las medialunas
2. la tortilla de patatas
3. el croissant
4. los tacos
5. las hamburguesas
6. las patatas bravas

Adjectives of nationality

Ricardo es **peruano**.	Ricardo is *Peruvian*
Alfredo y Paco también son **peruanos**.	Alfredo and Paco also are *Peruvians*.
Mirta es **peruana**.	Mirta is *Peruvian*.
Ada y Alejandra también son **peruanas**.	Ada and Alejandra also are *Peruvians*.

In Spanish, adjectives agree in *gender (masculine or feminine)* and *number (singular or plural)* with the person or thing to which they refer.

1. Adjectives that end in **-o** are *masculine*. Change the **-o** to **-a** to obtain the *feminine* form.

Él es **argentino**.	Ella es **argentina**.
Él es **chino**.	Ella es **china**.
Él es **italiano**.	Ella es **italiana**.
Él es **ruso** *(Russian)*.	Ella es **rusa**.

2. Adjectives that end in a consonant (**-l**, **-n**, **-s**) form the feminine by adding an **-a**.

Él es **español** *(Spanish)*.	Ella es **española**.
Él es **inglés** *(English)*.	Ella es **inglesa**.
Él es **francés** *(French)*.	Ella es **francesa**.
Él es **japonés** *(Japanese)*.	Ella es **japonesa**.
Él es **alemán** *(German)*.	Ella es **alemana**.

3. Some adjectives have identical masculine and feminine forms.

Él es **estadounidense**.	Ella es **estadounidense**.
Él es **canadiense**.	Ella es **canadiense**.

4. To form the plural of the adjectives that end in a vowel, simply add **-s** to the masculine or feminine singular forms. If the singular form ends in a consonant, add **-es** for masculine adjectives and **-as** for feminine adjectives.

Ellos son **mexicanos**.	Ellas son **mexicanas**.
Ellos son **españoles**.	Ellas son **españolas**.
Ellos son **canadienses**.	Ellas son **canadienses**.
Ellos son **alemanes**.	Ellas son **alemanas**.

País	Adjetivo
Argentina	argentino(a)
Bolivia	boliviano(a)
Colombia	colombiano(a)
Costa Rica	costarricense
Cuba	cubano(a)
Chile	chileno(a)
Ecuador	ecuatoriano(a)
El Salvador	salvadoreño(a)
España	español(a)
Guatemala	guatemalteco(a)
Honduras	hondureño(a)
México	mexicano(a)
Nicaragua	nicaragüense
Panamá	panameño(a)
Paraguay	paraguayo(a)
Perú	peruano(a)
Puerto Rico	puertorriqueño(a)
La República Dominicana	dominicano(a)
Uruguay	uruguayo(a)
Venezuela	venezolano(a)

Yo soy argentina.   *Somos dominicanos.*

Aquí practicamos

D. **¿Y David?** Answer the questions according to the model. In the first four items, the first person is female and the second is male.

MODELO: Alicia es venezolana. ¿Y Alberto?
Él es venezolano también.

1. Gladis es colombiana. ¿Y Fernando?
2. Ester es cubana. ¿Y José?
3. Adelita es peruana. ¿Y Pepito?
4. Marilú es española. ¿Y Paco?

Now the first person is male and the second person is female.

MODELO: Pancho es boliviano. ¿Y Marta?
Ella es boliviana también.

5. Luis es costarricense. ¿Y Clara?
6. Pedro es argentino. ¿Y Luisa?
7. Miguel es panameño. ¿Y Teresa?
8. Tomás es puertorriqueño. ¿Y Elena?

Más adjetivos de nacionalidad	
País	**Adjetivo**
Alemania	alemán (alemana)
Canadá	canadiense
China	chino(a)
Estados Unidos	estadounidense
Francia	francés (francesa)
Inglaterra	inglés (inglesa)
Italia	italiano(a)
Japón	japonés (japonesa)
Rusia	ruso(a)

E. **Las nacionalidades** You are with a group of young people from all over the world. Find out their nationalities by making the assumptions indicated on the next page and then correcting your mistakes.

MODELO: Margarita — argentina / Nueva York
—*¿Margarita es argentina?*
—*No, ella es de Nueva York.*
—*Ah, ella es estadounidense entonces* (then).
—*Claro, es estadounidense.*

1. Lin-Tao (m.) — japonés / Beijin
2. Sofía — mexicana / Roma
3. Jean-Pierre — francés / Québec
4. Jill — canadiense / Londres
5. Hilda y Olga — colombianas / Berlín
6. Olga y Nicolás — venezolanos / Moscú

NOTA GRAMATICAL

Nouns of profession

Most nouns that refer to work or occupation follow the same patterns as adjectives of nationality.

1. If the masculine ends in **-o**, the feminine form changes **-o** to **-a**.

Él es **abogado** *(lawyer)*.   Ella es **abogada**.
Él es **secretario** *(secretary)*.   Ella es **secretaria**.
Él es **ingeniero** *(engineer)*.   Ella es **ingeniera**.
Él es **enfermero** *(nurse)*.   Ella es **enfermera**.
Él es **médico** *(doctor)*.   Ella es **médica**.

 ¿Qué crees?

Approximately how many people of Spanish-speaking origin are in the United States?

a) fewer than 10 million
b) 15 million
c) more than 20 million

respuesta

2. Nouns that end in the consonant **-r** form the feminine by adding **-a** to the end of the word.

Él es **profesor**.	Ella es **profesora**.
Él es **contador** *(accountant)*.	Ella es **contadora**.

3. Nouns that end in the vowel **-e**, as well as those that end in **-ista**, have the same masculine and feminine form.

Él es **estudiante**.	Ella es **estudiante**.
Él es **periodista** *(journalist)*.	Ella es **periodista**.
Él es **dentista**.	Ella es **dentista**.

4. Nouns of profession form their plural in the same way as the adjectives of nationality. Add **-s** to the masculine or feminine singular form if the noun ends in a vowel. If the singular form ends in a consonant, add **-es** or **-as**.

Ellos son **abogados**.	Ellas son **abogadas**.
Ellos son **estudiantes**.	Ellas son **estudiantes**.
Ellos son **profesores**.	Ellas son **profesoras**.

C

Aquí practicamos

F. **¿El Sr. Martínez? Él es...** You and a friend are attending a function with your parents. You point out to your friend various acquaintances of your parents and state their professions.

> MODELO: Sr. Martínez / abogado
> *¿El Sr. Martínez? Él es abogado.*
> Sr. y Sra. Martínez / ingeniero
> *¿El Sr. y la Sra. Martínez? Ellos son ingenieros.*

1. Sr. y Sra. Herrera / médico
2. Sr. Pérez / profesor
3. Sr. y Sra. López / abogado
4. Sra. Quintana / secretario
5. Sra. Dávila / ingeniero
6. Sr. y Sra. Valdés / profesor
7. Patricio / estudiante de universidad
8. Sra. González / contador
9. Roberta / estudiante de colegio
10. Sr. y Sra. Chávez / periodista

G. **Yo quisiera ser abogado(a).** From the following list, choose several careers or jobs that you would like and several that you would not like.

> MODELO: *Yo quisiera ser médico(a), pero yo no quisiera ser abogado(a).*

periodista	hombre (mujer) de negocios
dentista	*(businessman, businesswoman)*
profesor(a)	abogado(a)
secretario(a)	camarero(a)
médico(a)	enfermero(a)
ingeniero(a)	contador(a)

¡Adelante!

H. **En la feria de la comida** *(At the food fair)* You and your friend are walking through an international food fair. You talk about the food that you are sampling and that you want to sample. You each see a different acquaintance from another country. You each point out your acquaintance to your friend and tell him or her something about this person.

> MODELO: *¡Mira (Look)! Allí está (There's) Juan. Él es cubano...*

◆ **Vocabulario** ◆

Para charlar

Para comentar sobre la comida

¡Qué bueno(a)!
¡Qué comida más rica!
¡Qué picante!
¡Es riquísimo(a)!
¡Es delicioso(a)!

Temas y contextos

Las nacionalidades

alemán (alemana)
argentino(a)
boliviano(a)
canadiense
colombiano(a)
costarricense
cubano(a)
chileno(a)
chino(a)
dominicano(a)
ecuatoriano(a)
español(a)
estadounidense
francés (francesa)
guatemalteco(a)
hondureño(a)
inglés (inglesa)
italiano(a)
japonés (japonesa)
mexicano(a)
nicaragüense
norteamericano(a)
panameño(a)
paraguayo(a)
peruano(a)
puertorriqueño(a)
ruso(a)
salvadoreño(a)
uruguayo(a)
venezolano(a)

Las profesiones

un(a) abogado(a)
un(a) contador(a)
un(a) dentista
un(a) enfermero(a)
un(a) estudiante
un hombre (una mujer) de negocios
un(a) ingeniero(a)
un(a) médico(a)
un(a) periodista
un(a) profesor(a)
un(a) secretario(a)

La comida mexicana

arroz
carne
chile
una enchilada
flan
unos frijoles
una hamburguesa
pollo
salsa
un taco
una tortilla

Los países

Alemania	Honduras
Argentina	Inglaterra
Bolivia	Italia
Canadá	Japón
Colombia	México
Costa Rica	Nicaragua
Cuba	Panamá
Chile	Paraguay
China	Perú
Ecuador	Puerto Rico
El Salvador	La República Dominicana
España	Rusia
Estados Unidos	Uruguay
Francia	Venezuela
Guatemala	

Vocabulario general

Verbos

ser

Otras palabras y expresiones

Allí está...
Aquí hay otro(a)...
¿De dónde es (eres)?
ésta
¡Mira!
¿Qué es?
¿Qué van a pedir?
¿quién?
ser de

Aquí leemos

Estrategia para la lectura

It is not necessary to understand every word when you read a menu. Look for the words that you recognize, and try to guess the ones you do not know.

Restaurante "La Estancia"

Entradas

Enchiladas de queso con guacamole	$21.600
Enchiladas de carne	$24.000
Tacos con frijoles	$19.200
Tacos de pollo con salsa picante	$24.000
Pollo en mole	$24.000
Huevos rancheros	$19.200
Tostada de pollo	$16.800

Sándwiches

Sándwich de queso	$12.000
Sándwich de jamón	$14.400
Sándwich de chorizo	$14.400

Postres

Flan	$7.200
Fruta	$4.800
Pastel de fresas	$8.400
Helados	$6.000

Bebidas

Té	$2.600
Café	$2.600
Refrescos varios	$3.800
Agua mineral	$2.600

Todos los platos se acompañan con arroz y frijoles.

Comprensión

A. The members of your family, who are traveling in Mexico with you, do not speak Spanish at all! They tell you what they would like to eat or drink, and you tell them (in English, of course!) what they should order and how many **pesos** it will cost.

1. I'm not very hungry. All I want is a cup of coffee.
2. I can't eat meat. I want something with cheese.
3. I'm really thirsty. I'd like something cold to drink.
4. I'd like something sweet.
5. I'm hungry! I feel like having chicken.

B. **¿Qué será** *(will it be)*? What do you think you would get if you ordered one of these dishes? Describe the dish in English.

1. pollo en mole
2. huevos rancheros
3. tostadas
4. guacamole

Repaso

C. **Unas fotos** While in Spain, you met travelers from several different countries. Upon your return, you are showing photographs of these people to a friend from Spain. Using the information given below, give each person's profession, indicate his or her nationality, and tell where he or she is from. Remember to make all adjectives agree with the person to whom they refer.

MODELO: el señor Alfaro / profesor / Madrid (España)
          El señor Alfaro es profesor. Él es español. Es de Madrid.

1. la señorita Alonso / dentista / Guadalajara (México)
2. Ana y María / médico / Lima (Perú)
3. la señora Rednap / secretario / Londres (Inglaterra)
4. el señor y la señora Juárez / ingeniero / Buenos Aires (Argentina)
5. Jean y Claude / estudiante / París (Francia)
6. el señor Tamura / hombre de negocios / Tokio (Japón)
7. la señorita Iglesias / abogado / San Juan (Puerto Rico)
8. Heidi y Helga / periodista / Berlín (Alemania)

D. **Te presento a...** You and your partner decide on new identities—
that is, a new name, nationality, and city of origin for each of you.
Introduce your partner to several other people in the class, following
the model below. Then have your partner introduce you to a different
group of people.

MODELO: Estudiante A: *Aníbal, te presento a Claudia.*
Estudiante C: *Mucho gusto, Claudia.*
Estudiante B: *¡Hola, Aníbal!*
Estudiante C: *¿De dónde eres?*
Estudiante B: *Soy de Colombia.*
Estudiante C: *¡Ah, colombiana! ¡Qué bien!*

Aquí repasamos

In this section, you will review:

- food vocabulary;
- regular **-ar** verbs;
- questions and responses;

- the verb **ser**;
- adjectives of nationality;
- names of professions.

A. **¡Vamos a comer algo!** For each of the drawings, indicate where the people are and what they are eating and drinking.

Regular *-ar* verbs

yo cant**o**	nosotros(as) cant**amos**
tú cant**as**	vosotros(as) cant**áis**
él, ella cant**a**	ellos, ellas cant**an**
Ud. cant**a**	Uds. cant**an**

Preguntas   **Respuestas**

¿Tú viajas mucho?   **Sí,** yo viajo mucho.
¿Viaja Beatriz mucho?   **No,** Beatriz **no** viaja mucho.
Ellos viajan mucho,
  ¿verdad?   **Sí,** ellos viajan mucho.
Usted viaja mucho, **¿no?**   **Sí,** viajo mucho.

B. **La rueda de preguntas** *(The question wheel)* Using one of the suggested cues, each student in the group plays the role of questioner. Ask questions of one person (**tú**) or two people (**ustedes**). The other members of the group respond according to what they know or hear.

MODELO: hablar español
            Estudiante A: *Anita, ¿hablas tú español?*
                    Anita: *Sí, hablo un poco.*   o:
            Estudiante A: *Bill y Joe, ¿hablan ustedes*
                      español?
             Bill y Joe: *No, nosotros no hablamos español*
                      mucho.

1. cantar bien	4. viajar mucho
2. escuchar música	5. trabajar
3. desear bailar	6. mirar la TV

The verb *ser*

yo **soy**	nosotros **somos**
tú **eres**	vosotros **sois**
él, ella **es**	ellos, ellas **son**
Ud. **es**	Uds. **son**

Adjectives of nationality

masculine	**feminine**
chilen**o**	chilen**a**
inglés	ingle**sa**
estadounidense	estadounidense

Names of professions

masculine	**feminine**
secretari**o**	secretari**a**
profesor	profesor**a**
dentista	dentista

C. **Un festival internacional** At an international meeting of young people, the organizers call the roll of nations to find out who is there. When a country's name is called, various people identify themselves and/or other people as coming from that country.

MODELO: Uruguay / Ángeles / Esteban / nosotros
Ángeles es uruguaya. Esteban es uruguayo.
Nosotros somos uruguayos.

1. Alemania / Hilda / Helmut y yo
2. Inglaterra / tú / Jack y Charles
3. Venezuela / Carmelita / Antonio y Ester
4. Perú / Sara / Pancho y yo
5. China / Su Su (m.) / Li Yan (f.) / nosotros

D. **Esperando en el aeropuerto** *(Waiting at the airport)* While waiting for a plane at an international airport, you and your friend take turns guessing the nationalities and professions of various people. After making your guesses, one of you goes up to the person(s) and finds out the correct information. Play the role indicated on the card your teacher gives you.

MODELO: *Creo* (I think) *que ella es rusa y es médica.*
—Perdone, señorita. ¿Es Ud. rusa?
—No, yo no soy rusa, soy italiana. Soy de Torino.
—¿Ud. trabaja en Torino?
—Sí, yo soy ingeniera.

Aquí llegamos

A. **En el café** You and a friend meet at a café after school. You greet each other and order something to eat and/or drink. Then another friend arrives. Introduce him or her to your first friend. The two people who have just met try to get better acquainted by asking each other questions. Don't forget to have the third person order something also.

B. **¿Dónde desean comer?** While downtown on a Saturday afternoon, you and a friend run into one or more classmates. You are hungry; so you try to get people interested in going somewhere (café, **bar de tapas**, restaurant) for something to eat. When you have decided, go to the place and order your food. (If you can't all agree, split into smaller groups, say good-bye, and go off to the place of your choice.)

C. **Una presentación** Question another student in order to introduce him or her to the class. Find out (1) his or her nationality, (2) where he or she is from, (3) what languages he or she speaks, (4) whether he or she likes to sing, dance, travel, etc., and (5) what kinds of food he or she eats. Don't try to translate your questions literally from English to Spanish. Instead, use the Spanish you have learned to find a way to get the information. When you have finished, present the student to the class.

MODELO: *Quisiera presentarles a Clara. Ella es estadounidense. Es de El Paso, Texas, y habla inglés y un poco de español…*

D. **¿Quién soy yo?** Assume the identity of an international celebrity—actor or actress (**actor o actriz**), political figure (**político/a**), or author (**autor/a**). Give a short description of yourself, your nationality, where you are from, and what you like to do, eat, etc. Your classmates will try to guess your identity. (Limit yourself as much as possible to words and structures you have studied in this first unit.)

Miguel Palacios
Soy español. Estudio mucho y trabajo a veces en la
cafetería. Deseo viajar a México y a los Estados Unidos.

¡Vamos a conocernos!

¡Vamos a conocernos!: Let's get to know each other!

Objectives

In this unit, you will learn:

- to talk about your possessions;
- to express your likes and dislikes;
- to describe your family;
- to read a short descriptive text about people;
- to understand people talking about themselves and their families.

Capítulo cuatro:	**¿De quién es?**
Primera etapa:	¿Qué llevas a la escuela?
Segunda etapa:	¿Qué hay en tu casa?
Tercera etapa:	En nuestra casa
Capítulo cinco:	**Me gusta mucho…**
Primera etapa:	Mis gustos
Segunda etapa:	¿Qué te gusta más?
Capítulo seis:	**¡Ésta es mi familia!**
Primera etapa:	Yo vivo con…
Segunda etapa:	Tengo una familia grande.

Carmen Candelaria

¿De quién es?

—¿Cuántos discos tienes?
—Tengo veinte, pero éste es mi favorito.

Primera etapa

¿Qué llevas a la escuela?

¿De quién es?: Whose is it?

¿Qué llevas a la escuela?:
    What do you take to school?

¡Aquí te toca a ti!

A. **¿Qué es?** Identify the objects in the numbered drawings.

MODELO: *Es un lápiz.*

B. **No es...** Correct the initial assumption on the basis of the numbered drawings in **A** on page 71.

MODELO: ¿Es un libro?
No es un libro. Es un lápiz.

1. ¿Es un bolígrafo?
2. ¿Es una cartera?
3. ¿Es un cuaderno?
4. ¿Es un lápiz?

5. ¿Es un sacapuntas?
6. ¿Es un borrador?
7. ¿Es un portafolio?
8. ¿Es una llave?

C. **¿Qué llevas tú a la escuela?** Indicate what each person takes to school. Follow the model.

MODELO: un libro (Juan)
Juan lleva un libro a la escuela.

1. una mochila (Julia)
2. un cuaderno (Jaime)
3. unos bolígrafos (tú)

4. unos libros (nosotros)
5. un sacapuntas (yo)
6. una cartera (él)

Pronunciación: *The consonant* **p**

The sound of the consonant **p** is similar to the sound of *p* in English, but is pronounced without the puff of air that accompanies the English sound. Put your hand in front of your mouth and note the puff of air that is produced when you pronounce the English word *pan* and the absence of this puff of air when you say *speak*. The Spanish **p** is more like the *p* in the English word *speak*.

Práctica

D. Listen and repeat as your teacher models the following words.

1. papa
2. política
3. pájaro
4. pintura
5. problema

6. póster
7. pronto
8. pluma
9. lápiz
10. sacapuntas

The definite article

el libro, **el** bolígrafo, **el** portafolio	*the* book, *the* pen, *the* briefcase
la mochila, **la** calculadora, **la** pluma	*the* knapsack, *the* calculator, *the* pen
los libros, **los** bolígrafos, **los** portafolios	*the* books, *the* pens, *the* briefcases
las mochilas, **las** calculadoras, **las** plumas	*the* knapsacks, *the* calculators, *the* pens

In Spanish, the definite article has two singular forms and two plural forms. The English equivalent of these four forms is simply *the*.

el	**los**
la	**las**

1. One of the two main uses of the definite article is to designate a noun in a general or collective sense:

El café es una bebida popular aquí.	*Coffee* is a popular drink here.
La leche tiene vitamina D.	*Milk* has vitamin D.

Notice how Spanish uses the article when talking about these nouns in a general sense while English does not.

2. The other main use of the definite article is to designate a noun in a specific sense. **Necesito los libros** means I need the specific books that have already been mentioned. **La mochila de Juan** refers to the particular knapsack that belongs to Juan.

3. The definite article is also used in Spanish with such titles as **Sr., Sra., Srta., Dr., Dra.**, etc.

El Sr. Herrera come en un café.	*Mr. Herrera* eats in a café.
La Sra. Martínez lleva un libro a la escuela.	*Mrs. Martínez* takes a book to school.

You will note that English does not use the article with these titles.

Aquí practicamos

E. Replace the indefinite article with the appropriate definite article (**el, la, los, las**).

MODELO: un cuaderno   *el cuaderno*
          unos libros   *los libros*

1. un café
2. una estudiante
3. un sándwich
4. una mochila
5. unas bebidas
6. unos médicos
7. un bolígrafo
8. una cartera
9. unos refrescos
10. un jugo
11. una profesora
12. unos estudiantes
13. una llave
14. una calculadora
15. un borrador
16. un sacapuntas

F. **¿Qué necesitamos para la clase?** Combine the words to form complete sentences, making all the necessary changes.

MODELO: Tina / necesitar / llave
          Tina necesita la llave.

1. Juan / necesitar / libro
2. Ana / necesitar / calculadora
3. nosotros / necesitar / bolígrafos
4. Miguel y María / necesitar / cuadernos
5. nosotros / necesitar / lápices
6. tú / necesitar / bolígrafo

NOTA GRAMATICAL

Expressing possession with **de**

Spanish uses the preposition **de** to show possession. Notice that Spanish shows possession by changing the word order, not by using an apostrophe with the person's name, as in English:

el libro **de Juan**   *John's* book
los cuadernos **de Marta**   *Martha's* notebooks
la calculadora **de Ana**   *Ann's* calculator
las llaves **de Jorge**   *George's* keys

To ask to whom something belongs, you would use **¿De quién es...?** if there is one item, and **¿De quién son...?** if there is more than one item, as in the examples:

¿De quién es el libro?	*Whose* book *is* it?
¿De quién son los libros?	*Whose* books *are* they?

G. **Es de...** When you and a friend stay after class one day, you notice that your other classmates have left behind several of their belongings. You show these objects to your friend, who identifies the owners. With a singular noun, use **es**:

MODELO: un libro (Beatriz)
          Es el libro de Beatriz.

1. un cuaderno (Vicente)
2. una mochila (Marcos)
3. una calculadora (Bárbara)
4. una llave (Victoria)

With a plural noun, use **son**:

MODELO: unos libros (Juan)
          Son los libros de Juan.

5. unos bolígrafos (María)
6. unas llaves (Pedro)
7. unos cuadernos (José)
8. unos lápices (Juanita)

H. **¿De quién es...?** You are trying to sort out to whom a number of items that have been left on a table in the classroom belong. Ask a question and have a classmate answer according to the model.

MODELO: *¿De quién es el lápiz?*
                                    Es de Carlos.

          Carlos

1. Enrique   2. Patricio   3. Miguel   4. Anita   5. Emilia   6. Mercedes

¡Adelante!

I. **¿Qué llevas tú a la escuela?** First make a list of five items that you take with you to school every day. For example, **yo llevo una mochila**. After you have done this, compare your list with a classmate by asking him or her, **¿Qué llevas tú a la escuela?**

Segunda etapa

¿Qué hay en tu casa?: What is in your house?	## ¿Qué hay en tu casa?
students	Marta Gómez y Jorge de Vargas son **alumnos** en una escuela en Madrid.
My name is Marta. In my room there is/are…	**Me llamo Marta.** **En mi cuarto hay…**

plantas   radio despertador   pósters   escritorio

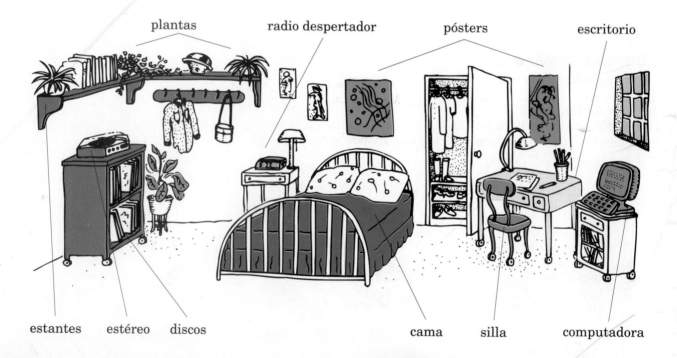

estantes   estéreo   discos   cama   silla   computadora

Me llamo Jorge.
En mi cuarto hay...

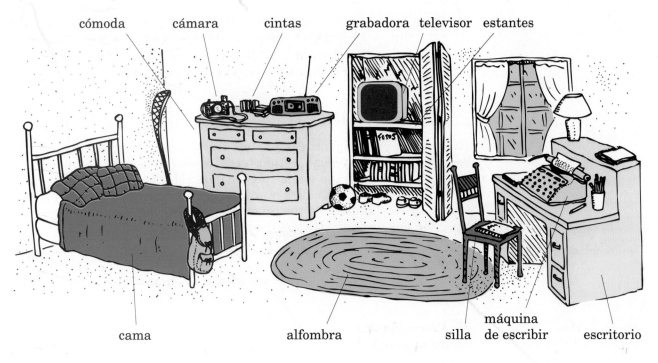

cómoda   cámara   cintas   grabadora televisor estantes

cama   alfombra   silla   máquina de escribir   escritorio

¡Aquí te toca a ti!

A. **¿Dónde hay...?** *(Where is/are there...?)* Based on the pictures, answer the following questions about Marta's and Jorge's rooms.

> MODELO: ¿un televisor?
> *En el cuarto de Jorge hay un televisor.*
> ¿una cama?
> *En el cuarto de Marta hay una cama y en el cuarto de Jorge hay una cama.*

1. ¿una computadora?
2. ¿una grabadora?
3. ¿un radio despertador?
4. ¿una cama?
5. ¿un estéreo?
6. ¿unos pósters?
7. ¿una máquina de escribir?
8. ¿una cámara?
9. ¿unas cintas?
10. ¿unos discos?
11. ¿unas plantas?
12. ¿unos estantes?
13. ¿una silla?
14. ¿una alfombra?

B. **¿Y tú?** Indicate what you have and do not have in your room at home.

MODELO: *En mi cuarto, hay una cama y una cómoda, pero no hay un escritorio. También hay pósters en la pared* (on the wall).

Pronunciación: *The consonant t*

The sound of **t** in Spanish is produced by placing the tip of the tongue behind the back of the upper front teeth, while *t* in English is pronounced by placing the tip of the tongue on the gum ridge behind the upper front teeth. Pronounce the English word *tea* and note where the tip of your tongue is. Now pronounce the Spanish word **ti** being careful to place the tip of the tongue on the back of the upper front teeth.

Práctica

C. Listen and repeat as your teacher models the following words.

1. tú
2. tomo
3. tapas
4. taza
5. tipo
6. tenis
7. tonto
8. política
9. fútbol
10. cinta

Repaso

D. **¿Qué llevan a la escuela?** Look at the drawing below and tell what each person takes to school.

MARTÍN   JULIO

Numbers from 0 to 20

cero	0	siete	7	catorce	14
uno	1	ocho	8	quince	15
dos	2	nueve	9	dieciséis	16
tres	3	diez	10	diecisiete	17
cuatro	4	once	11	dieciocho	18
cinco	5	doce	12	diecinueve	19
seis	6	trece	13	veinte	20

Aquí practicamos

E.   Follow the directions in Spanish.

1. Cuenta *(Count)* de 0 a 10. Cuenta de 11 a 20.
2. Cuenta los números pares *(even)*: 0, 2, 4, 6, 8, 10, 12, 14, 16, 18, 20.
3. Cuenta los números impares *(odd)*: 1, 3, 5, 7, 9, 11, 13, 15, 17, 19.

F.   **Sumando y restando** *(Adding and subtracting)* Make a complete sentence out of the following problems in addition and subtraction by solving them. Follow the model.

MODELO: $2 + 1 =$
Dos más uno son tres.
$3 - 1 =$
Tres menos uno son dos.

1. $2 + 5 =$
2. $6 - 3 =$
3. $6 + 10 =$
4. $17 - 2 =$
5. $4 - 1 =$
6. $0 + 4 =$
7. $5 + 4 =$
8. $19 - 6 =$
9. $7 + 13 =$
10. $18 - 2 =$
11. $8 - 3 =$
12. $12 + 5 =$
13. $3 + 5 =$
14. $1 + 2 =$
15. $9 - 4 =$
16. $19 - 8 =$

NOTA GRAMATICAL

Hay + *noun*

Hay un libro en mi cuarto.	*There is* a book in my room.
Hay tres libros en mi cuarto.	*There are* three books in my room.

As you have already seen in this **etapa**, the Spanish word **hay** means either *there is* or *there are*. Note that **hay** does not change and combines with both *singular* and *plural* nouns. **Hay** can be combined with nouns that are preceded by an indefinite article (**un, una, unos, unas**) or any number.

G. **El cuarto de Mario** First, indicate whether each item is or is not found in the room pictured on page 80.

MODELO: una cama
          Hay una cama.
          una grabadora
          No hay una grabadora.

1. unos pósters
2. una silla
3. unas cintas
4. una computadora
5. un televisor
6. un estéreo
7. unos libros
8. unos lápices
9. unos bolígrafos
10. un escritorio
11. unas plantas
12. una máquina de escribir
13. un radio despertador
14. unos cuadernos

H. **Hay...** Now, point out to another student those items that are in the room on page 80.

MODELO: *Hay una cama allí* (there).

¡Adelante!

I. **¿Cuántos hay?** Tell how many objects are in each of the drawings below.

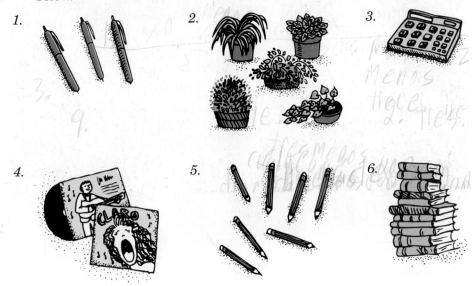

1.
2.
3.
4.
5.
6.

J.   **¿Qué hay?** Find out from several of your classmates what they have and do not have in their rooms at home. Then tell them what you have and do not have in your own room.

MODELO: —*¿Qué hay en tu cuarto?*

              —*En mi cuarto hay dos plantas, una cama...*

Tercera etapa

En nuestra casa: In our house

En nuestra casa

I live in

Vivo en...

una casa   un apartamento

There

Allí hay...

un estéreo   un vídeo   un televisor a colores

Para ir al centro, voy en...

To go downtown, I go in...

un coche   una bicicleta   una motocicleta

¡Aquí te toca a ti!

A. **Nuestra casa** Answer the following questions about where you live.

    1. ¿Vives tú *(Do you live)* en una casa o en un apartamento?
       Vivo...

    2. ¿Hay un estéreo en tu casa? ¿un televisor? ¿una computadora? ¿un vídeo?

    3. ¿Cómo vas *(How do you go)* al centro? ¿En coche? ¿En moto? ¿En bicicleta?
       Yo voy...

B. **María, Antonio y Cristina** On the basis of the drawings, complete each person's description of where he or she lives.

    1. Me llamo María González. Vivo en... Allí hay..., pero no hay...
    Para ir al centro, voy en...

2. *Me llamo Antonio Martínez. Yo vivo en... Allí hay... y... Para ir al centro, voy en...*

3. *Me llamo Cristina Sánchez. Yo vivo en... Allí hay... pero no hay... Para ir al centro, voy en...*

Pronunciación: *The sound of /k/*

In Spanish the sound of **/k/** can be spelled with a **c** before the vowels **a, o, u**, as in **caso, cosa, culpa**, or before the consonants **l** and **r** as in **clase** and **cruz**. It can also be spelled with **qu** as in **Quito** and **queso**; in this combination, the **u** is always silent. A few Spanish words that have been borrowed from other languages are spelled with the letter **k**, for example, **koala, kimono**, and **kilómetro**. In all of these cases the sound of **/k/** in Spanish is identical to the sound of /*k*/ in English.

Práctica

C. Listen and repeat as your teacher models the following words.

1. casa
2. cómoda
3. cama
4. computadora
5. calculadora

6. que
7. quien
8. queso
9. pequeño
10. kilómetro

Repaso

D. Ask the following questions of a classmate, who will answer them.

1. En tu cuarto, ¿hay libros? ¿plantas? ¿pósters en la pared?
2. ¿Hay un estéreo en tu casa? ¿unos discos? ¿unos discos de jazz? ¿de rock? ¿de música clásica?
3. ¿Hay un radio despertador en tu cuarto? ¿un estéreo? ¿unas cintas?
4. En tu casa, ¿hay una máquina de escribir? ¿una computadora? ¿una cámara?

Possessive adjectives: 1st and 2nd persons

—¿Tú necesitas **tu** libro?　　Do you need *your* book?
—Sí, yo necesito **mi** libro.　　Yes, I need *my* book.

—¿Dónde está **su** cuarto?　　Where is *your* room?
—Allí está **nuestro** cuarto.　　There is *our* room.

—¿Dónde están **mis** llaves?　　Where are *my* keys?
—Allí están **tus** llaves.　　There are *your* keys.

Like articles, possessive adjectives in Spanish agree in gender and number with the noun they modify. Consequently, Spanish has two forms for *my* and *your* and four forms for *our*. The following chart summarizes the first- and second-person possessive adjectives:

Subject	Masc. singular	Fem. singular	Masc. plural	Fem. plural	English
yo	mi	mi	mis	mis	*my*
tú	tu	tu	tus	tus	*your*
usted	su	su	sus	sus	*your*
nosotros	nuestro	nuestra	nuestros	nuestras	*our*
ustedes	su	su	sus	sus	*your*

Aquí practicamos

E. Replace the nouns in italics and make the necessary changes.

1. Es mi *libro.* (lápiz / apartamento / bolígrafo)
2. Es mi *casa.* (calculadora / cámara / máquina de escribir)
3. Son mis *discos.* (llaves / amigos / plantas)
4. ¿Dónde está tu *casa?* (apartamento / cuaderno / cámara)
5. ¿Dónde están tus *discos?* (cintas / pósters / plantas)
6. Nosotros necesitamos nuestros *libros.* (cuadernos / calculadoras / computadora)
7. ¿Es su *coche?* (cuarto / mochila / calculadora)
8. ¿Son sus *libros?* (cintas / amigos / llaves)

F. **¡Qué confusión!** All of a sudden everyone seems confused about what belongs to whom. First, a stranger tries to take your school possessions, but you politely set him or her straight. Remember to use **es** with a singular noun and **son** with a plural noun.

MODELO: —Ah, mi lápiz.
           —*Perdón* (Excuse me). *No es su lápiz. Es mi lápiz.*

1. Ah, mi cuaderno.
2. Ah, mi mochila.
3. Ah, mi calculadora.
4. Ah, mi borrador.

MODELO: —Ah, mis libros.
     —Perdón. No son sus libros. Son mis libros.

5. Ah, mis cintas.
6. Ah, mis llaves.
7. Ah, mis cuadernos.
8. Ah, mis discos.

Now your neighbors get confused about what belongs to them and what belongs to your family.

MODELO: —¿Es nuestro coche?
     —No, no es su coche. Es nuestro coche.

9. ¿Es nuestro televisor a colores?
10. ¿Es nuestro radio despertador?
11. ¿Es nuestra cámara?
12. ¿Es nuestra computadora?

 ¿Qué crees?

Spanish television often features *telenovelas*, both here in the United States and in other parts of the Spanish-speaking world. *Telenovelas* are:

a) TV Plays
b) novels read on TV
c) soap operas
d) game shows

respuesta

MODELO: —¿Son nuestras plantas?
     —No, no son sus plantas. Son nuestras plantas.

13. ¿Son nuestros discos?
14. ¿Son nuestras bicicletas?
15. ¿Son nuestras llaves?
16. ¿Son nuestras cintas?

Finally, your friend thinks your possessions belong to him or her.

MODELO: —Dame *(Give me)* mi llave.
     —Perdón. No es tu llave. Es mi llave.

17. Dame mi cuaderno.
18. Dame mi cinta.
19. Dame mi borrador.
20. Dame mi mochila.

MODELO: —Dame mis libros.
     —Perdón. No son tus libros.
     Son mis libros.

21. Dame mis pósters.
22. Dame mis discos.
23. Dame mis llaves.
24. Dame mis cuadernos.

G. **No, no. No es mi libro.** Now you're confused! When you point out the following items and ask a classmate if they belong to him or her, your classmate responds negatively.

MODELO: —*¿Es tu cámara?*
—*No, no es mi cámara.*

—*¿Son tus plantas?*
—*No, no son mis plantas.*

1.

2.

3.

c

4.

5.

6.

7.

8.

9.

10.

11.

12.

13.

14.

15.

¡Adelante!

H. **Mi casa** Ask your partner questions about his or her home and belongings. Then switch roles and describe your own home and belongings.

Vocabulario

Para charlar

Para expresar posesión

¿De quién es…?
¿De quién son…?
Es de…
Son de…
mi(s)
tu(s)
su(s)
nuestro(s)
nuestra(s)

Temas y contextos

En la escuela

un(a) alumno(a)
un bolígrafo
un borrador
una calculadora
un cuaderno
un lápiz
un libro
una mochila
una pluma
un portafolio
un sacapuntas

Los medios de transporte

una bicicleta
un coche
una motocicleta

En mi cuarto

una alfombra
una cama
una cámara
una cartera
una cinta
una cómoda
una computadora
un disco
un escritorio
un estante
un estéreo
una grabadora
una llave
una máquina de escribir
una planta
un póster
un radio despertador
una silla
un televisor (a colores)
un vídeo

Las viviendas

un apartamento
una casa
un cuarto

Vocabulario general _____

Definite articles	*Verbos*	*Otras palabras y expresiones*
el	llevar	allí
la		¿Cuántos hay?
los		¿Dónde hay?
las		Me llamo…
		Para ir al centro, voy en…
		¿Qué llevas tú a la escuela?
		Vivo en…

CAPÍTULO CINCO

Me gusta mucho...

—¿Te gusta la música?
—Claro. Me gusta mucho la música.

Primera etapa

Mis gustos

Mis gustos: My tastes

Buenos días. Me llamo José. Ésta es Ana. Es mi **novia**, pero nuestros gustos son muy diferentes.

girlfriend

José: No me gusta la música.
Ana: Me gusta la música.

José: Me gustan los animales.
Ana: No me gustan los animales.

José: Me gustan los **deportes**.
Ana: No me gustan los deportes.

José: Me gusta la **naturaleza**.
Ana: No me gusta la naturaleza.

sports / nature

languages

José: No me gusta el arte.
Ana: Me gusta el arte.

José: Me gustan las **lenguas**.
Ana: No me gustan las lenguas.

sciences
chemistry

José: No me gustan las
ciencias… no me gusta
la **química**.
Ana: Me gustan las ciencias…
me gusta la química.

José: No me gusta la biología.
Ana: Me gusta la biología.

¡Aquí te toca a ti!

A. **¡(No) Me gusta!** Indicate how you feel about each activity pictured below.

MODELO: —*Me gusta la música.* o:
              —*No me gusta la música.*

1.

2.

3.

4.

5.

6.

B. **¿Y tú?** Ask a classmate whether he or she likes the activities pictured in the previous exercise.

MODELO: —*¿Te gusta la música?*
              —*No, no me gusta la música.*

The verb *gustar*

Me gusta el disco.	*I like* the record.
Te gusta la cinta.	*You like* the tape.
Me gustan las cintas.	*I like* the tapes.
Te gustan los discos.	*You like* the records.
Me gusta estudiar.	*I like* to study.
Te gusta trabajar.	*You like* to work.

The Spanish verb for *to like* is **gustar.** You have already learned one way to use **gustar,** so you know it is different from other verbs in that it does not use the subject pronouns you learned in Chapter 1. Instead, to say *I like* and *you like,* you use the pronouns **me** and **te.** Only two forms of **gustar** are used. These are the singular form **gusta** and the plural form **gustan.** Use **gusta** if what is liked is a singular noun and **gustan** if what is liked is a plural noun.

Remember that you learned in Unit 1 to use the singular form **gusta** with infinitive verbs to express activities you like and dislike. Infinitive verbs are always treated as a singular item with **gustar.**

Aquí practicamos

C. Replace the words in italics making the necessary changes.

1. Me gusta *el libro.* (el sándwich / la mochila / el póster / la naturaleza)
2. ¿Te gusta *el arte?* (la música / la biología / el disco / el café)
3. Me gustan *los animales.* (los libros / los licuados / los deportes / las ciencias)
4. Te gustan *los refrescos.* (los sándwiches / los pósters / los deportes / las cintas)
5. ¿Te gusta *la música?* (el póster / el café / la música clásica)
6. ¿Te gustan *los libros?* (los deportes / los licuados / las ciencias / las lenguas)

D. **¡Me gustan muchísimo los deportes!** An exchange student from Peru will be living with your family for the next six months. You are getting to know each other and she is asking you about your likes and dislikes. Be as specific as possible in your answers.

MODELO: ¿Te gustan los deportes?
¡Sí, me gustan muchísimo los deportes! o:
No, no me gustan los deportes.

1. ¿Te gusta estudiar?
2. ¿Te gusta bailar?
3. ¿Te gusta la química?
4. ¿Te gustan las lenguas?
5. ¿Te gustan los animales?
6. ¿Te gusta la música?

E. **Me gustan los deportes, pero no me gusta la política.** You and your friends are talking about what you like and dislike. In each case, say that the person indicated likes the first activity or item but dislikes the second.

MODELO: me / deportes / política
—*Me gustan los deportes, pero no me gusta la política.*

1. me / naturaleza / animales
2. te / música / arte
3. me / lenguas / literatura
4. me / lenguas / ciencias
5. te / política / matemáticas
6. te / música / deportes

Pronunciación: *The consonant* **d**

In Spanish, when **d** is the first letter of a word or comes after **l** or **n**, it is produced by placing the tip of the tongue behind the back of the upper front teeth. In English, *d* is pronounced by placing the tip of the tongue on the gum ridge behind the upper front teeth. Pronounce the English word *Dee* and note where the tip of your tongue is. Now pronounce the Spanish word **di** being careful to place the tip of the tongue on the back of the upper front teeth.

Práctica

F. Listen and repeat as your teacher models the following words.

1. disco
2. de
3. domingo
4. dos
5. diez
6. grande
7. aprender
8. Donaldo
9. Aldo
10. donde

Repaso

G. Read in Spanish: 3, 7, 2, 5, 0, 9, 1, 10, 6, 4, 8, 12, 19, 11, 17, 14, 16, 20, 13, 15.

H. **¿Qué hay en tu cuarto?** Make a list of five things you have in your room at home. Compare the list with several classmates by asking what they have in their rooms at home.

N O T A   G R A M A T I C A L

Ser + de for possession

El libro **es de Juan.**	The book *is John's.*
La calculadora **es de María.**	The calculator *is Mary's.*
Los lápices **son de él.**	The pencils *are his.*
Las mochilas **son de ellos.**	The knapsacks *are theirs.*

In Chapter 4 you learned to talk about possession using **de** plus a noun or the possessive adjectives (**mi, tu, su, nuestro**). You can use the verb **ser** with **de** and a noun or a pronoun to show possession. Remember that Spanish uses the preposition **de** and not the apostrophe to show possession, as in English.

I. **El libro es de...** Look at the drawings and indicate to whom the items belong, according to the model.

MODELO: *El cuaderno es de José.*

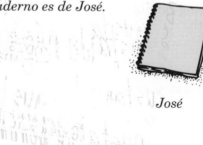

José

Los libros son de Bárbara.

Bárbara

1. Anita

2. Elena

3. Juan

4. ella

5. Tomás

6. Julián

7. él

8. Carmen

9. Alicia y Susana

10. ellos

J. **¿De quién es?** Indicate to whom each of the following items belongs, using **ser + de**.

MODELO: *¿De quién es la mochila?*
La mochila es de María.

María

¿De quién son los cuadernos?
Los cuadernos son de José.

José

1. *Juan*   2. *ella*   3. *Catarina*

4. *Alicia*   5. *Miguel*   6. *él*

7. *Anita*   8. *Lorenzo*

¡Adelante!

K. **¿Qué te gusta?** With a classmate, go through the list below and find out what he or she likes and dislikes.

MODELO: la música
—¿*Te gusta la música?*
—*Sí, me gusta mucho la música.* o:
—*No, no me gusta la música.*

1. el arte moderno
2. la música clásica
3. la música rock
4. la política
5. la naturaleza
6. la química
7. la literatura
8. la biología

MODELO: los libros
—¿*Te gustan los libros?*
—*Sí, me gustan los libros.* o:
—*No, no me gustan los libros.*

9. las ciencias
10. las lenguas
11. los animales
12. los deportes
13. los pósters
14. los discos

Segunda etapa

¿Qué te gusta más?

¿Qué te gusta más?: What do you like better?

—*Me gustan las películas.*
—¿*Qué te gustan más—las películas cómicas, las películas de horror, las películas de aventura o las películas de ciencia ficción?*
—*Me gustan más las películas de horror.*

—*Me gusta el arte.*
—*¿Qué te gusta más—la pintura o la escultura?*
—*Me gusta más la escultura.*

—*Me gustan los animales.*

dogs / cats / birds
—*¿Qué te gustan más—los* **perros,** *los* **gatos** *o los* **pájaros?**
—*Me gustan más los pájaros.*

—*Me gustan los deportes.*

soccer
—*¿Qué te gusta más—el* **fútbol,** *el fútbol americano, el básquetbol, el béisbol o el vólibol?*
—*Me gusta más el béisbol.*

—*Me gusta mucho la música.*
—*¿Qué te gusta más—la música rock, el jazz o la música clásica?*
—*Me gusta más la música rock.*

¡Aquí te toca a ti!

A. **¿Qué te gusta más?** Of the following items, indicate which you like more.

MODELO: el fútbol o el básquetbol
            —*Me gusta más el básquetbol.*

1. el fútbol americano o el béisbol
2. los perros o los gatos
3. la pintura o la escultura
4. las películas de ciencia ficción o las películas cómicas
5. la música clásica o la música rock
6. la biología o la química
7. las lenguas o las matemáticas
8. la historia o el español

¿Qué crees?

In Spanish, the sport *el fútbol* refers to:

a) jogging
b) football
c) cricket
d) soccer

respuesta

B. **Me gusta más...** Ask two of your classmates to choose from the following sets of items.

MODELO: la música clásica, el jazz, la música rock
—*¿Qué te gusta más—la música clásica, el jazz o la música rock?*
—*Me gusta más la música clásica.*
—*¿Y tú?*
—*Me gusta más la música rock.*

1. el fútbol, el fútbol americano, el básquetbol
2. la pintura, la escultura, la arquitectura
3. la música, el baile *(dance)*, las películas
4. la música rock, el jazz, la música clásica
5. las hamburguesas, los sándwiches de jamón, las hamburguesas con queso
6. las películas de horror, las películas de aventura, las películas cómicas
7. el tenis, el golf, la natación *(swimming)*
8. la historia, las lenguas, las ciencias
9. el español, el francés, el inglés
10. la biología, la química, la física

Pronunciación: *The consonant* **d** *(continued)*

d

The consonant **d** also has a sound that is similar to *th* in the English words *these*, *them*, *the*, *those*, etc. When you say these words note that the tip of the tongue touches the upper teeth. In Spanish, **d** is pronounced this way when it is between vowels or after any consonant except **l** or **n** or when it is the last letter in a word.

Práctica

C. Listen and repeat as your teacher models the following words.

1. todo	6. gordo
2. cada	7. padre
3. madre	8. universidad
4. apellido	9. verdad
5. cuaderno	10. usted

Repaso

D. **¿De quién es?** Identify each item. When someone asks you to whom each belongs, respond with the name of the person indicated.

MODELO: —*Es un coche.*
—*¿De quién es?*
—*El coche es de María.*

María

—*Son unos lápices.*
—*¿De quién son?*
—*Los lápices son de Felipe.*

Felipe

1. *Juan*   2. *Jaime*   3. *Rosa*   4. *Marta*

5. *Mario*   6. *Susana*   7. *Ana*   8. *José*

-er *and* -ir *verbs*

Yo como en la cafetería.   *I eat in the cafeteria.*
¿Vives tú aquí?   *Do you live here?*
Él lee siempre.   *He always reads.*
Nosotros comprendemos inglés.   *We understand English.*
Uds. no **escriben** francés.   *You do not write French.*

1. In Chapter 1, pages 17-18, we looked at Spanish verbs that end in **-ar**. Spanish verbs may also end in **-er** or **-ir**, and they are conjugated as follows:

		Conjugated verb form	
Subject	Ending	**correr** *(to run)*	**vivir** *(to live)*
yo	**-o**	**corro**	**vivo**
tú	**-es**	**corres**	**vives**
él ella Ud.	**-e**	**corre**	**vive**
nosotros	**-emos / -imos**	**corremos**	**vivimos**
vosotros	**-éis / -ís**	**corréis**	**vivís**
ellas ellos Uds.	**-en**	**corren**	**viven**

2. You will note that except for the **nosotros** and **vosotros** forms, the endings are exactly the same for both types of verbs.

3. Some common **-er** verbs are:

   aprender *(to learn)*
   beber *(to drink)*
   comer *(to eat)*
   comprender *(to understand)*
   correr *(to run)*
   leer *(to read)*
   vender *(to sell)*

   Some common **-ir** verbs are:

   compartir *(to share)*
   escribir *(to write)*
   recibir *(to receive)*
   vivir *(to live)*

Aquí practicamos

E. Replace the words in italics and make the necessary changes.

1. *Yo* como en la cafetería. (él / tú / nosotros / ellos / Uds. / vosotras)
2. *Él* no vive en un apartamento. (Ud. / ella / nosotras / tú / ellas)
3. ¿Comprende *ella* español? (Sofía y Eva / tú / Uds. / ellos / Raúl / vosotros)
4. *Yo* comparto un cuarto. (nosotros / Uds. / Ud. y su amigo / Marisol y Pepita / vosotras)

F. Make the necessary changes to form sentences.

1. Anita / beber / café / en un restaurante
2. ellos / correr / todos los días
3. Uds. / comer / en la cafetería
4. nosotros / aprender / español
5. tú / leer / muchos libros
6. yo / recibir / muchas cartas *(letters)*
7. tú / vivir / en una casa grande *(big)*
8. Raúl / escribir / bien en español
9. ella / comprender / la lección
10. nosotros / vender / coches

G. **¿Qué hacen?** *(What are they doing?)* Look at the drawings below and on the following page and indicate what these people are doing.

1. Miguel

2. Rogelio y Lilia

3. Adela y Nívea

4. Leo

5. nosotros

6. Antonio

H. **¿Qué haces?** Answer the following questions.

1. ¿Qué lees?
2. ¿Dónde vives?
3. ¿Recibes muchas cartas?
4. ¿Comprendes el español? ¿Y tus amigos?
5. ¿Qué comes todos los días?
6. ¿Compartes tu cuarto?

¡Adelante!

I. **Mi familia y yo** Tell a classmate where you and your family live and what you own.

MODELO: —*Mi familia y yo somos de Nueva York, pero vivimos en Pennsylvania. Vivimos en una casa. En nuestra casa hay un estéreo, un televisor y una grabadora. No hay una computadora. Yo voy al centro en bicicleta, pero mis padres van al centro en coche.*

J. **Yo me llamo...** Imagine this is your first day in an international school where the common language is Spanish. Go up to another student and introduce yourself. Tell where you are from. Then try to give the other person an idea about what you like and dislike.

MODELO: —*Me llamo Janet. Soy de los Estados Unidos. Vivo en Philadelphia. Me gusta comer, recibir cartas y correr. ¡Y me gusta muchísimo la música rock!*

Vocabulario

Temas y contextos

Los animales	*El arte*	*Las ciencias*
un gato	la escultura	la biología
un pájaro	la pintura	la química
un perro		

Los deportes	*La música*	*Las películas*
el básquetbol	el jazz	cómicas
el béisbol	la música clásica	de aventura
el fútbol	la música rock	de ciencia ficción
el fútbol americano		de horror
el tenis		
el vólibol		

Vocabulario general

Verbos	*Otras palabras y expresiones*
aprender	¡Claro!
beber	Me gusta más...
compartir	las lenguas
comprender	la naturaleza
correr	una novia
escribir	un novio
leer	la política
recibir	¿Qué te gusta más?
vender	
vivir	

CAPÍTULO SEIS

¡Ésta es mi familia!

—*Ésta es mi familia: mi abuela, mi madre y mi hermano y mi hermana.*

Primera etapa

Yo vivo con...

madre   padre   abuelo   abuela   hermano   hermana

Buenos días. Me llamo Ernesto Torres. Ernesto es mi **nombre** y Torres es mi **apellido.** Hay siete personas en mi familia. **Tengo** un **padre**, una **madre**, un **hermano** y una hermana. **Mi padre se llama** Alberto, y mi madre se llama Catalina. Mi hermano se llama Patricio, y mi hermana se llama Marta. Vivimos en una casa en **la ciudad de México** con mi **abuelo** y mi abuela.

first name
last name / I have / father
mother / brother / My father's name is
Mexico City
grandfather

¡Aquí te toca a ti!

A. **Tú y tu familia** First complete the following sentences with information about you and your family.
1. Me llamo...
2. Mi nombre es...
3. Mi apellido es...
4. Hay... personas en mi familia.
5. Mi padre se llama...
6. Mi madre se llama...
7. Tengo... hermanos. (o: No tengo hermanos.)
8. Ellos se llaman...
9. Tengo... hermanas. (o: No tengo hermanas.)
10. Ellas se llaman...
11. Vivo con mis abuelos. (o: No vivo con mis abuelos.)

B. **La familia de un(a) compañero(a)** *(a classmate)* Now ask one of your classmates the following questions about himself or herself and his or her family.

1. ¿Cómo te llamas *(What's your name?)*?
2. ¿Cuál *(What)* es tu nombre?
3. ¿Cuál es tu apellido?
4. ¿Cuántas *(How many)* personas hay en tu familia? (Hay...)
5. ¿Cómo se llama tu padre?
6. ¿Cómo se llama tu madre?
7. ¿Cuántos hermanos tienes?
8. ¿Cómo se llaman?
9. ¿Cuántas hermanas tienes?
10. ¿Cómo se llaman?
11. ¿Cuántos abuelos tienes?
12. ¿Cuántas abuelas tienes?
13. ¿Vives con tus abuelos?

▼   COMENTARIOS CULTURALES   ▼

Los apellidos

Perhaps you have noticed that Hispanics often use more than one last name. This is because many use their mother's maiden name along with their father's last name. For example, Mario González Cruz would use the last name of his father first (González), followed by his mother's (Cruz). Mario might also use the initial instead of the complete second name (Mario González C.). When addressing someone, you use the first of the two last names (Mario González). What would be your complete name if we had this tradition here in the U.S.?

Pronunciación: *The sound of /b/*

In Spanish the sound of /b/ can be spelled with the letter **b** or **v** and is pronounced like the *b* in *Bill* when it is the first letter of a word or after *n* or *m*.

Práctica

C. Listen and repeat as your teacher models the following words.

1. bueno	6. hombre
2. bien	7. un vídeo
3. bocadillo	8. un beso
4. vaso	9. también
5. vamos	10. hambre

Repaso ▼

D. **¿Qué hacen?** Describe what the people in the drawings are doing.

1. *Alicia y Carlos*

2. *Ana*

3. *Alberto*

4. *Marirrosa y Juan*

5. *el Sr. García*   6. *Sofía*

E. **¿Qué te gusta más?** From the choices below, ask a classmate what he or she likes more.

1. el fútbol, el fútbol americano, el básquetbol
2. la música, el baile *(dance)*, las películas
3. la música rock, el jazz, la música clásica
4. las hamburguesas, los sándwiches de jamón, las hamburguesas con queso
5. las películas de horror, las películas de aventura, las películas cómicas
6. la historia, las lenguas, las ciencias

The verb *tener*

Yo tengo dos hermanas.	*I have* two sisters.
¿Tienes tú un hermano?	*Do you have* a brother?
Nosotros tenemos dos gatos.	*We have* two cats.
Ellos no tienen un perro.	*They don't have* a dog.
Él tiene un abuelo en Miami.	*He has* a grandfather in Miami.

In Spanish the verb **tener** can be used to talk about possessions.

The verb **tener** *(to have)* is irregular. Here are its conjugated forms:

tener			
yo	**tengo**	nosotros	**tenemos**
tú	**tienes**	vosotros	**tenéis**
él		ellos	
ella	} **tiene**	ellas	} **tienen**
Ud.		Uds.	

Aquí practicamos

F. Replace the subjects in italics and make the necessary changes.

1. *José* tiene dos hermanas. (Marta / nosotros / yo / Juan y Catarina / tú / vosotros)
2. ¿Tienes *tú* un gato? (ella / Uds. / Ana María / ellos / Marcos o Marta[1])
3. *Ellos* no tienen un abuelo. (Juan / nosotros / yo / tú / Patricio y Ana / vosotras)

G. **¿Tienes tú...?** Each time that you ask whether someone has something, you learn that the person doesn't have what you asked about but does have something else.

MODELO: —¿Tiene Ana un abuelo? (una abuela)
—*No, Ana no tiene un abuelo, pero tiene una abuela.*

1. ¿Tiene Marta un hermano? (una hermana)
2. ¿Tienes tú una computadora? (una calculadora)
3. ¿Tiene José una bicicleta? (una motocicleta)
4. ¿Tiene la profesora una mochila? (un portafolio)
5. ¿Tienes tú un estéreo? (un televisor)

¿Qué crees?

When a woman marries she usually adds *de* plus her husband's last name to her own name. If María Pérez Clemente married José Román Caño, what would her name be?

a) María Clemente de Caño
b) María Pérez de Román
c) María Clemente de Román
d) María Pérez de Caño

respuesta

N O T A   G R A M A T I C A L

Tener + **que** + *infinitive*

Yo tengo que comer.	*I have* to eat.
Tú tienes que estudiar.	*You have* to study.
Él tiene que escribir la lección.	*He has* to write the lesson.

In Spanish, when you want to say that you have to do something, you do so by using the verb **tener** followed by **que** followed by the *infinitive* form of the verb that expresses what must be done.

1. In Spanish, two nouns connected by **o** are treated as plural; therefore, use the **ellos / ellas** form of the verb—**Marcos o Marta tienen** (**hablan, estudian,** etc.).

H. Replace the words in italics and make the necessary changes.

1. Yo tengo que *comer.* (trabajar / estudiar / correr)
2. *Ellos* no tienen que estudiar. (Juan / Bárbara y Alicia / tú / vosotros)
3. ¿Tienes *tú* que trabajar hoy? (Julio y Santiago / Elena / Uds.)

I. Form complete sentences.

1. yo / tener que / trabajar hoy
2. nosotros / tener que / estudiar
3. él / tener que / hablar con María
4. ellos / tener que / escuchar el disco
5. tú / tener que / comprar *(buy)* una mochila

¡Adelante!

J. **¿Qué tienes en tu casa? Tengo...** Make a list of five things you have in your house and who owns them. Compare your list with other students by asking them what they have in their houses.

MODELO: —¿*Tienes una grabadora en casa?*
           —*Sí, es de mi hermano.*   o:
           —*Sí, yo tengo una grabadora.*

K. **Tengo que...** Now make a list of at least three things that you have to do by the end of the day. Compare your list with other students by asking them what they do and do not have to do today.

Segunda etapa

Tengo una familia grande

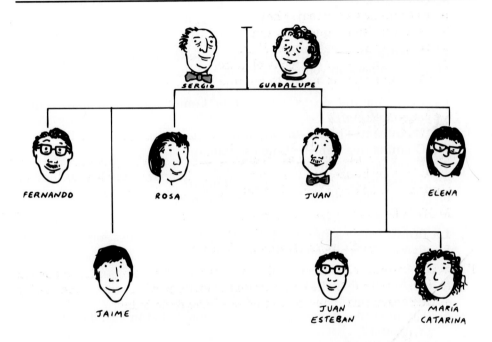

Yo me llamo Jaime, y ésta es mi familia. Mi abuelo se llama Sergio, y mi abuela se llama Guadalupe. Mi abuela es la **esposa** de mi abuelo. Mis abuelos tienen un **hijo** y una **hija**. La hija se llama Rosa, y el hijo se llama Juan. Rosa es mi madre, y **está casada con** mi padre. Él se llama Fernando. Juan, el hermano de mi madre, es mi **tío**. Él está casado con mi **tía**. Ella se llama Elena. Mi tío Juan y mi tía Elena tienen un hijo y una hija. El hijo se llama Juan Esteban, y la hija se llama María Catarina. Él es mi **primo**, y ella es mi **prima**. **Cada domingo** nosotros vamos a la casa de mis abuelos y comemos allí.

wife
son / daughter
is married to
uncle
aunt

male cousin / female cousin /
  Every Sunday

¡Aquí te toca a ti!

A. **¿Quién es?** Fill in the blanks to express the correct family relationships based on the above information.

MODELO: María Catarina es *la hermana* de Juan Esteban.

1. Rosa es _____ de Juan.
2. Fernando es _____ de Jaime.

3. Juan es _____ de Jaime.
4. María Catarina es _____ de Juan.
5. Guadalupe es _____ de Rosa.
6. Sergio es _____ de Juan.
7. Sergio es _____ de Jaime.
8. Elena es _____ de Juan.
9. Guadalupe es _____ de María Catarina.
10. Fernando es _____ de Rosa.

B. **La familia de tu madre** Answer the following questions about the family members on your mother's side of the family.

1. ¿Es la familia de tu madre una familia grande o una familia pequeña *(small)*?
2. ¿Cuántos tíos tienes en la familia de tu madre? ¿Cómo se llaman?
3. ¿Cuántas tías tienes? ¿Cómo se llaman?
4. ¿Están casados tus tíos? ¿Y tus tías?
5. ¿Tienen hijos? ¿hijas? ¿Cómo se llaman?
6. ¿Cómo se llaman tus primos? ¿tus primas?

C. **La familia de tu padre** Answer the following questions about the family members on your father's side of the family.

1. ¿Es la familia de tu padre grande o pequeña?
2. ¿Cuántas tías tienes en la familia de tu padre?
3. ¿Cuántos tíos tienes? ¿Cómo se llaman? ¿Están casadas tus tías? ¿Y tus tíos?
4. ¿Tienen hijas? ¿hijos? ¿Cómo se llaman?
5. ¿Cómo se llaman tus primas? ¿tus primos?

Pronunciación: *The sound of /b/ (continued)*

When the letter **b** or **v** is between vowels or after any consonant except **n** or **m**, it is pronounced with the lips coming together but not allowing the lips to stop the passage of air.

Práctica

D. Listen and repeat as your teacher models the following words.

1. favor
2. acabar
3. ¡Qué bueno!
4. cubano
5. jueves
6. a veces
7. una botella
8. abogado
9. noviembre
10. el vaso

COMENTARIOS CULTURALES

La familia

When Hispanics talk about their families, they do not just mean their parents, brothers, and sisters as we do in the U.S. Hispanic families are very close and include grandparents, uncles and aunts, cousins, godparents, and even in-laws. Sometimes one set of grandparents will live in the same house with one of their children and their grandchildren. This is becoming less common, especially in modern cities, but families generally remain very close.

Repaso

E. **Quisiera..., pero tengo que...** Make a list of five things you would like to do but can't because you have to do something else. Compare your list with a classmate.

MODELO: —*Quisiera mirar la TV pero tengo que estudiar.*

E S T R U C T U R A

Information questions with: **dónde, cuántos, cuántas, quién, qué, por qué**

You have already learned how to ask questions that take *"yes"* or *"no"* for an answer. Frequently, however, you ask a question because you seek specific information. In Chapter 4 you will recall you learned to ask to whom something belongs, using **¿De quién es?** and **¿De quién son?** The following words are the most commonly used in Spanish when seeking information.

1. To find out *where* something is or someone is located, use **¿dónde?**

¿Dónde vive tu hermano?	*Where* does your brother live?
Él vive en Pittsburgh.	He lives in Pittsburgh.
¿Dónde está mi libro?	*Where* is my book?
Tu libro está en la mesa.	Your book is on the table.

2. To ask *how many* there are, you use **¿cuántos?** if what you are asking about is masculine.

¿Cuántos hermanos tienes?	*How many* brothers do you have?
Tengo dos.	I have two.
¿Cuántos perros tienes?	*How many* dogs do you have?
Tengo uno.	I have one.

To ask *how many* there are, you use **¿cuántas?** if what you are asking about is feminine.

¿Cuántas hermanas tiene él?	*How many* sisters does he have?
Él tiene seis.	He has six.
¿Cuántas cintas tienes?	*How many* tapes do you have?
Tengo diez.	I have ten.
Tengo una.	I have one.

3. To find out *who* does something, use **¿quién?**

¿Quién come en la cafetería?	*Who* eats in the cafeteria?
Bárbara come en la cafetería.	Bárbara eats in the cafeteria.
¿Quién estudia en la biblioteca?	*Who* studies in the library?
Roberto estudia en la biblioteca.	Roberto studies in the library.

4. To find out *what* someone wants or is seeking, use **¿qué?**

¿Qué buscan ellos?	*What* are they looking for?
Ellos buscan la casa de Marta.	They are looking for Martha's house.
¿Qué compran ellos?	*What* are they buying?
Ellos compran una mochila.	They are buying a knapsack.

5. To ask *why*, use **¿por qué?** The answer to a question that includes **¿por qué?** may sometimes include **porque** *(because)*.

¿Por qué estudias?	*Why* are you studying?
Porque tengo un examen mañana.	*Because* I have a test tomorrow.
¿Por qué comes pizza?	*Why* do you eat pizza?
Porque me gusta.	*Because* I like it.

Aquí practicamos

F. Replace the words in italics and make the necessary changes.

1. ¿Dónde trabajan *Uds.*? (tú / tu madre / José / tu padre)
2. ¿Cuántas hermanas tienes *tú*? (ellos / ella / Juan / vosotros)
3. ¿Qué buscan *ellos*? (tú / Uds. / tus amigos / ella / vosotras)
4. ¿Por qué estudias *tú*? (Ana / nosotros / ellos / tu hermana)
5. ¿Quién *come* aquí? (estudiar / vivir / trabajar / correr)

G. **¡Vamos a conocernos!** In order to know an exchange student from Bogota, Colombia, a little better, you ask her questions about herself, her brother or sister, and her parents. Use the suggested words to form your questions.

MODELO: hermanos / tener
           ¿Cuántos hermanos tienes?

tú:
1. vivir
2. gustar más / música / naturaleza
3. estudiar

tus padres:
4. vivir
5. programas de televisión / mirar
6. estar / ahora *(now)*

tu hermano o tu hermana:
7. trabajar
8. estar / ahora
9. cintas / tener

H. **Más detalles** *(More details)* Conversation depends on the listener paying attention to the speaker's comments and reacting to them. You are talking with some of the Hispanic exchange students in your school. After a student makes a statement, ask a logical follow-up question.

MODELO: Esteban Candelaria:
—No vivo en Valencia.
—*¿Dónde vives?*

Esteban Candelaria:
1. Tengo hermanos, pero no tengo hermanas.
2. Mis hermanos no viven con nosotros.
3. Ellos no estudian ciencias.

Bárbara Martínez:
4. Mi padre y mi madre trabajan.
5. Mi hermana estudia muchas horas todos los días.
6. Mi hermano tiene muchos discos.

Carlos López:
7. No tengo una clase de química.
8. Como en la cafetería.
9. No vivo aquí.

I. **¿Dónde vives?** Ask a classmate questions in order to get the following information. Do not translate word for word. Instead, find a Spanish expression that will get the information for you. Your classmate will answer your questions.

MODELO: where he or she lives
—*¿Dónde vives?*
—*Vivo en Los Ángeles.*
where his or her father and mother work
—*¿Dónde trabajan tu padre y tu madre?*
—*Mi padre trabaja en First National Bank of Los Ángeles, y mi madre trabaja en City Hospital.*

1. where his or her grandparents live
2. how many brothers and sisters he or she has
3. how many pets (dogs, cats, birds) he or she has
4. what he or she is studying

ESTRUCTURA

Ser + *adjective*

Ser plus an adjective can be used to describe someone or something.

Él es **alto**.	He is *tall*.
Ella es **alta.**	She is *tall*.
Juan y José son **altos.**	Juan and José are *tall*.
María y Carmen son **altas.**	María and Carmen are *tall*.

1. Adjectives that end in **-o** in the masculine singular have four different forms—masculine singular, masculine plural, feminine singular, and feminine plural—and must agree in number and gender with the nouns they modify, as you saw with the adjective **alto.** Here are some adjectives used to describe people and things:

aburrido *(boring)*	**guapo** *(handsome)*
alto *(tall)*	**malo** *(bad)*
antipático *(disagreeable)*	**moreno** *(dark haired, brunet)*
bajo *(short)*	
bonito *(pretty)*	**pelirrojo** *(red haired)*
bueno *(good)*	**pequeño** *(small)*
delgado *(thin)*	**rubio** *(blond)*
divertido *(fun, amusing)*	**serio** *(serious)*
feo *(plain, ugly)*	**simpático** *(nice)*
gordo *(fat)*	**tonto** *(stupid, foolish)*

PELIRROJA   MORENO   RUBIA

2. Adjectives that end in **-e** have only two forms, one singular and one plural, and must agree in number with the nouns they modify.

   Some common adjectives that have only a singular and a plural form are:

   inteligente
   interesante
   grande

Él es **inteligente.**	He is *intelligent.*
Ella es **inteligente.**	She is *intelligent.*
Juan y José son **inteligentes.**	Juan and José are *intelligent.*
María y Bárbara son **inteligentes**.	María and Bárbara are *intelligent.*

EL LIBRO ES MUY INTERESANTE.

3. In Spanish, to ask what someone or something is like, you use **¿Cómo es...?** or **¿Cómo son...?**

¿Cómo es Juan?	*What is* Juan *like?*
Juan es inteligente.	Juan is intelligent.
¿Cómo es el libro?	*What is* the book *like?*
El libro es aburrido.	The book is boring.
¿Cómo son María y Bárbara?	*What are* María and Bárbara *like?*
María y Bárbara son simpáticas.	María and Bárbara are nice.

J. Replace the words in italics, making any other necessary changes.

1. *Él* es alto. (Ana / nosotros / Roberta y Linda / Juan / vosotros)
2. *Tú* eres inteligente. (nosotras / Mario y Roberto / Marisa / Ana y Silvia / vosotras)
3. Linda no es *alta*. (bajo / rubio / moreno / inteligente / aburrido)
4. ¿Son Javier y Roberto *inteligentes*? (alto / tonto / moreno / antipático / bueno)

K. **No, no es..., es...** Someone asks you about a quality of one of your friends and you respond with the opposite. Follow the model.

MODELO: alto / María
           —*¿Es María alta?*
           —*No, no es alta, es baja.*

1. gordo / Juan
2. rubio / Anita
3. inteligente / David
4. divertido / Marina
5. simpático / Antonio

6. feo / Miguel y Luis
7. bajo / Ester y Marisa
8. simpático / ellos
9. aburrido / ellas
10. bueno / los niños

L. **Una fiesta** Describe as many people as you can in the picture below.

¡Adelante!

M. **Intercambio** Ask the following questions of another student, who will answer them.

1. ¿Cuántas personas hay en tu familia?
2. ¿Cómo se llama tu padre? ¿Y tu madre? ¿Cómo son?
3. ¿Cuántas hermanas tienes tú?
4. ¿Dónde viven tus abuelos?
5. ¿Cuántos perros tienes tú? ¿gatos? ¿pájaros?

N. **¿Quién tiene más** *(more)***...?** Go around the class asking other students how many aunts, uncles, male cousins, and female cousins they each have. Based on your findings, your teacher will then try to determine:

1. ¿Quién tiene más tías?
2. ¿Quién tiene más tíos?
3. ¿Quién tiene más primos?
4. ¿Quién tiene más primas?

O. **Tu familia** Find out as much as you can about another student's family. Begin by getting information about its size and composition. Then choose one member of the family (mother, father, brother, sister, grandparent, etc.) and ask more detailed questions to find out what that person is like.

Vocabulario

Para charlar

Para preguntar

¿Cuántas?
¿Cuántos?
¿Dónde?
¿Por qué?
¿Qué?
¿Quién?
¿Cómo es? / ¿Cómo son?

Temas y contextos

La familia

la abuela	el hijo
el abuelo	la madre
la esposa	el padre
el esposo	la prima
la hermana	el primo
el hermano	la tía
la hija	el tío

Vocabulario general

Adjetivos

aburrido(a)	divertido(a)	moreno(a)
alto(a)	feo(a)	pelirrojo(a)
antipático(a)	gordo(a)	pequeño(a)
bajo(a)	guapo(a)	rubio(a)
bonito(a)	inteligente	serio(a)
bueno(a)	interesante	simpático(a)
delgado(a)	malo(a)	tonto(a)

Sustantivos	*Verbos*	*Otras expresiones*
un apellido	tener	cada domingo
una ciudad	tener que	Está casado(a) con…
un nombre		Se llama…
unas personas		

Aquí leemos

The ability to read in Spanish develops more rapidly than the skills of speaking, listening, and writing. One reason is the large number of cognates (words that look alike in two languages, for example: **hospital, universidad, moderno**, etc.) shared by Spanish and English.

A. **Las palabras parecidas** *(cognates)* What do you think each of the following words means?

1. hospital
2. profesor
3. montañas
4. museo
5. arquitecto
6. universidad
7. divorciado
8. banco
9. ingeniero
10. presidente
11. compañía
12. garaje
13. condominio
14. privada
15. dentista
16. parque

Now read the paragraphs on the following pages. Look for cognates to help you get the general idea of each one.

Yo soy médica y madre de familia. Trabajo en el Hospital Santa Ana en Guadalajara. Mi esposo es profesor. Él está mucho en casa con los niños. Tenemos un hijo y tres hijas. **Durante** el **fin de semana pasamos tiempo** con nuestros hijos. **A veces vamos** camping o a un **partido** de fútbol. A veces vamos a las montañas. Me gusta el arte, y a veces mi esposo y yo vamos a los museos de arte. Llevamos a nuestros hijos con nosotros porque mi hijo **quiere** ser arquitecto, y una de mis hijas quiere estudiar pintura en la universidad.

during / weekend
we spend time
Sometimes we go
game

wants

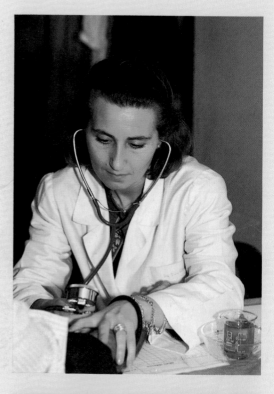

Yo soy estudiante en la Escuela Secundaria de Santa Fe, Nuevo México. Estudio lenguas modernas—el francés y el español—porque me gusta mucho la literatura y también porque **quiero** viajar a Europa y a América Latina **algún día.** Mis padres están divorciados. Vivo con mi madre. Ella trabaja en un banco. Mi padre es ingeniero; vive en Albuquerque. Tengo un hermano **menor** que se llama Alejandro. No tengo hermanas. No tenemos mucho dinero.

I want

some day

younger

Yo soy presidente de una compañía grande. Tengo una casa grande, tres televisores a color y dos coches en el garaje. Mi esposa y yo viajamos mucho. Tenemos un condominio en Puerto Rico y un apartamento en Madrid. Mis hijos no viven en casa y **asisten** a una escuela privada. Contribuimos mucho dinero a diferentes instituciones **benéficas** cada año. Tenemos una **vida** muy **cómoda.**

attend

charitable
life
comfortable

Yo estoy **jubilado**. Mi esposa **murió** en 1985. Vivo con mi hijo en Quito, Ecuador. Él es dentista y está casado. Su esposa se llama Cecilia. Ellos tienen dos hijos. Yo no trabajo. Me gusta la naturaleza y me gusta mucho **caminar** en el parque. **Por la noche**, como con la familia y **después de** comer miro la televisión. Mi vida es muy tranquila y agradable.

retired
died

to walk
at night
after

Comprensión

B. **¿Cierto o falso?** Reread the **Lectura**, referring to the glosses in each reading. Then decide whether the statements made by each person are true or false. Support your answers by pointing out the relevant information in the **Lectura**.

1. La médica:
   a. Yo tengo cuatro hijas.
   b. Mi esposo trabaja todos los días en una oficina.
   c. Me gusta la naturaleza.
   d. Yo paso mucho tiempo con mis hijos.

2. La estudiante:
   a. Yo vivo con mi padre y mi madre en Santa Fe, Nuevo México.
   b. Hablo alemán y español.
   c. Tengo una familia grande.
   d. Yo soy rica.

3. El presidente de la compañía:
   a. Yo soy materialista.
   b. Tengo una casa grande en Madrid.
   c. Yo soy rico.
   d. Paso mucho tiempo con mis hijos.

4. El hombre jubilado:
   a. Vivo con la familia de mi hijo en Quito.
   b. Yo camino a veces con mi esposa.
   c. Por la noche, yo como en un restaurante.
   d. Por la noche, me gusta mirar la televisión.

C. **Más sobre cognados** *(More about cognates)* Go back over each of the four readings and make a list of all of the cognates you can find.

Repaso

D. **Intercambio** Ask these questions of a classmate, who will answer them.

1. ¿Tienes tú una familia grande?
2. ¿Cuántos tíos y cuántas tías tienes en la familia de tu madre? ¿en la familia de tu padre?
3. ¿Cómo se llama tu tía favorita? ¿Dónde vive? ¿Está casada? ¿Tiene hijos? ¿Cómo se llaman?
4. ¿Trabaja tu tía? ¿Dónde?
5. ¿Cómo se llama tu tío favorito? ¿Dónde vive? ¿Está casado? ¿Tiene hijos? ¿Cómo se llaman?
6. ¿Trabaja tu tío? ¿Dónde?

E. **Actividades** Indicate what the people in the drawings are doing.

1. Mirta
2. Fernando y su hermano
3. Santiago
4. Carlos y sus primos
5. Victoria

Aquí repasamos

In this section, you will review:

- definite articles;
- expressing possession with **de**;
- numbers from 0 to 20;
- **hay**;
- possessive adjectives;
- the verb **gustar**;

- the irregular verb **tener** and the expression **tener que**;
- **-er** and **-ir** verbs;
- information questions;
- **ser** + adjective.

Definite articles

el	los
la	las

A. **¿Qué quisieras?** Ask a friend if he or she would like a beverage or food from the first category given. He or she will indicate that he or she doesn't like food or drinks of that kind and will ask for something from the second category. Follow the model.

MODELO: licuado / té con limón
— *¿Quisieras un licuado?*
— *No, no me gustan los licuados. Quisiera un té con limón.*

1. hamburguesa / sándwich de jamón con queso
2. calamares / patatas bravas
3. bocadillo / pizza
4. aceitunas / cacahuetes
5. taco / enchilada

Expressing possession with *de*
El libro **es de Susana**.
Los perros **son de Juan y Paco**.
Las cintas **son de ella**.

B. **¿De quién es?** Indicate to whom each of the following items belong.

1. *Uds.*   2. *Teresa*   3. *la profesora*

4. *mi hermano y yo*   5. *nosotros*   6. *Raúl*

Numbers from 0 to 20

cero ○	siete 7	catorce 14
uno 1	ocho 8	quince 15
dos 2	nueve 9	dieciséis 16
tres 3	diez 10	diecisiete 17
cuatro 4	once 11	dieciocho 18
cinco 5	doce 12	diecinueve 19
seis 6	trece 13	veinte 2

C. **Sumando y restando** Do the following arithmetic problems with a partner.

MODELO: 2 + 3 =   3 − 1 =
          Dos más tres son cinco.   *Tres menos uno son dos.*

1. 3 + 6 =
2. 4 + 6 =
3. 6 − 3 =
4. 19 − 3 =
5. 20 − 5 =
6. 17 + 1 =
7. 12 + 5 =
8. 9 + 7 =
9. 7 − 5 =
10. 13 + 6 =
11. 5 + 3 =
12. 2 + 7 =
13. 10 − 5 =
14. 8 − 6 =
15. 11 + 3 =

Hay + noun

> **Hay** un libro en mi cuarto.
> **Hay** tres chicas en la cafetería.

D. **Las posesiones** On the basis of the drawing, work with a partner to list as much information as you can about Julian's possessions.

MODELO: *En el cuarto de Julián hay..., pero no hay...*

Possessive adjectives

mi, mis	nuestro, nuestra, nuestros, nuestras
tu, tus	
su, sus	su, sus

Remember that two other ways to express possession in Spanish are by using *noun* + **de** + *owner* and **ser** + **de** + *owner*.

> —*Tengo **el libro de Juan**.*
> —*¿**De quién es el libro que tienes**?*
> —*Es de Juan.*

E. **¿Dónde está mi...?** You are continually losing your belongings at school. When you ask someone if something is yours, he or she says it belongs to Catarina. When you ask Catarina, she tells you that the item belongs to someone else. Follow the model.

MODELO: libro
—*¿Es mi libro?*
—*No, es el libro de Catarina.*
—*Catarina, ¿es tu libro?*
—*No, no es mi libro. Es el libro de Juan José.*

1. mochila
2. borrador
3. sacapuntas
4. bolígrafo
5. calculadora
6. lápiz

MODELO: libros
—*¿Son mis libros?*
—*No, son los libros de Catarina.*
—*Catarina, ¿son tus libros?*
—*No, no son mis libros. Son los libros de Juan José.*

7. cintas
8. lápices
9. plumas
10. llaves
11. bolígrafos
12. cuadernos

The verb *gustar*
Remember, only two forms of **gustar** are used. These are:
the singular form: **gusta**
the plural form: **gustan**

These forms are used with the pronouns **me** and **te**.

If the word following **gustar** is a singular noun or an infinitive verb, use **gusta.** If the noun following **gustar** is plural, use **gustan.**

The irregular verb *tener*

yo	**tengo**	nosotros	**tenemos**
tú	**tienes**	vosotros	**tenéis**
él		ellos	
ella }	**tiene**	ellas }	**tienen**
Ud.		Uds.	

Remember that when you want to say you have to do something, you use **tener** + **que** + *the infinitive* of the verb that tells what you must do.

F. **¡Vamos a conocernos!** In order to get to know one of your classmates better, ask him or her a series of yes/no questions. Use elements suggested below, being careful to distinguish between nouns that require the definite articles **el**, **la**, **los**, **las** and nouns that require the indefinite articles **un**, **una**, **unos**, **unas**. Your classmate will answer your questions.

MODELO: gustar / deportes
          —*¿Te gustan los deportes?*
          —*Sí, me gustan mucho los deportes.* o:
          —*No, no me gustan los deportes.*

          tener / coche
          —*¿Tienes tú un coche?*
          —*Sí, yo tengo un coche.* o:
          —*No, no tengo un coche.*

1. tener / hermanas
2. tener / coche
3. gustar / animales
4. gustar / ciencias
5. gustar / música

6. tener / gato
7. tener / discos
8. gustar / lenguas
9. gustar / historia
10. tener / computadora

G. **Sí..., pero primero tengo que...** *(Yes..., but first I have to...)* A friend invites you to do something. You would like to accept, but you tell him or her that first you must do something else. Follow the model:

MODELO: ir al centro / estudiar
          —*¿Quisieras ir al centro?*
          —*Sí, quisiera ir al centro, pero primero tengo que estudiar.*

1. mirar la TV / comer con mi familia
2. ir al centro / practicar el piano
3. estudiar química / comer con mi familia
4. leer nuestro libro / escribir una carta
5. tomar algo en el centro / ir a mi casa

-er and -ir verbs

yo	**corro**	**vivo**
tú	**corres**	**vives**
él ella Ud.	**corre**	**vive**
nosotros	**corremos**	**vivimos**
vosotros	**corréis**	**vivís**
ellos ellas Uds.	**corren**	**viven**

H. **No..., pero...** Someone asks if you do something. You respond that you don't, but you tell him or her that you do something else. Follow the model.

MODELO: comer pizza / sándwiches de jamón con queso
—*¿Comes pizza?*
—*No como pizza, pero como sándwiches de jamón con queso.*

1. beber café / té
2. comprender francés / inglés y español
3. leer libros en español / libros en inglés
4. tener una hermana / un hermano
5. vivir en una casa / en un apartamento grande
6. escribir francés / español

Now repeat the same exercise according to the following model.

MODELO: comer pizza / sándwiches de jamón con queso
—*¿Comen Uds. pizza?*
—*No comemos pizza, pero comemos sándwiches de jamón con queso.*

Information questions
Information questions begin with one of the following question words:

cuántas	**por qué**
cuántos	**qué**
dónde	**quién**

I. **Un amigo nuevo** A Mexican exchange student whom you have just met is telling you about his family and his life in Mexico. Each time he makes a statement, you ask a follow-up question using **dónde**, **cuántos**, **cuántas**, **qué**, **por qué**, or **quién.**

MODELO: Yo tengo una familia grande. Tengo muchos hermanos.
—*¿Cuántos hermanos tienes tú?*

1. Nosotros somos de Guadalajara, pero no vivimos en Guadalajara.
2. Nosotros vivimos en una ciudad *(city)* pequeña en el norte.
3. Mi padre trabaja.
4. Soy estudiante en una escuela pequeña. No hay muchos estudiantes en mi escuela.
5. Estudio historia, inglés y español.
6. No estudio ciencias.
7. Me gustan mis profesores y mis compañeros de clase *(classmates)*.
8. Tengo un profesor muy simpático.

ser + adjective
Ser can be combined with an adjective to describe someone or something. Remember that the adjective must agree in number and gender with the noun it modifies. Adjectives that end in **-o** in the masculine singular have four forms (**alto, alta, altos, altas**), while adjectives that do not end in **-o** (**grande, inteligente, interesante**) have only a singular and a plural form.

To ask what someone or something is like use:
¿Cómo es...? if what you are asking about is singular, and
¿Cómo son...? if what you are asking about is plural.

J. **¿Cómo es (son)... ?** Describe the people in the following drawings.

1. *Linda y Maribel*

2. *Fernando y David*

3. *Marcos*

4. *Jorge*

5. *Sofía y Catarina*

6. *Ángela*

7. *Mario y Luis*

8. *Carlos*

Aquí llegamos

A. **¡Vamos a conocernos!** Get to know another student by exchanging information. Find out:

1. his or her name
2. where he or she lives and is from
3. the size and makeup of his or her family
4. his or her likes and dislikes (sports, music, etc.)
5. his or her possessions

He or she will ask for the same information from you.

B. **Yo soy...** Present yourself to the class. Using the Spanish you've learned so far, give as much information as you can about your family, your interests, your activities, and your possessions.

C. **Comemos en un café.** You go to a café for lunch with a person whom you've just met. When you arrive, you see a friend of yours. Along with two other members of the class, play the roles of the students in this situation. During the conversation, make introductions, order lunch, and find out as much as possible about each other.

D. **El árbol genealógico** *(The family tree)* Construct your family tree as far back as your grandparents and explain to a classmate the relationships among you and the other family members. Give several bits of information for each person—where he or she lives, what he or she does and has, and what he or she likes or dislikes. If possible, bring family photos to class.

E. **Un diálogo de contrarios** *(A dialogue of opposites)* Imagine that you and another student have a relationship similar to that of the two people at the beginning of Chapter 5 on page 93. The two of you are friends, despite great differences in family background (where you are from, where you live, the size of your family, your parents' occupations, etc.), possessions, and interests. Invent the details of your two lives and present them to the class in the form of a dialogue of opposites.

Me llamo Carmen Candelaria. Me gusta la música rock y los deportes. En mi cuarto tengo una raqueta de tenis, un póster de Madonna y muchos discos.

Mesón José María
Restaurante
CRONISTA LECEA, 11 →

¿Dónde y a qué hora?

¿Dónde y a qué hora?:
Where and at what
time?

Objectives

In this unit, you will learn:

- to identify and locate places in a city;
- to express your desires and preferences;
- to talk about age;
- to ask and give directions;
- to give orders and suggest activities;
- to tell time;
- to talk about the way you or someone else feels.

José Rivas

CAPÍTULO SIETE

¿Adónde vamos?

—¿Quieres ir al centro?

Primera etapa

Los edificios públicos

¿Adónde vamos?: Where are we going?

Los edificios públicos: Public buildings

En nuestra ciudad hay:

un aeropuerto	una catedral	una **biblioteca**	library
una estación de trenes	una **iglesia**	un **correo**	church / post office
una estación de autobuses	una universidad	una estación de policía	
una plaza	un **mercado**	un hospital	market
una **escuela secundaria**	un **colegio**		secondary (high) school / school

COMENTARIOS CULTURALES

La ciudad típica

Most Spanish cities are built in the same pattern. There is usually a plaza in the middle of town, with several important buildings facing into it: the cathedral or main church at one end; the main government building and a police station at the other; and shops, banks, hotels, and cafés on the two sides in between. Families as well as young people gather at the central plaza on weekends and summer evenings to take a walk, see their friends, and have a drink or a meal. Walking around a city and its plaza is considered one of life's pleasures by people in all sectors of Spanish-speaking societies. The streets are full of life, movement, and music.

¡Aquí te toca a ti!

A. **¿Qué es?** Identify each building or place.

MODELO: *Es una catedral.*

1.

2.

3.

4.

5.

6.

7.

8.

9.

B. **¿Dónde está...?** *(Where is...?)* You have just arrived in town and are looking at a map. Using the appropriate form of the definite article (**el, la**), ask where each building or place is located.

MODELO: correo
　　　　　¿Dónde está el correo?

1. estación de trenes
2. aeropuerto
3. iglesia
4. estación de autobuses
5. universidad
6. plaza
7. escuela secundaria
8. biblioteca
9. catedral
10. correo
11. estación de policía
12. hospital
13. mercado
14. colegio

C. **¡Allí está!** *(There it is!)* Now that you are familiar with the map of the town, other newcomers ask you where certain buildings and places are. Using the expression **Allí está**, indicate the various locations on the map.

MODELO: la plaza
　　　　　—*¿Dónde está la plaza?*
　　　　　—*¿La plaza? Allí está.*

1. la catedral
2. el correo
3. la universidad
4. la biblioteca
5. la estación de trenes
6. la escuela secundaria
7. el aeropuerto
8. la estación de policía
9. la iglesia
10. el hospital
11. la estación de autobuses
12. el colegio

Pronunciación: *The consonant* **g**

In Spanish, **g** is pronounced like the *g* in the English word *goal* when it is before the vowels **a**, **o**, **u**, as in **gato**, **gota**, **gusta** or before the consonants **l** and **r** as in **globo** or **grupo**. It also has this sound before **ue** and **ui** as in **guerra** and **guitarra**, in which cases the **u** is silent. The letter **g** is pronounced like this when it is the first letter of a word or follows the consonant **n**.

Práctica

D. Listen and repeat as your teacher models the following words.

1. gato
2. grupo
3. gordo
4. ganas
5. gracias
6. globo
7. Gustavo
8. tengo
9. un gato
10. un globo

The present tense of the verb *ir*

¿Adónde **vamos**?
Alicia **va** al centro.
Ellos **no van** al correo.

Where *are we going*?
Alicia *is going* downtown.
They *don't go* to the post office.

The present tense forms of the verb **ir** are:

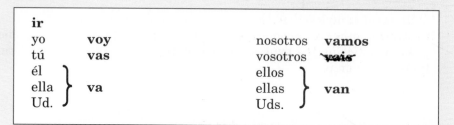

ir			
yo	**voy**	nosotros	**vamos**
tú	**vas**	vosotros	~~vais~~
él		ellos	
ella }	**va**	ellas }	**van**
Ud.		Uds.	

Vamos al mercado central.

Aquí practicamos

E. Replace the subjects in italics and make the necessary changes.

1. *Luis* va a Madrid. (yo / nosotros / Uds. / vosotras)
2. *Clara y yo* vamos al centro. (tú / Jorge / ellos / vosotros)
3. *Ellas* no van a la biblioteca. (él / Ud. / María y yo / vosotros)
4. ¿Adónde vas *tú*? (Ada / yo / nosotras / Catalina / Uds.)

F. **En la estación de trenes** You are at the railroad station with a group of friends who are all leaving to visit different Spanish cities. Each time you ask if someone is going to a certain city, you find out that you are wrong. Ask and answer questions following the model.

MODELO: Raquel / Salamanca / Cádiz
— *¿Va Raquel a Salamanca?*
— *No, Raquel no va a Salamanca. Ella va a Cádiz.*

1. Teresita / León / Burgos
2. Carlos / Valencia / Granada
3. Antonio / Málaga / Córdoba
4. Carmencita / Sevilla / Toledo
5. Miguel / Pamplona / Ávila
6. Mariquita / Barcelona / Valencia
7. Juan / Córdoba / Segovia

NOTA GRAMATICAL

Expressions of frequency

Here are some more phrases used in Spanish to say how often you do something.

rara vez *(rarely)*　　**a menudo** *(frequently, often)*
nunca *(never)*　　**de vez en cuando** *(from time to time)*

Nunca usually precedes the verb. The other adverbs may be placed at the beginning or end of a sentence.

Nunca vamos a la estación de policía.	We *never* go to the police station.
Rara vez voy al hospital.	I *rarely* go to the hospital.
Andrés va a la biblioteca **a menudo.**	Andrés goes to the library *often*.

G. **Una encuesta** (*A survey*) Ask three other students the questions below and note their answers. They do not need to answer with complete sentences. (Remember the other expressions of frequency you have already learned: **siempre, todos los días, a veces**.)

MODELO: —*¿Vas al aeropuerto a menudo?*
            —*Muy rara vez.* o:
            —*Sí, a menudo.* o:
            —*No, nunca.*

1. ¿Vas a la iglesia a menudo?   4. ¿Vas al correo a menudo?
2. ¿Vas a la catedral a menudo?   5. ¿Vas a la biblioteca a menudo?
3. ¿Vas a la plaza a menudo?   6. ¿Vas al hospital a menudo?

H. **Los resultados** (*The results*) Now report your findings from Exercise **G** to other members of your class. This time use complete sentences.

MODELO: *Josh nunca va a la biblioteca. Linda va a la biblioteca de vez en cuando y Denise va a menudo.*

¡Adelante!

I. **Intercambio** Ask another student the following questions. He or she will answer them on the basis of his or her knowledge and personal situation.

1. ¿Hay un aeropuerto en nuestra ciudad? ¿un hospital? ¿un correo? ¿una catedral?
2. ¿Vas tú a menudo al colegio? ¿a la escuela secundaria? ¿a la estación de autobuses? ¿al mercado? ¿a la biblioteca?

J. **En la calle** (*In the street*) You run into a classmate in the street. Greet each other. Then find out where he or she is going and whether he or she goes there often.

MODELO: —*¡Hola! ¿Qué tal?*
            —*Muy bien, ¿y tú?*
            —*Bien, gracias. ¿Adónde vas?*
            —*Voy a la biblioteca.*
            —*¿Vas a menudo a la biblioteca?*
            —*Sí, todos los días.* o:
            —*No, voy de vez en cuando.*

Segunda etapa

¿Quieres ir al cine?

¿Quieres ir al cine?: Do you want to go to the movies?

Una conversación telefónica
—Hola, ¿Celia?
—Sí. ¿Quién habla?
—Habla Isabel.
—Hola, Isabel. ¿Qué tal?
—Muy bien. Delia y yo vamos al cine esta tarde. **¿Quieres venir** con nosotras?

Do you want to come

—Mm… **lo siento**, pero no es posible porque voy al **museo** con Marcos, y esta noche vamos a la discoteca.

I'm sorry / museum

—Bueno, **en otra oportunidad**.

some other time

—Gracias, Isabel. Hasta luego.
—De nada. Adiós.

Otros **lugares** en la ciudad:

un teatro	un parque	un **estadio**	places
una **piscina**	un club	un café	stadium
			swimming pool

COMENTARIOS CULTURALES

El teléfono
There are different ways of answering the phone in Spanish, depending on the country. **Bueno** is used in Mexico, **hola** is used in several South American countries, and **diga** or **dígame** is used in Spain.

¡Aquí te toca a ti!

A. **¿Qué lugares son?** Identify each building or place.

1.   2.   3.

4.   5.   6.

B. **¿Hay un(a)... en el barrio** *(neighborhood)*? Ask a passerby if the following places are in the area. The passerby will answer affirmatively and indicate the street where each can be found. Act this out in pairs.

MODELO: restaurante / en la Calle *(street)* San Martín
—*Perdón, señor (señorita). ¿Hay un restaurante en el barrio?*
—*Sí, hay un restaurante en la Calle San Martín.*

1. parque / en la Calle Libertad
2. discoteca / en la Calle Tucumán
3. teatro / en la Avenida 9 de Julio
4. museo / en la Calle Cervantes
5. cine / en la Avenida Lavalle
6. piscina / en la Calle Bolívar
7. correo / en la Calle Independencia

C. **¿Qué hay en Nerja?** Below are examples of public buildings that are found in many cities and towns. Using the map of Nerja, indicate what there is and what there is not in this small beach town.

MODELO: *En Nerja hay un hotel pero no hay un aeropuerto.*

Pronunciación: *The consonant* ***g*** *(continued)*

When the letter **g** (in the same combinations you studied in the previous **etapa**) follows a vowel or any consonant except **n**, it is pronounced like the *g* in the English word *sugar* when it is said very quickly.

Práctica

D. Listen and repeat as your teacher models the following words.

1. lago
2. amigo
3. llego
4. nos gusta
5. conmigo

6. Ortega
7. regular
8. lugar
9. hasta luego
10. jugar

Repaso

E. **¿Adónde van?**   Félix and his family are visiting Córdoba, Spain, for the day. Because they all want to go different places, they decide to split up. Using the drawings, give Félix's explanation of where each person is headed.

MODELO: *Mi tío va a la catedral.*

mi tío

1. mis padres

2. mi primo y yo

3. mi tía

4. *mi hermano*   5. *mi abuelo*   6. *mis primas*

N O T A   G R A M A T I C A L

The preposition *a* and the definite article *el*

Nosotros vamos **al** museo.	We go *to the* museum.
Mi familia va **a la** piscina.	My family goes *to the* swimming pool.

When the preposition **a** *(to)* is followed by the article **el**, they contract to form one word, **al**.

$$a + el = al$$

F. **¿Adónde quisiera ir...?** You are talking to a friend about where your other friends want to go this weekend. Ask about each of the following people and your friend will answer using the places suggested.

MODELO: Miguel / el club
　　　　　¿Adónde quisiera ir Miguel?
　　　　　Miguel quisiera ir al club.

1. Elsa / la piscina
2. Isabel / el parque
3. Roberto / la discoteca
4. Mónica / el cine
5. Manuel / el museo
6. Pilar / el teatro
7. Luis / el estadio
8. Lidia / el café

The present tense of the verbs *querer* and *preferir*

¿**Quieres** ir al cine?	*Do you want* to go to the movies?
Yo **quiero** ir al museo.	I *want* to go to the museum.
Nosotros **no queremos** salir.	We *don't want* to go out.

The verb **querer** *(to want, to love)* is used to express strong desire. It is more commonly used than the verb **desear** *(to wish, to want)*.

querer (ie)			
yo	**quiero**	nosotros	**queremos**
tú	**quieres**	vosotros	**queréis**
él		ellos	
ella	**quiere**	ellas	**quieren**
Ud.		Uds.	

Querer changes the **e** to **ie** except in the **nosotros** and **vosotros** forms. Another verb that follows this pattern is **preferir** *(to prefer)*.

preferir (ie)			
yo	**prefiero**	nosotros	**preferimos**
tú	**prefieres**	vosotros	**preferís**
él		ellos	
ella	**prefiere**	ellas	**prefieren**
Ud.		Uds.	

Querer and **preferir** may be followed by a noun or an infinitive.

Tú **quieres un taco.**	You *want a taco.*
Rosa **quiere comer** algo también.	Rosa *wants to eat* something, too.
Ellos **prefieren el tren.**	They *prefer the train.*
Yo **prefiero viajar** en autobús.	I *prefer to travel* by bus.

Aquí practicamos

G. Replace the subjects in italics and make the necessary changes.

1. *Mario* no quiere ir a la discoteca. (tú / Daniel / yo / nosotros)
2. *Ellos* quieren un coche. (Víctor / mi hermana y yo / Ud. / yo / vosotros)
3. *Yo* prefiero ir al parque. (Emilio / tú / mis amigos / vosotros)
4. *Nosotros* preferimos este libro. (Tomás y Marta / él / tú / vosotras)
5. ¿Qué quieres *tú*? (él / Rosa / yo / nosotros / Uds. / vosotros)

H. **¿Adónde quieres ir?** You and a friend are visiting a town in Mexico. Each of you wants to see something different. Find out what he or she wants to see by asking specific questions.

MODELO: la plaza / la iglesia
  —*¿Quieres ir a la plaza?*
  —*No, quiero ir a la iglesia.*

1. la biblioteca / la piscina
2. el club / el teatro
3. el museo / el correo
4. la plaza / el parque
5. la estación de trenes / la estación de autobuses
6. la escuela secundaria / el mercado

I. **Preferencias** You and your friend are making plans for the afternoon. Your friend makes a suggestion. Tell him or her if you agree with the suggestion. If you don't agree, express your own preference.

MODELO: ir al teatro
  —*¿Quieres ir al teatro?*
  — *Sí, quiero ir al teatro.*   o:
  — *Mm… no, prefiero ir al cine.*

1. comer en un café
2. ir a la piscina
3. bailar en la discoteca
4. visitar un museo
5. estudiar toda la mañana
6. correr por el parque
7. escuchar música
8. tomar algo

J. **Decisiones** You and your friend need to decide what you want to do after school when presented with these options. In pairs decide what you want to do, and give your answer to the class.

MODELO: ¿ir en bicicleta o caminar?
   —*¿Quieres ir en bicicleta o caminar?*
   —*Yo prefiero caminar.*
   —*Nosotros preferimos caminar.*

1. ¿jugar *(to play)* al tenis o al vólibol?
2. ¿ir a mi casa o al café?
3. ¿visitar a nuestros amigos o estudiar?
4. ¿ir a la plaza o al parque?
5. ¿comer o tomar un refresco?

¡Adelante!

K. **Intercambio** Ask the following questions of another student, who will then answer them.

1. ¿Hay un restaurante en tu barrio? ¿un cine? ¿un parque?
2. ¿Comes a menudo en un restaurante?
3. ¿Vas a menudo al museo? ¿al parque? ¿a la discoteca? ¿al teatro?
4. ¿Quieres visitar un país hispanohablante *(Spanish-speaking country)*?
5. ¿Adónde prefieres ir los sábados *(Saturdays)*?

L. **En la calle** While heading for a place in town (your choice), you bump into a friend. Greet your friend and find out how he or she is and where he or she is going. He or she will ask you where you are going. If you are going to the same place, suggest that you go there together (**¡Vamos juntos/juntas!**). If not, say goodbye and continue on your way.

M. **Una invitación** Your friend calls you up to invite you to do something. Tell him or her that you are going somewhere else with another person. Your friend makes a polite remark and you finish the conversation. Don't forget to answer the telephone in Spanish!

Tercera etapa

Las tiendas   *Las tiendas:* Stores

En nuestra ciudad hay

una **librería**	un banco	una **carnicería**	bookstore / butcher's
una **farmacia**	un hotel	una **panadería**	drug store / bakery
un mercado	una **florería**		flower shop

▼ COMENTARIOS CULTURALES ▼

Las tiendas
In many parts of the Spanish-speaking world, the small store is more common than the large supermarket. Each one of these stores sells only one type of article or food. The name of the shop is taken from the products sold; for example, **pan** *(bread)* is sold at the **panadería**; **flores** *(flowers)* are sold at the **florería**.

¡Aquí te toca a ti!

A. **¿Qué es?** Identify each building or place.

1.   2.   3.

4.   5.   6.

B. **Cerca de aquí** *(Near here)* You ask a passerby whether certain stores and places are nearby. The passerby will answer affirmatively and indicate the street where each can be found.

MODELO: banco / en la Calle Alcalá
—Perdón, señorita (señor). ¿Hay un banco cerca de aquí?
—Sí, hay un banco en la Calle Alcalá.

1. farmacia / en la Avenida Libertad
2. hotel / en la Calle Perú
3. librería / en la Calle Mayor
4. banco / en la Calle San Marco
5. panadería / en la Avenida Independencia
6. florería / en la Avenida Colón

C. **¿Adónde vamos primero** *(first)*? Whenever you run errands with your friend, you like to know where you are headed first. However, each time you suggest a place, your friend has another idea.

MODELO: banco / librería
—*¿Adónde vamos primero? ¿Al banco?*
—*No, primero vamos a la librería. Luego* (Then) *vamos al banco.*

1. carnicería / mercado
2. librería / florería
3. estación de autobuses / estación de trenes
4. farmacia / panadería
5. hotel / correo
6. biblioteca / colegio

Pronunciación: *The sound of Spanish jota*

The Spanish **jota** is similar to the sound of the *h* in the English word *hot*. This sound is spelled with **g** when it is followed by the vowels **e** or **i**. The consonant **j** (**jota**) is always pronounced in this way.

Práctica

D. Listen and repeat as your teacher models the following words.

1. Juan
2. trabajo
3. julio
4. jueves
5. jugar
6. tarjeta
7. geografía
8. biología
9. general
10. Jorge

Repaso

cÍento

E. **Los padres de tus amigos** Your parents are curious about your friends. Tell them where your friends' parents work and where they often go when they're not working.

MODELO: el padre de Cristina (hospital / biblioteca)
El padre de Cristina trabaja en el hospital. Va a la biblioteca a menudo.

1. el padre de Roberto (estación de trenes / cine)
2. la madre de Isabel (universidad / parque)
3. el padre de Vicente (correo / museo)
4. la madre de Marilú (restaurante / mercado)
5. el padre de Josefina (biblioteca / librería)

E S T R U C T U R A

The numbers from 20 to 100

20	veinte	30	treinta
21	veintiuno	31	treinta y uno
22	veintidós	32	treinta y dos
23	veintitrés	40	cuarenta
24	veinticuatro	50	cincuenta
25	veinticinco	60	sesenta
26	veintiséis	70	setenta
27	veintisiete	80	ochenta
28	veintiocho	90	noventa
29	veintinueve	100	cien

The numbers 21–29 may be written as one word or three words. For example, 23 can be written as **veintitrés** or **veinte y tres**.

Aquí practicamos

F. 1. Cuenta *(Count)* de 0 a 30, de 30 a 0.
2. Cuenta de 20 a 100 de cinco en cinco.
3. Cuenta los números pares *(even)* de 0 a 100.
4. Cuenta los números impares *(odd)* de 1 a 99.
5. Cuenta de diez en diez de 0 a 100.

G. **¿Cuántos... hay en la ciudad?** While working for the tourist bureau during the summer, you have to research the number of hotels, cinemas, etc., that the city has. Interview the city's leading statistician in order to collect this information. Work in pairs. Remember to use **¿Cuántos?** or **¿Cuántas?** according to the noun that follows. Follow the model.

MODELO: hoteles / 15
—*¿Cuántos hoteles hay?*
—*Hay quince hoteles.*

piscinas / 17
—*¿Cuántas piscinas hay?*
—*Hay diecisiete piscinas.*

1. librerías / 11
2. panaderías / 18
3. clubes / 13
4. mercados / 26
5. farmacias / 16
6. carnicerías / 27
7. teatros / 14
8. cines / 12
9. florerías / 20
10. cafés / 22

H. **¡Diga!** You want to make several telephone calls from a small town where you need to talk to the operator to connect you. Tell him or her the number that you want.

MODELO: 30–89–70
Treinta, ochenta y nueve, setenta, por favor.

1. 25–59–78
2. 54–67–83
3. 22–51–60
4. 82–67–91
5. 43–56–90
6. 37–40–87
7. 95–46–70
8. 97–55–30

¿Qué crees?

You are traveling in Uruguay and the schedule says that your bus leaves at 22:00 hrs. When will it go?

a) It's a misprint; you don't know when the bus leaves.
b) at 2 o'clock
c) at 10:00 p.m.

respuesta

NOTA GRAMATICAL

Expressions with *tener*

To ask someone's age in Spanish, use **tener**:

—**¿Cuántos años tienes?**　　　*How old are you?*
—**Tengo catorce años.**　　　*I am fourteen years old.*
—**¿Cuántos años tiene** tu　　*How old is your sister?*
hermana?
—**Tiene cuatro.**　　　　　　*She's four.*

Other expressions that also use **tener** are **tener hambre** *(to be hungry)* and **tener sed** *(to be thirsty)*.

—**Tengo hambre.** ¿Y tú?
I'm hungry. And you?
—No, **yo no tengo hambre**,
pero **sí tengo mucha sed**.
I'm not hungry, but *I am very thirsty.*

I. **¿Cuántos años tienes?** In the process of getting to know your friends, you find out how old they are. Remember to use the verb **tener** and the word **años**.

MODELO: —¿Cuántos años tiene Felipe? (13)
—*Felipe tiene trece años.*

1. ¿Cuántos años tiene Carmelita? (17)
2. Y el señor Ramos, ¿cuántos años tiene? (64)
3. ¿Cuántos años tiene Ana María? (20)
4. ¿Cuántos años tiene Roberto? (12)
5. ¿Cuántos años tiene don Alberto? (82)
6. Y doña Ester, ¿cuántos años tiene ella? (55)

J. **¿Tienen hambre?** You are hosting a picnic and you want to know if your guests are hungry or thirsty and what they would like to have. Walk around the class asking five people what they want. Follow the model.

MODELO: —*¿Tienes hambre? ¿Tienes sed?*
—*Sí, tengo mucha hambre. No tengo sed.*
—*¿Qué quieres comer?*
—*Un taco, por favor.*

¡Adelante!

K. **Intercambio** Ask a classmate the following questions. Then come up with two more questions you would like your classmate to answer.

1. ¿Cuántos años tienes?
2. ¿Tienes hermanos o hermanas? ¿Cuántos años tienen?
3. ¿Tienes sed? ¿Qué quieres beber?
4. ¿Tienes hambre? ¿Qué quieres comer?
5. ¿Hay una panadería en tu barrio? ¿una carnicería? ¿una farmacia? ¿una florería?

L. **En el correo** While standing in line at the post office, you strike up a conversation with the person standing next to you. Greet him or her and find out how many brothers and sisters he or she has and what their ages are. When you leave, find out where your new friend is going and tell him or her where you are going. Ask if you can walk together (**¿Vamos juntos/juntas?**). If not, say goodbye.

◆ **Vocabulario** ◆

Para charlar

Para contestar el teléfono

¡Bueno!
¡Diga! / ¡Dígame!
¡Hola!

Para disculparse

Lo siento.

Para preguntar la edad

¿Cuántos años tienes?

Temas y contextos

Los edificios y los lugares públicos

un aeropuerto	una estación de trenes
un banco	un estadio
una biblioteca	un hospital
una catedral	un hotel
un cine	una iglesia
un club	un museo
un colegio	un parque
el correo	una piscina
una discoteca	una plaza
una escuela secundaria	un teatro
una estación de autobuses	una universidad
una estación de policía	

Las tiendas

una carnicería
una farmacia
una florería
una librería
un mercado
una panadería

Los números

veinte	treinta
veintiuno	treinta y uno
veintidós	treinta y dos
veintitrés	cuarenta
veinticuatro	cincuenta
veinticinco	sesenta
veintiséis	setenta
veintisiete	ochenta
veintiocho	noventa
veintinueve	cien

Vocabulario general

Verbos

ir
querer (ie)
preferir (ie)
venir

Otras palabras y expresiones

¿Adónde vamos?
a menudo
al
una conversación telefónica
de vez en cuando
en otra oportunidad
nunca
rara vez
tener… años
tener hambre
tener sed

CAPÍTULO OCHO

¿Dónde está...?

—¿Dónde está el museo de arte?
—Está al final de la Avenida Libertad.

Primera etapa

¿Está lejos de aquí?

¿Está lejos de aquí?: Is it far from here?

¿Dónde **está** el aeropuerto?	Está lejos de la ciudad.	is (located)
¿Dónde está la estación de trenes?	Está **cerca del** hotel.	near
¿Dónde está el correo?	Está **frente a** la estación.	across from (facing) /
¿Dónde está la farmacia?	Está **al lado del** hotel.	next to / at the end of
¿Dónde está el museo?	Está **al final de** la Avenida Libertad.	
¿Dónde está el **quiosco de periódicos**?	Está **en la esquina** de la Calle Colón y la Avenida Libertad.	newspaper kiosk / at the corner
¿Dónde está el coche de Mario?	Está en una **playa de estacionamiento detrás de** la iglesia.	parking lot behind
¿Dónde está el coche de Teresa?	Está en la avenida **delante del** banco.	in front of
¿Dónde está el banco?	Está **entre** el restaurante y el correo.	between

¡Aquí te toca a ti!

A. **Mi ciudad**   When someone asks you about the town pictured on page 171, you answer using the suggested expressions.

MODELO: —¿Dónde está la estación de trenes? (cerca del hotel)
         —*Está cerca del hotel.*

1. ¿Dónde está el hotel? (al lado de la farmacia)
2. ¿Dónde está el banco? (frente a la iglesia)
3. ¿Dónde está el aeropuerto? (lejos de la ciudad)
4. ¿Dónde está el correo? (cerca del restaurante)
5. ¿Dónde está el museo? (al final de la Avenida Libertad)
6. ¿Dónde está la farmacia? (en la esquina de la Calle Colón y la Avenida Libertad)
7. ¿Dónde está la estación de trenes? (al lado del museo)
8. ¿Dónde está el restaurante? (entre la florería y el banco)

B. **¿Cierto o falso?**   Correct the false statements about the city pictured on page 171.

MODELO: —El aeropuerto está cerca de la ciudad, ¿no? (lejos de)
         —*No, está lejos de la ciudad.*

1. El restaurante está al lado de la iglesia, ¿verdad? (frente a)
2. La estación de trenes está lejos del museo, ¿no? (cerca de)
3. La florería está frente a la librería, ¿verdad? (al lado de)
4. El quiosco de periódicos está al final de la Avenida Libertad, ¿verdad? (en la esquina de la Avenida Libertad y la Calle Colón)
5. El museo está al lado del banco, ¿no? (al final de la Avenida Libertad)
6. El coche de Teresa está detrás de la iglesia, ¿verdad? (delante del banco)
7. La florería está frente a la librería y el restaurante, ¿no? (entre)

C. **En la cola** *(In line)*   While waiting to get into the movies, you point out some of your friends to your brother. You do so by indicating each person's place in line. Use the drawing on page 173 to give your answers.

MODELO: Estela / detrás
         ¿Estela? Ella está detrás de Alejandro.

1. Amanda / delante
2. Pablo / detrás
3. Marcos / entre

4. Antonio / detrás
5. Alejandro / delante
6. Estela / entre

Antonio   Amanda   Marcos   Pablo   Estela   Alejandro

Pronunciación: *The sound of /s/*

The sound of Spanish /s/ is spelled with the consonants **s** or **z**. Usually, these are pronounced in the same way as *s* in the English word *say*. Note that **z** is never pronounced as the *z* in the English words *zoo*, *zebra*, and *zero*.

Práctica

D. Listen and repeat as your teacher models the following words.

1. siempre
2. salsa
3. sábado
4. zapato
5. plaza
6. señor
7. semana
8. López
9. arroz
10. lápiz

Repaso

E. **¿Vas a... a menudo?** Indicate how frequently you go to the following places. You may also respond that you go there rarely or never.

> MODELO: la panadería
> —*¿Vas a la panadería a menudo?*
> —*No, nunca voy a la panadería.* o:
> —*Voy a la panadería todos los días.*

1. la farmacia
2. el banco
3. la librería
4. la panadería

5. la florería
6. la piscina
7. el correo
8. la carnicería

F. **¿Qué cuarto tienes?** Your class has just arrived at a hotel in Mexico City where you are going to spend a week. You want to find out your friends' room numbers.

> MODELO: Anita / 23
> —*¿Qué cuarto tiene Anita?*
> —*Anita tiene el cuarto número veintitrés.*

1. Claudia / 68
2. Bill / 20
3. Betty y Rosa / 15
4. Paul / 36

5. Martha y Ann / 72
6. Antonio / 89
7. Sue y Clara / 47
8. John y Tom / 11

N O T A   G R A M A T I C A L

*The preposition **de** and the definite article **el***

El coche de Teresa está al lado **del** hotel.
Es el portafolio **del** profesor.

When the preposition **de** is followed by the definite article **el**, the two words contract to form one word, **del**.

de + el = del

Many of the prepositions of place presented in this **etapa** include **de:**

lejos de	**al final de**
cerca de	**detrás de**
al lado de	**delante de**

Remember to follow the same rules for contraction: **lejos del centro, cerca del cine, al lado del restaurante.**

G. Replace the words in italics and make the necessary changes.

1. El banco está *cerca de* la estación. (al lado de / detrás de / lejos de)
2. Nosotros vivimos *al lado del* restaurante. (detrás de / delante de / frente a)
3. ¿Hay una farmacia frente a la *iglesia*? (museo / estadio / cine / casa)
4. Hay un café lejos de la *panadería*. (carnicería / hotel / correo / florería)
5. —¿De quién es el coche nuevo?
   —Es de la *señorita Galdós*. (profesor / señor Álvarez / señora Ruiz / muchacho)

H. **Direcciones** Using the map on page 171, answer these questions that strangers ask about the city. Be as precise as possible.

MODELO: —Perdón. ¿Dónde está el quiosco de periódicos, por favor?
   —*¿El quiosco? Está en la esquina de la Calle Colón y la Avenida Libertad, cerca de la farmacia.*

1. Perdón, ¿el restaurante, por favor?
2. Perdón. ¿Dónde está la iglesia, por favor?
3. Perdón, ¿el museo, por favor?
4. Por favor, ¿la farmacia?
5. ¿Dónde está el correo, por favor?
6. ¿Hay una librería cerca de aquí?
7. Perdón. ¿Dónde está el aeropuerto?

The present tense of the verb *estar*

Yo **estoy** en el Hotel Trinidad.   I *am* in the Hotel Trinidad.
Ana y Raúl **están** en el coche.   Ana and Raúl *are* in the car.
Nosotros **estamos** muy bien.   We *are* very well.

The present tense forms of the verb **estar** are:

estar			
yo	**estoy**	nosotros	**estamos**
tú	**estás**	vosotros	**estáis**
él		ellos	
ella }	**está**	ellas }	**están**
Ud.		Uds.	

You will note that only the **yo** form (**estoy**) is irregular. In Chapter 1, you learned to use **estar** to inquire and talk about health— **¿Cómo estás?** *(How are you?)*. In this chapter you are learning to use **estar** to talk about where something or somebody is.

Aquí practicamos

I.   Replace the subjects in italics and make the necessary changes.

1. *Rafael* está en el museo de arte. (tú / Inés y Lola / yo / nosotros / ella / vosotros)
2. *Pedro* está mal. No está bien. (Ud. / Uds. / yo / ellos / nosotras)
3. ¿Cómo estás *tú*? (él / Adelita / ellas / ella / Ud. / vosotros)

J.   **¿Dónde están?** When you get home, only your brother is there. You ask him where everybody is.

MODELO: la abuela / mercado
          —*¿Dónde está la abuela?*
          —*Está en el mercado.*

1. tía Ana / piscina
2. papá y mamá / banco
3. Lourdes / café de la esquina
4. Ángel / cine
5. las primas / estadio
6. mi perro / tu cuarto

¡Adelante!

K. **Intercambio** Ask a classmate the following questions.

1. ¿Vas al aeropuerto de vez en cuando? ¿Está cerca de la ciudad? ¿cerca de tu casa?
2. ¿Vas al cine a menudo? ¿Hay un cine cerca de tu casa? ¿Qué hay al lado del cine?
3. ¿Hay una panadería cerca de tu casa? ¿Qué hay frente a la panadería?
4. ¿Qué hay entre tu casa y la escuela? ¿Casas? ¿Edificios de apartamentos? ¿Una biblioteca? ¿Tiendas?
5. ¿Qué hay delante de la escuela? ¿Detrás de la escuela?

L. **Por favor, ¿dónde está...?** You are walking down the street in your town when a Spanish-speaking person stops you and asks where a certain place (movie theater, bank, train station, drug store, etc.) is located. You indicate the street or avenue and then try to describe the area (such as what it is near, next to, across from, behind, between).

Segunda etapa

¿Cómo llego a... ?: How do I get to...?

¿Cómo llego a...?

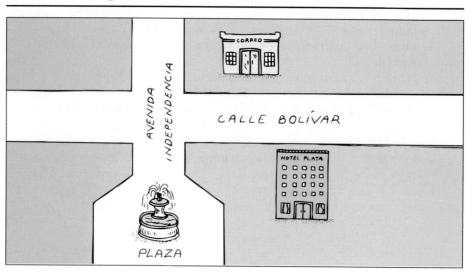

—Perdón, señor. ¿Hay un correo cerca de aquí?
—Sí, señora. En la Calle Bolívar.
—¿Cómo llego a la Calle Bolívar, por favor?

cross / take / go straight along until / Turn right on the left

—Mm... , **cruce** la plaza y **tome** la Avenida Independencia, **siga derecho por** Independencia **hasta** llegar a la Calle Bolívar. **Doble a la derecha**. El correo está **a la izquierda**, frente al hotel Plata.
—Muchas gracias.
—De nada.

COMENTARIOS CULTURALES

El español en el mundo *(world)*
Spanish is the third most widely spoken language in the world after Chinese and English. It is spoken by more than 285 million people in Spain and the Americas as well as in other areas that were once Spanish possessions. Today Spanish is by far the most widely spoken language besides English in this country.

¡Aquí te toca a ti!

A. Give the following directions by replacing the words in italics.

1. Cruce *la calle*. (la plaza / la avenida / el parque)
2. Siga derecho hasta *la Avenida de las Américas*. (la plaza San Martín / la Calle Corrientes / la catedral)
3. Doble a la derecha *en la esquina*. (al llegar al río *(river)* / en la Calle Córdoba / al llegar a la Avenida Libertad)
4. Doble a la izquierda en *la Avenida 9 de Julio*. (la Calle Santa Fe / la Calle Florida / Esmeralda)

B. **Perdón, señorita. ¿Cómo llego a...?** Play the role of the police officer at **La Puerta del Sol** (marked by the **Corte Inglés** flag on the map below.) Explain how to get to the following places.

MODELO: la catedral de San Isidro
—*Perdón, señor (señorita). ¿Cómo llego a la catedral de San Isidro?*
—*Tome la Calle Carretas hasta llegar a la Plaza Benavente. Tome la Calle Jerónima a la derecha de la plaza. Siga derecho y doble a la izquierda en la Calle Romanones. Siga derecho y doble a la derecha en la Calle Colegiata. La catedral está a la izquierda.*

1. la Plaza Mayor
2. el Museo del Prado
3. la Plaza de Callao
4. el Teatro Real
5. el Museo Naval
6. la Plaza de la Cibeles

Pronunciación: *The sound of /s/ (continued)*

The sound of /s/ can also be spelled with the consonant **c** when it is before the vowels **e** and **i** as in **cena** and **cine**.

Práctica

C. Listen and repeat as your teacher models the following words.

1. cena	4. dulce	7. cinta	9. cien
2. centro	5. a veces	8. cita	10. gracias
3. cerca	6. cine		

Repaso

D. **¿Por favor...?** Some tourists stop you in the Plaza de Cultura to ask where certain places are located. Using the map below, locate as precisely as possible the places that they are looking for.

MODELO: el Museo Nacional
—*¿El Museo Nacional, por favor?*
—*El Museo Nacional está frente a la Asamblea
   Legislativa.*

1. Teatro Nacional
2. Iglesia la Soledad
3. Biblioteca Nacional

4. Corte Suprema de Justicia
5. Catedral Metropolitana
6. Correos y Telégrafos

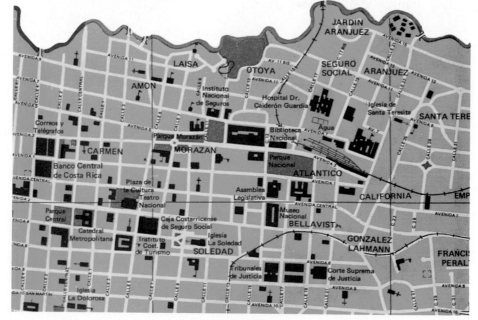

Commands with **Ud.** and **Uds.**

Tome la Calle Atocha.   *Take* Atocha Street.
¡Escuchen bien!   *Listen* well!

1. Command forms of a verb are used to tell someone to do something, such as to give orders, directions, and suggestions. Spanish has two types of command forms: formal (**Ud.** and **Uds.**) and informal (**tú** and **vosotros**). Here you will learn how to make formal commands.

Formal Commands		
Verbs ending in **-ar**: **cantar**	Verbs ending in **-er**: **comer**	Verbs ending in **-ir**: **escribir**
Cante Ud.	**Coma** Ud.	**Escriba** Ud.
Canten Uds.	**Coman** Uds.	**Escriban** Uds.

2. To form the **Ud.** and **Uds.** commands, drop the **o** from the **yo** form of the present tense and add **e/en** for **-ar** verbs and **a/an** for **-er** and **-ir** verbs:

    yo **hablo** →   **habl-** →   **hable** Ud.   **hablen** Uds.
    yo **bebo** →   **beb-** →   **beba** Ud.   **beban** Uds.
    yo **escribo** →   **escrib-** →   **escriba** Ud.   **escriban** Uds.
    yo **tengo** →   **teng-** →   **tenga** Ud.   **tengan** Uds.

3. The negative command is formed by placing **no** before the verb.

       ¡No baile!   **¡No canten!**

¿Qué crees?

In which Latin American city were many archaeological findings discovered while building a subway system? One of the stations is decorated by an excavated pyramid.

a) Buenos Aires (Argentina)
b) Mexico City
c) Caracas (Venezuela)

respuesta ▶

Aquí practicamos

E. Give the **Ud.** and **Uds.** command forms of the following verbs.

MODELO: doblar a la derecha
—*Doble a la derecha.*
—*Doblen a la derecha.*

1. estudiar
2. no beber mucho
3. escribir la tarea *(homework)*
4. aprender español
5. tener paciencia
6. no comer mucho
7. leer todos los días
8. no correr

F. **A mis amigos** Use the appropriate command form to get your friends to do what you want. Use the **Uds.** command.

MODELO: comer bien
¡Coman bien!

1. no cantar
2. no vender sus libros
3. bailar
4. no mirar la TV
5. trabajar bien
6. escribir la tarea
7. escuchar al (a la) profesor(a)
8. no usar mi coche

VENDALO - COMPRELO - ALQUILELO - EMPLEELO -
BUSQUELO MAS RAPIDO EN EL PERIODICO
LATINO DE MAS CIRCULACION EN TODO
EL ESTADO DE New Mexico
Avise en EL HISPANO

G. **A mi profesor(a)** Use the **Ud.** command with your teacher.

MODELO: no bailar en clase
—*No baile en clase.*

1. tener paciencia
2. no trabajar mucho
3. escribir las instrucciones
4. leer en la biblioteca
5. viajar mucho
6. no hablar tan despacio *(so slowly)*

H. **¡Vamos!** Using the suggested verbs, tell two or three of your class-mates to do something. They are obliged to obey you! Use these verbs:

mirar	escuchar
trabajar	correr
cantar	bailar
usar	escribir

MODELO: *Luisa y Marta, ¡canten bien!*
Antonio y Marta, ¡bailen mucho!

N O T A   G R A M A T I C A L

Irregular command forms

1. Verbs that end in **-car**, **-gar**, or **-zar**, such as **practicar**, **llegar**, and **cruzar**, have a spelling change in the **Ud.** and **Uds.** command forms: **c > qu: practique, g > gu: llegue,** and **z > c: cruce.**

2. The verbs **ir** and **ser** have irregular command forms.

ir	**ser**
vaya Ud.	**sea** Ud.
vayan Uds.	**sean** Uds.

I. Give the **Ud**. and the **Uds**. command forms of these verbs.

MODELO: ir de vacaciones
—*Vaya de vacaciones.*
—*Vayan de vacaciones.*

1. ser bueno
2. ir a bailar
3. no ser antipático
4. ir a clase

5. practicar el piano
6. no llegar tarde *(late)*
7. cruzar la calle
8. buscar *(look for)* las llaves

¡Adelante!

J. **Vamos a la escuela.** Explain to another student how you get from where you live to your school. Give specific directions. Include in your explanation the verbs **ir, cruzar,** and **doblar.**

Vocabulario

Para charlar

Para dar direcciones

Cruce la calle…
Doble a la derecha.
     a la izquierda.
Está al final de…
     al lado de…
     cerca de…
     delante de…
     detrás de…
     entre…
     en la esquina de…
     frente a…
     lejos de…
Tome la calle…
Siga derecho por…

Para pedir direcciones

¿Cómo llego a…?
¿Dónde está…?
¿Está lejos/cerca de aquí?

Vocabulario general

Sustantivos

la playa de estacionamiento
un quiosco de periódicos

Verbos

estar
llegar

Otras palabras y expresiones

del
Sea Ud.…
Sean Uds.…
Vaya Ud.…
Vayan Uds.…

CAPÍTULO NUEVE

¡La fiesta del pueblo!

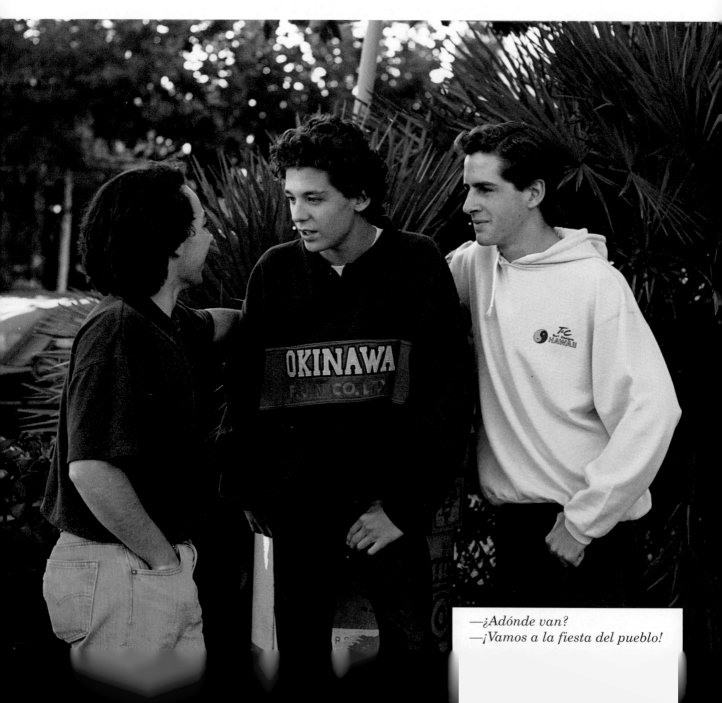

—¿Adónde van?
—¡Vamos a la fiesta del pueblo!

Primera etapa

¿A qué hora son los bailes folklóricos?

¿A qué hora son los bailes folklóricos?: What time are the folkdances?

Octavio García vive en Guatemala. Como en **todas** las ciudades y **pueblos hispanos**, la Ciudad de Guatemala tiene una **gran fiesta una vez al año**. En Guatemala celebran el Día de la Independencia el 15 de septiembre. Octavio mira el póster que **anuncia** los programas **para** el festival.

all / towns
Hispanic / large party, festival / once a year

announces / for

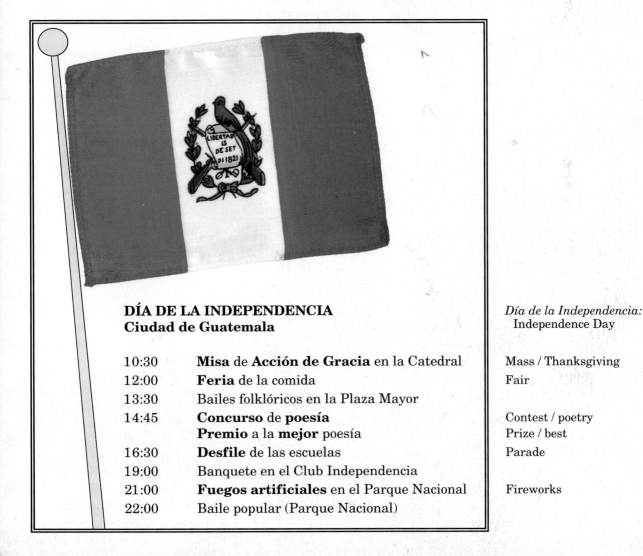

DÍA DE LA INDEPENDENCIA
Ciudad de Guatemala

10:30	**Misa** de **Acción de Gracia** en la Catedral
12:00	**Feria** de la comida
13:30	Bailes folklóricos en la Plaza Mayor
14:45	**Concurso** de **poesía**
	Premio a la **mejor** poesía
16:30	**Desfile** de las escuelas
19:00	Banquete en el Club Independencia
21:00	**Fuegos artificiales** en el Parque Nacional
22:00	Baile popular (Parque Nacional)

Día de la Independencia: Independence Day

Mass / Thanksgiving
Fair

Contest / poetry
Prize / best
Parade

Fireworks

COMENTARIOS CULTURALES

La fiesta del pueblo
Every town in the Hispanic world has at least one big celebration each year. There are religious festivals in honor of the patron saints of the towns, celebrations for the coming of spring and harvest and grape-pressing festivals, and more. Everybody in the town participates in these celebrations. The festivals begin with a religious ceremony and prayers said in the local churches. In the evening there are parties with dancing, eating, and sometimes fireworks.

A. **El Día de la Independencia** Elena is planning her activities for the day of the festival. Complete the paragraph according to the information on the poster on page 187.

Primero voy a la catedral para escuchar la Misa de _____ __
_____. Luego voy a comer en la casa de Adela. Después de comer, Adela y yo vamos a ver los bailes _____ en la _____ Mayor. Adela va a leer su poesía en el _____ de _____. No vamos a ver el _____ de las escuelas porque va a ser muy largo. Tampoco vamos a ir al _____ en el _____ Independencia, porque es muy caro *(expensive)*. Por la noche, vamos a ver los _____ _____ en el Parque Nacional, y luego vamos al _____ popular. Va a ser *(it's going to be)* un día divertido.

B. **¿Qué quieren hacer** *(to do)* **Uds.?** You and your friends are deciding what you want to do at the festival. Work in groups of three taking turns to ask and answer the questions.

MODELO: ver *(watch)* el desfile
—*¿Qué quieres hacer tú, Janine?*
—*Yo quiero ver el desfile.*

1. ver los bailes folklóricos
2. ir al baile popular
3. escuchar la poesía
4. ir al banquete
5. comer las comidas regionales
6. ir al concurso de poesía

Pronunciación: *The consonants* **m** *and* **n**

When the consonants **m** and **n** are the first letters of a word or syllable, they are pronounced exactly like *m* and *n* in English.

Práctica

C. Listen and repeat as your teacher models the following words.

1. mamá
2. mal
3. más
4. merienda
5. mermelada

6. tener
7. una
8. nada
9. noche
10. bueno

Repaso

D. **¿Dónde hay un (una)...?** You are a tourist in Lima and want to find out where various places are, so you ask the clerk at the Hotel Bolívar. Among the places you might be looking for are **el estadio**, **el Museo de Arte**, **el correo**, **la catedral**, etc. Enact the conversation with a partner following the model.

MODELO: —¿Dónde está la Plaza
Grau, por favor?
—Está en la esquina del
Paseo de la República y la
Avenida Grau.

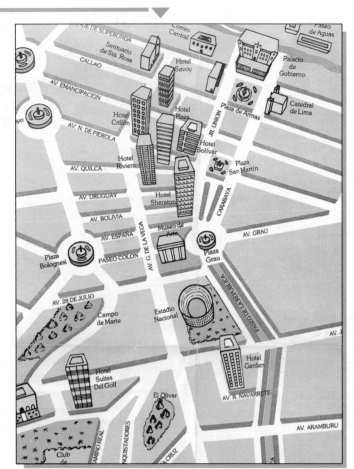

E S T R U C T U R A

¿Qué hora es?

Es la una.   *Son las dos.*   *Son las dos y diez.*

Son las dos y cuarto.   *Son las dos y media.*   *Son las tres menos veinte.*

Son las tres menos cuarto.   *Es medianoche.*   *Es mediodía.*

1. To distinguish between A.M. and P.M., use the expressions **de la mañana** *(in the morning)*, **de la tarde** *(in the afternoon)*, or **de la noche** *(in the evening)*.
2. Notice that in Spanish **es la** is used for one o'clock and **son las** is used for all other hours.

Aquí practicamos

E. Give the time for every five minutes between 9:00 and 10:00.

F. **¿Qué hora es?** Find out the time from a classmate. Indicate whether it is morning (**de la mañana**), afternoon (**de la tarde**), or evening (**de la noche**).

MODELO: 2:20 A.M.
—*¿Qué hora es?*
—*Son las dos y veinte de la mañana.*

1. 8:20 A.M.
2. 1:00 P.M.
3. 1:30 A.M.
4. 3:10 P.M.
5. 10:55 A.M.

6. 11:45 P.M.
7. 4:15 P.M.
8. 5:35 A.M.
9. 7:45 A.M.
10. 10:25 P.M.

NOTA GRAMATICAL

Questions about time

1. To ask someone what time something happens, use **¿A qué hora...?** The response to this question requires the preposition **a.**

    —**¿A qué hora** comes?   *What time* do you eat?
    —**A las 6:15.**   *At 6:15.*

2. To ask someone *when* something occurs, use **¿cuándo?** To indicate that something happens *between* two times, use either **entre las... y las...** or **desde las... hasta las...**.

    —**¿Cuándo** corres?   *When* do you run?
    —**Entre las 5:00 y las 6:00.**   *Between 5:00 and 6:00.*

    —**¿Cuándo** trabaja tu madre?   *When* does your mother work?
    —**Desde las 9:00 hasta las 5:00.**   *From 9:00 to 5:00.*

G. **¿A qué hora...?** Tell your friend between what times you do the following activities.

MODELO: mirar la TV
            —*¿A qué hora miras la TV?*
            —*Miro la TV entre las 7:00 y las 9:00 de la noche.*

1. preparar la lección *(lesson)* de español
2. usar el laboratorio de lenguas
3. comer
4. practicar el tenis
5. trabajar
6. leer

The present tense of *venir*

¿A qué hora **viene** Mónica?   What time does Mónica *come*?
Nosotros **venimos** a las 3:00.   We *come* at 3:00.

The present tense forms of the verb **venir** are:

venir			
yo	**vengo**	nosotros	**venimos**
tú	**vienes**	vosotros	**venís**
él ella Ud.	**viene**	ellos ellas Uds.	**vienen**

You will note that the verb **venir** follows the same pattern as the verb **tener**.

Aquí practicamos

H. Replace the subjects in italics and make the necessary changes.

    1. *Laura* viene a la fiesta. (yo / ellos / Uds. / Cristina y yo / vosotras)

    2. ¿No vienen *Uds.* a mi casa? (tú / la profesora / ella / Ud. / vosotros)

    3. ¿Cuándo vienen *tus amigos* de Acapulco? (Ud. / Marcela y Raúl / tú y yo / él / vosotros)

I. **¿Quién viene al baile con nosotros?** You and your boyfriend or girlfriend are going to the dance for **Día de la Independencia.** You want to know who else is coming with you.

    MODELO: Ana / sí
                 Ana viene al baile.

    1. Elena y su hermano / no   4. mis abuelos / sí

    2. Elvira / no   5. David y Juliana / sí

    3. tú / sí   6. vosotros / no

J. **¿Quieres venir a mi fiesta esta noche?** You are giving a party tonight and you are inviting people in your class. Ask five people whether they want to come. If they cannot come, they must give you an excuse.

    MODELO: *—Rob, ¿quieres venir a mi fiesta esta noche?*
                —Sí, ¡cómo no!   o:
                —No, lo siento, pero tengo que estudiar.

¡Adelante!

K. **En la fiesta del pueblo** Imagine that your class is in Guatemala for the annual **Día de la Independencia.** Ask your classmates what they would like to see. Then look at the poster to find out when the activities begin and where to go.

    MODELO: Estudiante 1: *Ema, ¿qué quieres hacer tú?*
                Estudiante 2: *Yo quiero ver los bailes folklóricos.*
                Estudiante 3: *¿A qué hora son los bailes?*
                Estudiante 2: *A la una y media.*
                Estudiante 1: *¿Dónde son?*
                Estudiante 2: *En la Plaza Mayor. Y Uds., ¿adónde quieren ir?*

Segunda etapa

¿Cómo están Uds.?

Ana y sus amigos están en la fiesta del pueblo.

Then	Ana:	**Entonces**, ¿adónde vamos ahora? ¿Hay más actividades?
Of course / tired / rest	Julia:	**Por supuesto**, pero estoy muy **cansada**. Quisiera **descansar** por una hora.
ready	Miguel:	Pues, yo estoy muy bien. Estoy **listo** para continuar la fiesta.
Now	Consuelo:	**Ahora** es el concurso de poesía. Yo quiero ver quién gana el premio.
	Julia:	Bueno, vayan Uds.
are we meeting	Ana:	Muy bien. ¿Dónde **nos encontramos**?
	Miguel:	Delante del cine Odeón en la Avenida Los Andes.
O.K. (We are in agreement.)	Julia:	**De acuerdo**. ¡Hasta luego!

¡Aquí te toca a ti!

A. **De acuerdo** You and a classmate are planning to attend the **fiesta del pueblo** in Guatemala. Ask your classmate what he or she wants to do at the festival. When your classmate suggests an activity, indicate your agreement or disagreement by saying **De acuerdo, ¡Buena idea!**, or **No, prefiero…**

MODELO: ir a ver el desfile
           —*Entonces, ¿adónde vamos?*
           —*Vamos a ver el desfile.*
           —*De acuerdo. ¡Buena idea!*

1. ir a la feria de las comidas regionales
2. ir a mirar los fuegos artificiales
3. ir a ver los bailes folklóricos
4. ir al banquete
5. ir al baile popular

B. **¿A qué hora nos encontramos? ¿Y dónde?** You and your class-mate have decided where to go. Now you need to arrange a time and place to meet.

MODELO: 10:00 / delante del cine Odeón
           —*¿A qué hora nos encontramos?*
           —*A las 10:00.*
           —*¿Dónde?*
           —*Delante del cine Odeón.*
           —*De acuerdo, a las 10:00, delante del cine Odeón.*

1. 11:00 / delante de la catedral
2. 3:00 / delante del Club San Martín
3. 4:00 / en la Avenida Los Andes, esquina de la Calle Corrientes
4. 9:00 / en el Parque Nacional

 ¿Qué crees?

One of the shows that are com-mon in town festivals in Spain are Toros de Fuego *(Bulls of fire)*. What do you think they are?

a) bullfights
b) The bulls are set on fire.
c) people dressed as bulls carrying fireworks on their backs

respuesta

Pronunciación: *The consonant ñ*

The consonant **ñ** is pronounced like the *ni* in the English word *onions*.

Práctica

C. Listen and repeat as your teacher models the following words.

1. año
2. mañana
3. señorita
4. baño
5. señor
6. español

Repaso

D. **¿Qué hora es?** Answer according to the cues.

    MODELO: 2:30
                 —¿Qué hora es?
                 —Son las dos y media.

1. 7:25	3. 10:15	5. 8:10	7. 4:40	9. 8:33
2. 11:52	4. 3:30	6. 1:45	8. 12:05	10. 9:16

ESTRUCTURA

Estar + *adjectives of condition*

Yo **estoy muy cansada.**	I *am very tired.*
Yo **estoy listo** para continuar la lección.	I *am ready* to continue with the lesson.

1. **Estar** is used with adjectives that describe physical or emotional conditions:

aburrido	bored	**enojado**	angry
cansado	tired	**listo**	ready
contento	happy	**triste**	sad
enfermo	sick		

2. These adjectives agree in gender and number with the person they describe.

Ella está **cansada.**	**Ellas** están **cansadas.**
Él está **cansado.**	**Ellos** están **cansados.**

Aquí practicamos

E. Replace the words in italics and make the necessary changes.

1. Ana está *cansada.* (aburrido / triste / enfermo / contento)
2. *Juan y Consuelo* están contentos. (Ada / él / nosotros / mi hermana)
3. *Luis* está triste. (Alicia / Uds. / tú y yo / yo / vosotras)

F. **¿Estás bien?** Look at the pictures and describe how these people feel today.

1. *Marisol*

2. *Graciela*

3. *Santiago*

4. *Diego y Fernando*

5. *Julia*

6. *Benjamín y Laura*

G. **¿Cómo están Uds.?** Ask five of your classmates how they are feeling today. Then report to the class.

MODELO: —*¿Cómo estás?*
           —*Estoy muy contento(a).*

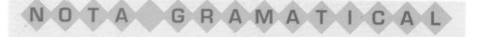

NOTA GRAMATICAL

Possessive adjectives—third person

—¿Es la bicicleta de Vicente?   Is it Vincent's bike?
—Sí, es **su** bicicleta.   Yes, it's *his* bike.
—¿Son ellos los amigos de tu   Are they your sister's friends?
  hermana?
—Sí, son **sus** amigos.   Yes, they are *her* friends.

The third-person singular possessive adjective is **su.** The plural form is **sus**. These adjectives agree in number with the noun they modify. They have several equivalents in English.

su / sus = *his, her, its, your* (formal), and *their*

In order to clarify meaning, sometimes the phrases **de él, de ella, de Ud., de Uds., de ellos,** and **de ellas** are used in place of the possessive adjective.

—¿Es **su** coche?   Is it *his* car?
—Sí, es el coche **de él.** Yes, it's *his* car.

H. Answer the questions affirmatively.

   MODELO: —¿Es el cuaderno de Pedro?
             —*Sí, es su cuaderno.*

1. *Ana María*   2. *Antonio*   3. *Raquel y Susana*   4. *Pilar*

5. *Mariano y Adela*   6. *Marcos y Carmen*   7. *Raúl*   8. *Benito*

1. ¿Es el libro de Ana María?
2. ¿Son las llaves de Antonio?
3. ¿Son las amigas de Raquel y Susana?
4. ¿Es el perro de Pilar?
5. ¿Es el gato de Mariano y Adela?
6. ¿Son las hijas de Marcos y Carmen?
7. ¿Es la hermana de Raúl?
8. ¿Es la casa de Benito?

¡Adelante!

I. **¿Cómo estás?** Tell a classmate how you feel when you engage in the following activities.

MODELO: Cuando voy a un concierto…
          Cuando voy a un concierto, estoy contento(a).

1. Cuando corro…
2. Cuando voy a clase…
3. Cuando escucho discos…
4. Cuando estudio…
5. Cuando hablo con mis amigos…
6. Cuando recibo una F…

J. **¿Cómo está…?** Ask the person to your right to ask how his or her neighbor on the other side is and then report back to you.

Vocabulario

Para charlar

Para preguntar y dar la hora

¿Qué hora es?

Es la una y media.

Son las tres menos veinte.

¿A qué hora?

¿Cuándo?

A las cinco de la mañana.

A la una de la tarde.

A las nueve de la noche.

Desde… hasta…

Entre… y…

Al mediodía.

A la medianoche.

Temas y contextos

La Fiesta del Pueblo

unos bailes folklóricos

un baile popular

un concurso de poesía

un desfile

el Día de la Independencia

una feria

unos fuegos artificiales

la misa de Acción de Gracias

un premio

Vocabulario general

Adjetivos	*Verbos*	*Otras expresiones*
aburrido(a)	anunciar	ahora
cansado(a)	celebrar	de acuerdo
contento(a)	descansar	¿Dónde nos encontramos?
enfermo(a)	venir	entonces
enojado(a)		mejor
hispano(a)		para
listo(a)		por supuesto
triste		su/sus
		todo(a)
		una vez al año

Aquí leemos

The following tourist brochure about the city of Toledo is published by the **Dirección General de Promoción y Turismo** of Spain. Toledo is built on a hill surrounded by the **Tajo** river. It is a city with a Christian, Arabic, and Jewish history, and it is also the site of a famous castle, the Alcázar.

A. **Las palabras parecidas** Go through the following passage and, on a separate sheet of paper, write all the cognates you can find.

Esta ciudad, enclavada sobre un promontorio y rodeada por el Tajo, ha sido declarada[1] Monumento Nacional con todos sus palacios,[2] iglesias, puentes[3] y arrabales.[4] Posee muestras[5] inapreciables del arte árabe, mudéjar,[6] judío[7] y cristiano. Toledo representa el clásico cruce de culturas y es la síntesis más brillante de la historia y del arte españoles.

Lugares de interés
- Catedral gótica (siglo XIII)
- El Greco (Catedral, Museo del Greco, Santo Tomé, Museo de San Vicente, Santo Domingo el Antiguo, Capilla de San José)
- Sinagoga del Tránsito
- Santa María la Blanca
- Mezquita[8] del Cristo de la Luz
- Hospital de Santa Cruz
- Hospital de Afuera
- Alcázar, en reconstrucción

Toledo

CIUDAD DE MÚLTIPLES CULTURAS

1. has been declared
2. palaces
3. bridges
4. suburbs, outskirts
5. samples
6. combination of Christian and Arabic art
7. Jewish
8. mosque

El arte mudéjar de España

Comprensión

B. **El folleto** Read the passage again and list as many facts about the city of Toledo as you can.

C. **¡Visite Toledo!** Create a poster encouraging tourists to visit Toledo. Use expressions such as the following.

> *¡Visite Toledo!*
> *¡Visite sus palacios!*
> *¡Visite su sinagoga famosa!*

D. **¡Visite...!** Create a poster, similar to the one you created for Toledo, aimed at attracting Spanish-speaking tourists to your town or area.

Repaso

E. **¿Qué hacemos esta tarde?** You and a classmate are trying to decide what to do after school this afternoon (**esta tarde**). When your classmate proposes an activity, agree, and then arrange a time and place to meet.

MODELO: comer algo / en el café de la esquina / 3:30
—*¿Qué hacemos esta tarde?*
—*Yo quiero comer algo.*
—*Bueno, ¿dónde nos encontramos?*
—*En el café de la esquina a las tres y media.*
—*De acuerdo. Hasta luego.*

1. ir al cine / delante del cine Odeón / 4:00
2. visitar el museo de arte / delante del museo / 3:45
3. mirar la TV / en mi casa / 5:15
4. hablar con mis amigos / en el parque / 4:10
5. escuchar discos / en mi cuarto / 2:30

F. **No, no es verdad** *(true)* Your brother has some mistaken ideas about the families of your new friends. Correct his mistakes, using the appropriate possessive adjective, **su** or **sus**.

MODELO: El hermano de Javier vive en Bogotá. (Lima)
—*No, no es verdad. Su hermano vive en Lima.*

1. La hermana de Rosa vive en Buenos Aires. (Montevideo)
2. El hermano de Inés vive en Lima. (Cuzco)
3. Los primos de Antonio viven en Santa Fe. (Los Ángeles)
4. La madre de Julia vive en la ciudad de México. (Cancún)
5. Los tíos de Ricardo viven en Nueva York. (Amarillo)
6. Los abuelos de Rosita viven en La Paz. (Santa Cruz)

G. **Estoy aburrido(a).** Tell your friend how you feel and what you want to do about it.

MODELO: aburrido / ir al cine
           —*Estoy aburrido(a). Quiero ir al cine.*

1. cansado / descansar
2. enfermo / no querer comer
3. triste / ir a una fiesta
4. contento / cantar
5. enojado / hablar con mi madre
6. aburrido / visitar un museo

Aquí repasamos

In this section, you will review:

- the verbs **ir** and **estar**;
- **a** + definite article;
- **de** + definite article;
- the verbs **querer**, **preferir**, and **venir**;
- expressions of frequency;
- the numbers from 20 to 100;

- expressions with **tener**;
- prepositions and adverbs of place;
- telling time;
- the commands;
- the use of **estar** + adjectives;
- the possessive adjectives.

The verbs ir and estar

ir				estar			
yo	**voy**	nosotros	**vamos**	yo	**estoy**	nosotros	**estamos**
tú	**vas**	vosotros	**vais**	tú	**estás**	vosotros	**estáis**
él ella } Ud.	**va**	ellos ellas } Uds.	**van**	él ella } Ud.	**está**	ellos ellas } Uds.	**están**

Contractions

a + the definite article **el**
a + **el** → **al**

de + the definite article **el**
de + **el** → **del**

A. **Vamos al centro** Your friends are all heading into town to do errands. Ask your friend where everyone is going. Be sure to ask where each place is located. Work in pairs.

❖ Farmacia El Alba, Ave. Gral Paz ❖
❖ Correo Central, Calle Tucumán ❖
❖ Banco Popular, Calle Belgrano ❖
❖ Quiosco de periódicos, esquina de Florida y Callao ❖
❖ Panadería Las Delicias, Ave. 5 de Mayo ❖
❖ Librería Real, Calle de la Reconquista ❖

MODELO: Teresa / la Librería Real
            —*¿Adónde va Teresa?*
            —*Ella va a la Librería Real.*
            —*¿Dónde está?*
            —*Está en la Calle de la Reconquista.*

1. Isabel y Pedro / el quiosco de periódicos
2. Adelita / la Farmacia El Alba
3. María Paz / el Banco Popular
4. tú y tu amigo / el Correo Central
5. Francisco / la Panadería Las Delicias
6. Silvia y Raquel / la Librería Real

The verbs querer, preferir, and venir

querer (ie)

yo	**quiero**	nosotros	**queremos**
tú	**quieres**	vosotros	**queréis**
él ella Ud.	**quiere**	ellos ellas Uds.	**quieren**

preferir (ie)

yo	**prefiero**	nosotros	**preferimos**
tú	**prefieres**	vosotros	**preferís**
él ella Ud.	**prefiere**	ellos ellas Uds.	**prefieren**

venir

yo	**vengo**	nosotros	**venimos**
tú	**vienes**	vosotros	**venís**
él ella Ud.	**viene**	ellos ellas Uds.	**vienen**

B. **¿Qué prefieres hacer cuando estás triste?** Ask several people in the class what they prefer to do when they are sad. Here are some suggestions, but they may also add their own.

ir al parque   **cantar**
ir al centro   **comer**
mirar la TV   **ir al cine**
tocar el piano,   **hablar con amigos**
  guitarra, etc.   **ir al museo**

MODELO: —*¿Qué prefieres hacer cuando estás triste?*
           —*Yo prefiero tocar la guitarra o hablar con mis amigas*
            cuando estoy triste.

C. **¿De dónde vienen?** Ask where these people were. Work in pairs.

MODELO: Antonia / quiosco
           —*¿De dónde viene Antonia?*
           —*Ella viene del quiosco.*

1. Estela / librería
2. mi padre / oficina
3. los Sres. Fernández / restaurante
4. Aldo / museo
5. mi madre / casa
6. el Sr. Juárez / banco
7. Uds. / cafetería
8. mis hermanos / colegio

Expressions of frequency

These phrases are used in Spanish to say how often you do something.

rara vez   **a menudo**
nunca   **de vez en cuando**

Remember that **nunca** usually precedes the verb. The other adverbs may be placed at the beginning or end of a sentence.

RESTAURANTE CHINO
YANGT-ZE
15 años a su servicio
P C/ Felix Boix, 5
Reservas
259 11 61
Gratis.

D. **Preguntas personales** Answer the following questions using the expressions of frequency: **nunca, rara vez, de vez en cuando, siempre,** and **a menudo.** Work in pairs.

MODELO: ¿Escribes poesías?
—*Sí, escribo poesías a menudo.* o:
—*No, nunca escribo poesías.*

1. ¿Vas al teatro a menudo?
2. ¿Cuándo vas a la clase de español?
3. ¿Escribes cartas?
4. ¿Lees el periódico? ¿Qué periódico lees?
5. ¿Te gusta comer en un restaurante?
6. ¿Bailas bailes folklóricos?
7. ¿Cuándo tocas la guitarra?

Numbers from 20 to 100

veinte	veinticinco	treinta	sesenta
veintiuno	veintiséis	treinta y uno	setenta
veintidós	veintisiete	treinta y dos	ochenta
veintitrés	veintiocho	cuarenta	noventa
veinticuatro	veintinueve	cincuenta	cien

Expressions with tener

To ask someone's age in Spanish, use **tener**:

—**¿Cuántos años tienes?**	*How old are you?*
—**Tengo catorce años.**	*I am fourteen years old.*
—**¿Cuántos años tiene tu hermana?**	*How old is your sister?*
—**Tiene cuatro.**	*She's four.*

Other expressions that use **tener** are **tener hambre** *(to be hungry)* and **tener sed** *(to be thirsty).*

—**Tengo hambre. ¿Y tú?**	*I'm hungry. And you?*
—**No, yo no tengo hambre, pero sí tengo mucha sed.**	*No, I'm not hungry, but I am very thirsty.*

E. **El concurso de poesía** You are a member of the jury in a poetry contest and now you have to read the scores of the different participants in order to announce the winner.

MODELO: Blanca Pérez / 62
           —*La señorita Blanca Pérez tiene sesenta y dos puntos.*

1. Miguel Hurtado / 95
2. Analía Suárez / 96
3. José Villanueva / 43
4. Roberto Rojo / 58

5. Sonia Rodríguez / 89
6. Teresita Piña / 77
7. Inés Medina / 100
8. María Luisa Antúnez / 64

¿Quién es el ganador (*winner*)?

F. **Grupo de estudio** You and your friends are studying together for a big test. During the break you want to find out who is hungry or thirsty and what they want to eat or drink. One of you asks the question and the others answer. Work in groups of three and follow the model.

MODELO: —*¿Tienes hambre o sed?*
           —*Sí, tengo mucha hambre/sed.*
           —*¿Qué quieres comer/beber?*
           —*Quiero un sándwich de queso.*

Place prepositions and adverbs

al final de	**delante de**	**en la esquina de**
al lado de	**detrás de**	**frente a**
cerca de	**entre**	**lejos de**

G. **Servicio de información** You are working at the information desk at the Hotel Sheraton. When a traveler asks for help, you look at your map (page 189) and give precise information, including the exact name of the place.

MODELO: estadio / cerca del Museo de Arte
           —*Perdón, ¿hay un estadio cerca del Museo de Arte?*
           —*Sí, hay un estadio en el Paseo de la República, frente al Hotel Garden.*
           —*¿Cómo se llama el estadio?*
           —*Es el Estadio Nacional.*

1. museo / cerca de la Plaza Grau
2. correo / cerca de la Plaza de Armas
3. catedral / cerca del Palacio de Gobierno
4. hotel / cerca del Santuario de Santa Rosa
5. palacio / cerca del Paseo de Aguas

Telling time

¿Qué hora es?   **Es la una. (1:00)**
Son las nueve y diez. (9:10)
Son las nueve y cuarto. (9:15)
Son las nueve y media. (9:30)
Son las diez menos veinte. (9:40)
Son las diez menos cuarto. (9:45)
Es medianoche. *(midnight)*
Es mediodía. *(noon)*

To distinguish between A.M. and P.M., use the expressions **de la mañana** *(in the morning)*, **de la tarde** *(in the afternoon)*, or **de la noche** *(in the evening)*.

H. **Una reunión** Your family has organized a big reunion, and relatives are arriving from all over the country at various times of the day and night. Using the indicated information, tell your friend when they are arriving.

MODELO: tu tío Mario / 3:00 P.M.
—*¿A qué hora llega tu tío Mario?*
—*Él llega a las tres de la tarde.*

1. tu tía Sara / 7:00 A.M.
2. tu abuelo / 10:45 P.M.
3. tu prima Rosa / 6:30 P.M.
4. tu abuela / 11:15 A.M.
5. tus primos / 8:25 P.M.
6. tu tío Julio / 9:55 A.M.

Regular Commands

hablar
yo hablo → habl- → (no) hable Ud.   (no) hablen Uds.
beber
yo bebo → beb- → (no) beba Ud.   (no) beban Uds.
escribir
yo escribo → escrib- → (no) escriba Ud. (no) escriban Uds.
tener
yo tengo → teng- → (no) tenga Ud.   (no) tengan Uds.

Irregular Commands

(no) cruce Ud.	**(no) crucen Uds.**
(no) llegue Ud.	**(no) lleguen Uds.**
(no) practique Ud.	**(no) practiquen Uds.**
(no) sea Ud.	**(no) sean Uds.**
(no) vaya Ud.	**(no) vayan Uds.**

I. **¡Escuche! ¡Escuche!** Using the verbs provided, give suggestions to each of the following people or groups. Come up with your own suggestions using these verbs. Use affirmative and negative forms.

un grupo de turistas

MODELO: visitar
          Visiten el museo de arte.

1. escuchar
2. ir
3. mirar

4. cruzar
5. doblar
6. comer

un turista

MODELO: escuchar
          Escuche el concierto en el teatro La Paz.

7. visitar
8. ir
9. cruzar

10. comer
11. hablar

Estar + adjectives of condition

Yo **estoy muy cansada.**	I *am very tired.*
Yo **estoy listo** para continuar la lección.	I *am ready* to continue the lesson.

aburrido	**enojado**
cansado	**listo**
contento	**triste**
enfermo	

Remember that these adjectives agree in gender and number with the person they describe.

Ella está **cansada.**	**Ellas** están **cansadas.**
Él está **cansado.**	**Ellos** están **cansados.**

Possessive adjectives—third person

—¿Es la bicicleta de Vicente?	Is it Vincent's bike?
—Sí, es **su** bicicleta.	Yes, it's *his* bike.
—¿Son ellos los amigos de tu hermana?	Are they your sister's friends?
—Sí, son **sus** amigos.	Yes, they are *her* friends.

su / sus = *his, her, its, your* (formal), and *their*

J. **¿Cómo estás?** State how you feel after doing the following activities.

MODELO: Acabas de correr.
          Estoy cansado.

1. Acabas de recibir una A en tu examen.
2. Acabas de recibir una F en tu examen.
3. Acabas de hablar por teléfono con tu novio(a).
4. Acabas de trabajar mucho.
5. Acabas de escuchar al presidente en la radio.

K. **¿De quién es...?** People have left things in your room and you seem to recognize to whom they belong, but you are not sure. Ask your classmate to confirm it.

MODELO: el bolígrafo / Antonio
          —*¿Es el bolígrafo de Antonio?*
          —*Sí, es su bolígrafo.*

1. la radio / Estela
2. la mochila / Roque
3. los discos / Rita y Aldo
4. los libros / Raúl
5. las llaves / Ana y Carlos
6. el reloj / Juan

Aquí llegamos

A. **Mi amigo(a)** Make a presentation to the class about a friend of yours. You might include the person's name, interests, family background, possessions, likes and dislikes, and how he or she feels today.

B. **Para ir a la Plaza Mayor...** You and a Peruvian penpal have just arrived in Madrid. While having lunch at the Corte Inglés, you look at the map on page 179 and discuss the best way to get to your next destination. You are going to the **Plaza Mayor** and your penpal is meeting his or her family in front of the cathedral. Together write down specific directions from the Corte Inglés to each destination.

C. **El festival** You and two of your classmates are in Guatemala for the annual festival. Using the poster on page 187, plan your activities for the day. You will probably want to do at least two activities together. However, each person should have one activity that he or she will do alone. You can then make plans to meet later in the day. Be sure to set a time and place where you will all meet!

José Rivas

Vamos al centro

Objectives

In this unit, you will learn:

- to make plans for various activities in town;
- to talk about the future;
- to use the Madrid subway;
- to give directions for using the Madrid subway;
- to read a short informational text about transportation.

Elena González

CAPÍTULO DIEZ

¿Quieres ir al centro?

—¿Quieres ir al centro conmigo?
—Sí, tengo que comprar algo.

Primera etapa

¿Para qué?

¿Para qué?: For what reason?

—*Voy al centro para ver a mis amigos.*

—*Ah, tienes una **cita** con tus amigos.*

—*Voy al centro para **ir de compras**.*

—*Ah, quieres comprar algo.*

to go shopping

date

—*Voy al centro para ir al cine.*

—*Ah, **tienes ganas de** ver una película.*

—*Voy al centro para **hacer un mandado** para mi madre.*

—*Ah, **debes** hacer un mandado.*

do an errand
you feel like
you should

take a walk

—*¿Para qué vas al centro?*
—*Voy al centro para **dar un paseo.***

Una situación

—¿Francisco, quieres ir al centro conmigo?
—¿Para qué?
—Para hacer un mandado para mi padre. Tengo que ir a la farmacia.
—Mm, bueno, quiero comprar un disco. ¡Vamos!
—De acuerdo. ¡Vamos!

¡Aquí te toca a ti!

A. **¿Para qué va al centro?** Your teacher wants to know why each of the following students is going downtown. On the basis of the drawings, explain why.

MODELO: ¿Para qué va María al centro?
Ella va al centro para ver a una amiga.

1. ¿Para qué va Vicente al centro?

2. ¿Para qué va Anita al centro?

3. ¿Para qué va José al centro?

4. ¿Para qué va Laura al centro?

5. ¿Para qué van Patricio y Julia al centro?

6. ¿Para qué van Mario y Luis al centro?

B. **¿Quieres ir al centro conmigo?** You are going downtown and invite a friend to go along. When you explain the reason for going, your friend decides to accompany you. Base your reasons for going on the following drawings.

MODELO: —*¿Quieres ir al centro conmigo?*
—*¿Para qué?*
—*Tengo que ir al correo.*
—*Bueno. Vamos.*

1.

2.

3.

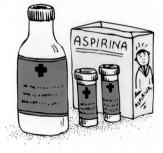

4.

5.

En el centro, Barcelona, España

Pronunciación: *The consonant h*

In Spanish, unlike English, the letter **h** is always silent.

Práctica

C. Listen and repeat as your teacher models the following words.

1. hay
2. hospital
3. hola
4. hoy
5. hace

6. hotel
7. hablar
8. hispano
9. ahora
10. hora

The immediate future

Voy a comer.	*I am going to eat.*
Vamos a estudiar.	*We are going to study.*
¿Qué **vas a hacer** esta tarde?	What *are you going to do* this afternoon?
Voy a dar un paseo.	*I am going to take* a walk.

What you have learned to say in Spanish so far refers mainly to the present or to a general situation. It is now time to learn how to talk about the future. One way to express a future action, especially one that will occur in the not-too-distant future, is to use a present-tense form of **ir** + **a** + *infinitive*. This structure is equivalent to the English use of *going to* + *verb*.

Voy a bailar.	*I'm going to dance.*
Vas a hablar español.	*You're going to speak* Spanish.
¿**Va a comer Juan** en el centro?	*Is John going to eat* downtown?
Vamos a escuchar la cinta.	*We're going to listen to* the tape.
Uds. van a estudiar.	*You're going to study.*
Ellos van a dar un paseo.	*They're going to take* a walk.

To form the negative, **no** is placed before the conjugated form of **ir**.

No voy a comer en el centro.	*I'm not going to eat* downtown.
Ellos no van a estudiar.	*They're not going to study.*

Aquí practicamos

D. Replace the subjects in italics, making all necessary changes.

1. *Susana* va a dar un paseo esta tarde. (Juan / nosotros / yo / Mario y Anita / tú / Uds.)
2. *Marcos* no va al centro hoy. (Ana María / mis amigos / yo / Uds. / tú / vosotros)
3. ¿Va a comer *José* en un restaurante? (tú / Juan y su novia / Uds. / nosotras / ellos / tus padres)

E. **¿Qué vas a hacer el sábado por la tarde** *(Saturday afternoon)***?**
You are trying to find out what your friends are going to do Saturday afternoon. A classmate will answer the questions using the expressions in parentheses.

MODELO: Marcos, ¿qué vas a hacer el sábado por la tarde? (comer en un restaurante)
Voy a comer en un restaurante.

1. Carlos, ¿qué vas a hacer el sábado por la tarde? (estudiar en la biblioteca)
2. ¿Y qué va a hacer Juan? (ver a una amiga en el centro)
3. ¿Y Fernando y su amigo? (dar un paseo)
4. ¿Y Bárbara y Julián? (ir de compras)
5. Marcos, ¿qué vas a hacer? (comprar un disco)

F. **¿Qué vas a hacer este fin de semana** *(this weekend)***?** Answer the following questions about your weekend plans.

1. ¿Vas a estudiar español?
2. ¿Vas a leer un libro? ¿Qué libro?
3. ¿Vas a comprar algo?
4. ¿Vas a mirar un programa de televisión? ¿Qué programa?
5. ¿Vas a bailar en una fiesta?
6. ¿Vas a hablar por teléfono con un(a) amigo(a)?

NOTA GRAMATICAL

Tener ganas de + *infinitive*

Tengo ganas de estudiar.	*I feel like studying.*
Tienes ganas de comer una hamburguesa con queso.	*You feel like eating* a cheeseburger.
Tenemos ganas de bailar.	*We feel like dancing.*
Tienen ganas de escuchar la radio.	*They feel like listening to* the radio.

In Spanish, when you want to say you feel like doing something, you do so with the expression **tener ganas de** + *infinitive*. Simply conjugate **tener** and use the infinitive form of the verb that expresses what you feel like doing.

G. Replace the words in italics, making the necessary changes.

1. *Julián* tiene ganas de comer en un restaurante. (tú / Anita y Mario / nosotros / Uds. / Juan y su novia / vosotros)
2. Yo tengo ganas de *estudiar*. (bailar / mirar la televisión / ir al museo / dar un paseo / comer un sándwich de jamón con queso)
3. Nosotros no tenemos ganas de *bailar*. (estudiar / ir al centro / leer / cantar / ir a la escuela hoy)

H. **¿Qué tiene ganas de hacer...?** Tell what the people in the drawings below feel like doing.

Isabel y Juan

MODELO: ¿Qué tienen ganas de hacer Isabel y Juan?
          Isabel y Juan tienen ganas de bailar.

1. Irma

2. Julián y Javier

3. Eva

4. mis amigos

5. Esteban

6. Bárbara y Carolina

1. ¿Qué tiene ganas de hacer Irma?
2. ¿Qué tienen ganas de hacer Julián y Javier?
3. ¿Qué tiene ganas de hacer Eva?
4. ¿Qué tienen ganas de hacer tus amigos?
5. ¿Qué tiene ganas de hacer Esteban?
6. ¿Qué tienen ganas de hacer Bárbara y Carolina?

I. **Tengo ganas de... pero debo...** A friend invites you to do something. You tell him or her that you want to but can't because you ought to do something else. Think up a good excuse!

MODELO: ir al centro
—¿Tienes ganas de ir al centro conmigo?
—Sí, pero debo estudiar español.

1. comprar un disco
2. ver una película
3. caminar al centro
4. ir a la librería
5. comer en un restaurante
6. dar un paseo

¡Adelante!

J. **Intercambio** Ask the following questions of a classmate, who will answer them.

1. ¿Vas al centro frecuentemente? ¿Para qué?
2. ¿Tienes que hacer mandados para tus padres? ¿Dónde?
3. ¿Vas a ver a tus amigos en el centro?
4. ¿Qué vas a hacer esta noche?
5. ¿Qué vas a hacer el sábado por la tarde?

K. **¿Quieres ir al centro conmigo?** Decide why you want to go downtown; then find two or three other students who are willing to go with you. (If someone does not want to go with you, that person can explain what he or she is going to do instead.)

Segunda etapa

¿Cuándo vamos?

| hoy | mañana |

today / tomorrow
viernes: Friday
sábado: Saturday

This morning / Tomorrow morning

Esta mañana, *yo voy a la escuela.*

Mañana por la mañana, *voy a dormir tarde.*

This afternoon / Tomorrow afternoon

Esta tarde, *yo voy a estudiar.*

Mañana por la tarde, *voy a ir de compras.*

Tomorrow night

Esta noche, yo voy a mirar la televisión en casa.

Mañana por la noche, *voy a ver a mis amigos en el cine.*

Una situación

—¿Quieres ir al centro conmigo? Tengo que ir al correo.

—Sí, yo también. Tengo que hacer un mandado para mi padre. ¿Cuándo quieres ir? ¿Esta mañana?

—No, es imposible. **No puedo ir**. Tengo que estudiar hasta las 12:00. ¿Esta tarde? **¿Está bien?**   I can't go.
Is that O.K.?

—Sí, está bien. Vamos al centro esta tarde.

¡Aquí te toca a ti!

A. **¿Cuándo vas al centro?** Based on the drawings, indicate when the following activities take place. Today's date is the fifth of March.

la mañana

la tarde

la noche

MODELO: ¿Cuándo va Anita al centro?
Ella va al centro esta noche.

el 5 de marzo

el 5 de marzo   1. ¿Cuándo van a ir al cine tus padres?

el 6 de marzo   2. ¿Cuándo va Enrique al centro?

el 5 de marzo   3. ¿Cuándo va a estudiar tu hermana?

el 6 de marzo

4. ¿Cuándo va a comprar Julián el disco?

el 6 de marzo

5. ¿Cuándo vas a ver a tus amigos?

el 5 de marzo

6. ¿Cuándo van a hacer el mandado tus hermanos?

B. **¿Cuándo quieres ir?** Using the information provided, imitate the model dialogues.

MODELO: ir al cine, esta noche / sí
          —*¿Quieres ir al cine conmigo?*
          —*Sí. ¿Cuándo quieres ir?*
          —*Esta noche. ¿Está bien?*
          —*Sí, por supuesto. Vamos al cine esta noche.*

1. ir al centro, esta noche / sí
2. ir a la biblioteca, mañana por la tarde / sí
3. ir a la piscina, mañana por la tarde / sí

MODELO: ir al centro, esta tarde / no (trabajar) mañana por la
          tarde / sí
          —*¿Quieres ir al centro conmigo?*
          —*Sí, ¿cuándo quieres ir?*
          —*Esta tarde. ¿Está bien?*
          —*No, es imposible. Tengo que trabajar. ¿Mañana por la
          tarde? ¿Está bien?*
          —*Claro que sí. Vamos al centro mañana por la tarde.*

4. ir al museo, esta tarde / no (hacer un mandado) / mañana por la
   tarde / sí
5. dar un paseo, esta mañana / no (dormir) / esta tarde / sí
6. ir al cine, esta noche / no (estudiar) / mañana por la noche / sí

Repaso

C. **¿Quién quiere ir al centro conmigo?** Choose an activity card. On the basis of the information on the card, try to find three or four people who are willing to go downtown with you (that is, people who have activities that are compatible with yours).

D. **Preguntas** Your teacher will play the role of an exchange student who has just arrived at your school. He or she wants to get to know you. Answer his or her questions, paying close attention to whether each question is general and therefore requires the present tense or whether it deals with a specific future time and thus calls for **ir + a +** *infinitive.*

1. ¿Estudias mucho? ¿Vas a estudiar esta noche?
2. Usualmente, ¿qué haces por la noche? ¿Qué vas a hacer esta noche?
3. ¿Vas frecuentemente al centro? ¿Qué haces en el centro? ¿Vas al centro mañana?
4. ¿Estudias español? ¿ruso? ¿chino? ¿francés? ¿Vas a estudiar otra lengua?
5. ¿Te gusta dar un paseo? ¿Vas a dar un paseo esta noche?

ESTRUCTURA

The days of the week

—**¿Qué día es hoy?**　　　　—*What day is it today?*
—Es **miércoles**.　　　　　—It is *Wednesday.*

El jueves yo voy al cine.　　*On Thursday* I'm going to the movies.

El domingo vamos a dar un paseo.　　*On Sunday* we're going to take a walk.

Los domingos vamos a la iglesia.　　*On Sundays* we go to church.

Los sábados no vamos a la escuela.　　*On Saturdays* we don't go to school.

To express the idea *on a certain day* or *days*, use the definite article **el** or **los**. Note that in the first example, when you are simply telling what day it is, the article is omitted.

In Spanish the days of the week are:

lunes *(Monday)*   **jueves** *(Thursday)*   **sábado** *(Saturday)*
martes *(Tuesday)*   **viernes** *(Friday)*   **domingo** *(Sunday)*
miércoles *(Wednesday)*

Spanish speakers consider the week to begin on Monday and end on Sunday. The names of the days are masculine and are not capitalized.

Aquí practicamos

E. **Hoy es...** Answer using the day *following* the day mentioned in the question.

MODELO: ¿Es hoy lunes?
          No, hoy no es lunes. Hoy es martes.

1. ¿Es hoy jueves?   3. ¿Es hoy miércoles?   5. ¿Es hoy viernes?
2. ¿Es hoy sábado?   4. ¿Es hoy domingo?   6. ¿Es hoy martes?

F. **Ellos llegan el jueves.** Some students from Mexico are going to visit your school. They come from different cities and will arrive on different dates. Using the following calendar, indicate on what day of the week various students will arrive.

MODELO: Miguel va a llegar el 18.
          Ah, él llega el jueves.

1. Enrique va a llegar el 15.
2. Mario y Jaime van a llegar el 17.
3. María y Anita van a llegar el 20.
4. Francisco va a llegar el 21.
5. Roberto va a llegar el 16.
6. Todos los otros *(All the others)* van a llegar el 19.

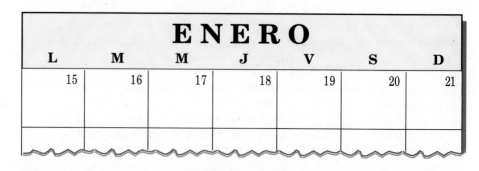

ENERO						
L	M	M	J	V	S	D
15	16	17	18	19	20	21

The verb *hacer*

The verb **hacer** is conjugated as follows:

yo	**hago**	nosotros	**hacemos**
tú	**haces**	vosotros	**hacéis**
él		ellos	
ella	**hace**	ellas	**hacen**
Ud.		Uds.	

Note that, except for the **yo** form (**hago**), **hacer** is conjugated in the same way as the other regular **-er** verbs you have studied.

When asked a question that includes **hacer** or one of its forms, you normally answer with the verb that expresses what it is you do. For example:

—¿Qué **haces** los lunes?	What *do you do* on Mondays?
—**Voy** a la escuela.	*I go* to school.
—¿Qué **vas a hacer** el viernes?	What *are you going to do* on Friday?
—**Voy a estudiar**.	*I'm going to study.*

G. Replace the words in italics, making all necessary changes.

1. ¿Qué hace *Juan* los sábados? (Anita / tú / Uds. / Susana y Enrique / yo / vosotros)
2. ¿Qué van a hacer *ellos* el domingo por la tarde? (tú / Uds. / Alberto / yo / Linda y Mario / vosotros)

H. **¿Qué hace Juan...?** Someone asks you what your friends do on a certain day of the week. Respond with what is in parentheses. Follow the model.

MODELO: ¿Qué hace Martín los lunes por la noche? (estudiar)
          Martín estudia.

1. ¿Qué hace Martín los martes por la noche? (mirar la televisión)
2. ¿Qué hace Lucía los viernes? (comer en un restaurante)
3. ¿Qué hacen Elisa y Jaime los sábados por la noche? (ir al cine)
4. ¿Qué hace Marina los jueves en el centro? (ir de compras)
5. ¿Qué hacen Mario y Susana los domingos? (dar un paseo)

I. **¿Qué va a hacer Timoteo...?** Someone asks you what your friends are going to do on a certain day. Respond with what is in parentheses. Follow the model.

MODELO: ¿Qué va a hacer Timoteo esta noche? (leer)
Timoteo va a leer esta noche.

1. ¿Qué va a hacer José esta noche? (escuchar discos)
2. ¿Qué va a hacer Ernestina el viernes? (comer en un restaurante)
3. ¿Qué van a hacer Antonio y Catarina mañana? (ir al museo)
4. ¿Qué va a hacer Pepita en el centro el martes? (ver a una amiga)
5. ¿Qué van a hacer Teodoro y Alicia el sábado? (hacer un mandado)

J. **¿Qué haces los fines de semana?** When your teacher gives you the signal, circulate around the room and ask your classmates what they do on the weekends. Keep track of your findings and be ready to report back to the class. See how many classmates you can ask—you won't have much time!

¡Adelante!

K. **¿Qué día(s)?** Some Hispanic exchange students are asking about your life in the United States. In particular, they want to know when you do certain things.

MODELO: ¿Qué día vas al cine?
Usualmente, voy al cine el viernes o el sábado.

1. ¿Qué días vas a la escuela?
2. ¿Qué días no vas a la escuela?
3. ¿Qué días vas al centro?
4. ¿Qué días trabaja tu padre?
5. ¿Qué días trabaja tu madre?

L. **Tengo que hacer un mandado.** Using an activity card that your teacher will give you, try to find two or three people who want to go downtown with you. Start by trying to get people to go with you today. However, if necessary, be willing to switch to tomorrow. You might start by saying, **Tengo que hacer un mandado. ¿Tienes ganas de ir al centro conmigo?**

Tercera etapa

¿Cómo prefieres ir, en coche o a pie?   *a pie:* on foot

Para ir al centro

El Sr. Valdés va en metro.

La Sra. Candelaria va en su coche.

La Sra. López va en autobús.

El Sr. Cano va en taxi.

Pedro va en bicicleta.

Fernando va a pie.

Una situación

Andrés: ¿Quieres ir al Museo del Prado hoy?
Gabriela: Sí. Me gustan las pinturas de Velázquez. ¿Vamos a pie?
Andrés: No. Está muy lejos. Vamos en metro.
Gabriela: Bien, de acuerdo. Vamos a tomar el metro.

COMENTARIOS CULTURALES

El Museo del Prado
This museum is located in Madrid and is considered one of the most
important art museums in the world. It contains over 6,000 works
by such Spanish artists as Goya, Velázquez, El Greco, Murillo, and
Zurbarán. It also exhibits works of other artists such as Bosch,
Dürer, Rafael, Tiziano, Tintoretto, and Rubens.

¡Aquí te toca a ti!

A. **¿Cómo van?** Based on the drawings, tell how each person gets around town.

MODELO: Jorge va...
Jorge va en bicicleta.

  ¿Qué crees?

Las meninas is a famous painting by:

a) Diego Rivera
b) Diego Velázquez
c) Francisco de Goya
d) Pablo Picasso

 respuesta

1. *Francisco va...*   2. *La Sra. Fernández va...*   3. *Carlos va...*

4. *Marta va...*   5. *El Sr. González va...*

6. *Santiago y su hermana van...*   7. *El Sr. López va...*

B. **¿Vamos?** Suggest to a friend how the two of you will go somewhere. Use **vamos** as the verb form.

1. metro
2. a pie
3. taxi
4. coche
5. autobús
6. bicicleta

C. **¿Tú quieres ir...?** You invite a friend to go somewhere with you. He or she responds affirmatively, saying **"claro que sí."** Your friend then suggests a way of going there, but you have a different idea. Follow the model.

MODELO: museo / metro / a pie
—*¿Quieres ir al museo?*
—*Claro que sí. ¿Vamos en metro?*
—*No. ¡Vamos a pie!*
—*De acuerdo. Vamos a pie.*

1. cine / a pie / autobús
2. centro / autobús / coche
3. biblioteca / taxi / metro

4. parque / coche / a pie
5. restaurante / metro / autobús

Repaso

D. **Intercambio** Ask the following questions of a classmate, who will answer them.

1. ¿Qué tienes ganas de hacer el sábado próximo *(next)*?
2. ¿Qué haces los domingos por la mañana?
3. ¿Qué haces los lunes por la mañana? ¿Por la tarde?
4. ¿Cómo vas a la escuela?
5. ¿Cuándo estudias?
6. ¿Cuándo vas al cine?
7. ¿Cuándo vas al centro? ¿Para qué?

E S T R U C T U R A

The verb **poder** *(to be able to)*

To express in Spanish whether you are able or not able to do something, use the irregular verb **poder**.

yo	**puedo**	nosotros	**podemos**
tú	**puedes**	vosotros	**podéis**
él		ellos	
ella	**puede**	ellas	**pueden**
Ud.		Uds.	

You will note that the **o** of the stem of the verb **poder** becomes **ue** in all forms except **nosotros** and **vosotros**. Later in this book you will learn other verbs that follow this pattern.

—¿**Puedes** ir al cine conmigo?	*Can you* go to the movies with me?
—Sí, **puedo** ir.	Yes, *I can* go.

To say you cannot do something, place **no** before the conjugated form of **poder**.

—¿**Puede** hablar Marcos francés?	*Can* Mark speak French?
—No, **no puede** hablar francés, pero **puede** hablar español.	No, *he can't* speak French, but *he can* speak Spanish.
—¿**Puedes** ir al centro ahora?	*Can you* go downtown now?
—No, **no puedo** ir.	No, *I can't* go.

Note in the above examples that the conjugated form of the verb **poder** can be followed directly by an infinitive.

¿Puedes ir al cine conmigo?

Aquí practicamos

E. Replace the words in italics, making all of the necessary changes.

1. *Elmer* puede ir al centro mañana. (tú / Amparo y Linda / nosotros / yo / Uds. / vosotros)
2. ¿Puedes ir *tú* al cine el sábado próximo? (Irma / Uds. / Gregorio y Verónica / yo / nosotros / vosotros)
3. *Yo* no puedo ir al centro ahora. (tú / ellas / mi hermano / Uds. / Gloria y Esteban / vosotras)

F. **Hoy no puedo...** A classmate invites you to do something. You cannot do it at the time he or she suggests, but you suggest another time when you can. Follow the model.

MODELO: ir al cine, hoy / sábado por la noche
        ¿Puedes ir al cine hoy?
        No, hoy no puedo, pero puedo ir el sábado por la noche.

1. ir al centro, ahora / viernes por la tarde
2. ir a un restaurante, esta noche / mañana por la noche
3. ir al museo, esta tarde / domingo por la tarde
4. ir al concierto, esta semana / la semana próxima
5. ir de compras, esta mañana / sábado por la mañana

¡Adelante!

G. **No, no puedo.** You suggest an activity to a friend. He or she is interested, but cannot do it on the day you have proposed and gives you his or her reason why not. You then suggest a different day, which is fine with your friend. Follow the model.

MODELO: dar un paseo, mañana / trabajar / sábado
          —*¿Puedes dar un paseo mañana?*
          —*No, no puedo. Tengo que trabajar.*
          —*¿El sábado? ¿Está bien?*
          —*Sí. Vamos a dar un paseo el sábado.*

1. ir al centro, esta noche / ir al cine con mis padres / mañana por la noche
2. hacer un mandado, el sábado / trabajar / domingo
3. ir al museo, esta tarde / estudiar / sábado
4. ir a tomar un café, el sábado / ir de compras con mi madre / domingo
5. ir al cine, mañana / hacer un mandado / viernes
6. ir a la biblioteca, hoy / ver a un amigo / martes

H. **¿Puedes ir conmigo?** Ask a classmate if she or he can do something with you. When you get an affirmative response, arrange a day, a time, and a place to meet. Then agree on a means of transportation.

◆ Vocabulario ◆

Para charlar

Para hablar de planes

ir + a + *infinitive*
poder + *infinitive*
tener ganas + de + *infinitive*

Para decir para qué vas

Voy a dar un paseo.
...hacer un mandado.
...ir de compras.
...ver a un amigo.

Para ir al centro

Voy en autobús.
...a pie.
...en bicicleta.
...en coche.
...en metro.
...en taxi.
  carro
  auto

Para decir cuándo

Vamos esta mañana.
…esta tarde.
…hoy.
…mañana.
…mañana por la mañana.
…mañana por la tarde.
…mañana por la noche.

Para decir sí o no

¡Claro que sí!
Sí, puedo.
Sí, tengo ganas de…
Es imposible.
No, no puedo.

Para preguntar qué día es

¿Qué día es hoy?

Temas y contextos

Los días de la semana

el lunes	el viernes
el martes	el sábado
el miércoles	el domingo
el jueves	el fin de semana

Vocabulario general

Verbos

deber
hacer
poder

Otras palabras y expresiones

una cita
conmigo
frecuentemente
próximo(a)
usualmente

CAPÍTULO ONCE

Vamos a tomar el metro

—¿Tomamos un autobús?
—No, vamos a tomar el metro.

Primera etapa

¿En qué dirección?

Elena y su prima Clara van a tomar el metro para ir al Museo del Prado. La casa de Elena está cerca de la Plaza de España, donde hay una estación de metro. Las dos jóvenes miran el plano del metro que está delante de la **entrada** de la estación.

entrance

ELENA: Bueno. Estamos aquí, en la Plaza de España.
CLARA: ¿Dónde está el Museo del Prado?
ELENA: Está cerca de la Estación Atocha. Allí.
CLARA: Entonces, ¿qué hacemos?
ELENA: Es fácil. Tomamos la dirección de Legazpi.
CLARA: ¿Tenemos que **cambiar** de trenes?   to change
ELENA: Sí, tenemos que cambiar de trenes. Cambiamos en Sol, dirección de Portazgo.
CLARA: Y **bajamos** en Atocha, ¿verdad?   we get off
ELENA: Exacto, allí en Atocha bajamos.

¡Aquí te toca a ti!

A. **Cambiamos en... / Bajamos en...** Based on the cues, answer each person's questions about where he or she should change lines and where he or she should get off the subway, in order to get to the destination mentioned. The place to change lines is listed first and the destination is second. Follow the model.

MODELO: Sol / la Plaza de España
           —¿*Es necesario cambiar de trenes?*
           —*Sí, tú cambias en Sol.*
           —¿*Dónde bajo del tren?*
           —*Tú bajas en la Plaza de España.*

1. Pacífico / Manuel Becerra
2. Callao / Lavapiés
3. Bilbao / Goya
4. Ópera / Cuatro Caminos
5. Ventas / Banco de España
6. Goya / Sol

B. **¡Vamos a tomar el metro!** Following the model and using the metro map on p. 242, explain how to use the subway. The metro line number (shown in parentheses after the name of each station) will help you locate the stations.

MODELO: Juan / la Plaza de España (3) → Ventas (2)
Juan, tú tomas la dirección de Legazpi, tú cambias de tren en Callao, dirección de Canillejas, y tú bajas en Ventas.

1. Marcos / Argüelles (4) → Rubén Darío (5)
2. Pilar / Nueva Numancia (1) → Embajadores (3)
3. Felipe / Delicias (3) → Atocha (1)
4. Nilda / Manuel Becerra (6) → Plaza de Castilla (1)

Pronunciación: *The consonant* **ch**

The sound of **ch** in Spanish is like the *ch* in the English word *church*.

Práctica

C. Listen and repeat as your teacher models the following words.

1. chocolate	6. ocho
2. Chile	7. leche
3. mucho	8. noche
4. muchacho	9. ochenta
5. coche	10. mochila

▼ COMENTARIOS CULTURALES ▼

El metro
The **metro** is one of the most popular means of transportation in Madrid, the capital city of Spain. The rate for each trip on the subway is fixed. Booklets of tickets are available, and buying tickets by the booklet is cheaper than buying individual tickets. To get around on the **metro** you must first find the **línea** on which you want to travel. Then look in the direction you want to go on that line and find the name of the last station. Follow the signs for that station.

Repaso

D. **Como de costumbre...** *(As usual)* Some members of your family follow a regular routine. On a certain day of the week, they always do the same thing. Describe where they go and how they get there, based on the drawings below.

MODELO: tu madre
Los lunes mi madre va al centro.
Usualmente ella va a pie.

1. *tu abuelo*

2. *tu primo*

3. *tu hermana*

4. *tu tío y tu tía*

5. *tus primas*

6. *tus padres*

Adverbs that designate the present and the future

Mi mamá trabaja **hoy**.	My mother is working *today*.
Mañana ella no va a trabajar.	*Tomorrow* she's not going to work.
¿Dónde están **ahora**?	Where are they *now*?

You have already learned several adverbs that express present or future time:

hoy	**esta mañana**
esta tarde	**esta noche**
mañana	**mañana por la mañana**
mañana por la tarde	**mañana por la noche**

Here are some additional expressions:

ahora *(now)*	**la semana próxima** *(next week)*
esta semana *(this week)*	
este mes *(this month)*	**el mes próximo** *(next month)*
este año *(this year)*	**el año próximo** *(next year)*

In addition, the expressions **por la mañana**, **por la tarde**, **por la noche**, and **próximo(a)** can be combined with the days of the week: **el lunes por la mañana, el sábado por la tarde, el domingo por la noche, el lunes próximo**, etc. Time expressions are usually placed at the very beginning or end of a sentence.

Aquí practicamos

E. Replace the words in italics, making the necessary changes.

1. ¿Adónde vas *ahora*? (hoy / esta tarde / el viernes por la noche / esta semana / mañana por la tarde)
2. *Esta noche* voy al cine. (esta tarde / hoy / el domingo por la tarde / el jueves por la noche / mañana)
3. Ellos van a Madrid *el miércoles próximo*. (este año / la semana próxima / el año próximo / el viernes próximo)

F. **Esta noche no...** Your mother is always asking about people's activities, but then she gets them confused. Correct her statements, using the information given.

MODELO: ¿Van al cine tú y Luis esta noche? (mañana por la noche)
Esta noche no. Vamos al cine mañana por la noche.

1. ¿Van tú y Felipe al centro el miércoles por la noche? (miércoles por la tarde)
2. ¿Vas a hacer un mandado mañana por la mañana? (el sábado por la mañana)
3. ¿Va a comer Mario en un restaurante esta semana? (la semana próxima)
4. ¿Va a estudiar español tu hermano este año? (el año próximo)
5. ¿Van al cine tú y Yolanda esta noche? (el viernes por la noche)
6. ¿Va a llevar el coche tu hermana esta tarde? (el domingo por la tarde)
7. ¿Van a llegar tus abuelos hoy? (el jueves próximo)
8. ¿Vas a estudiar ahora? (esta noche)

G. **El horario** *(schedule)* **de los González** Answer the questions about the González family's activities during the month of February. Choose the appropriate time expressions, assuming that *today* is the morning of February 15.

FEBRERO						
lunes	martes	miércoles	jueves	viernes	sábado	domingo
1	2	3	4	5 *restaurante*	6	7 *iglesia*
8	9	10	11	12 *restaurante*	13	14 *iglesia*
15 *Sr y Sra. teatro en el centro (noche)*	16 *Sr jugar al tenis*	17 *Sr trabajo (noche)*	18 *Sra museo*	19 *Sra trabajo (mañana) restaurante*	20 *Sra curso de francés (tarde)*	21 *iglesia*
22 *catedral*	23 *los Martínez*	24	25	26 *restaurante*	27	28 *iglesia*

MODELO: ¿Cuándo va a ir al museo la Sra. González?
El jueves.

1. ¿Qué noche va a trabajar el Sr. González?
2. ¿Cuándo van a visitar los González la catedral?
3. ¿Cuándo van a comer en un restaurante?
4. ¿Cuándo van a llegar los Martínez?
5. ¿Cuándo va a jugar *(play)* al tenis el Sr. González?
6. ¿Qué mañana va a trabajar la Sra. González?

MODELO: ¿Qué va a hacer el Sr. González el miércoles por la
noche?
Él va a trabajar.

7. ¿Qué van a hacer los González esta noche?
8. ¿Qué van a hacer el Sr. y la Sra. González el domingo?
9. ¿Qué va a hacer la Sra. González el sábado por la tarde?
10. ¿Qué van a hacer los González el viernes próximo?

¡Adelante!

H. **¿Qué dirección tomamos?** You and your family are staying in Madrid at a hotel near the Plaza de Castilla (1). You need to go to the American Express office near Banco de España (2). You have just arrived in Madrid and don't understand the subway system yet, so you ask the desk clerk for help. When he or she explains how to get there, you repeat the instructions to make sure you have understood. (Another student will play the role of the desk clerk.) Consult the **metro** map on p. 242.

Segunda etapa

En la taquilla: At the ticket window

En la taquilla

Elena y Clara entran en la estación del metro y van a la taquilla.

single ticket	ELENA: ¿Vas a comprar un **billete sencillo**?
ten-ride ticket	CLARA: No, voy a comprar un **billete de diez viajes**. Es más
cheap	**barato**. Un billete sencillo cuesta 65 pesetas y un billete de diez viajes cuesta 450. ¿Y tú, vas a comprar un billete?
commuter pass	ELENA: No, yo tengo una **tarjeta de abono transportes**. Con esta tarjeta puedo tomar el metro o el autobús sin
a whole month	límite por **un mes entero**.
	CLARA: ¡Qué bien! Por favor, señorita, un billete de diez viajes.
	LA EMPLEADA: Cuatrocientas cincuenta pesetas, señorita.

¡Aquí te toca a ti!

A. **En la taquilla** Buy the indicated **metro** tickets.

> MODELO: 1 ticket
> *Un billete sencillo, por favor.*

1. 2 tickets
2. 1 book of ten tickets
3. 2 books of ten tickets
4. 1 ticket that allows you to travel for a month

 **¿Qué crees?**

What city does *not* have a subway system?

a) Barcelona, Spain
b) Buenos Aires, Argentina
c) Bogotá, Colombia
d) Mexico City, Mexico

respuesta ▶

B. **¡En el metro!** Explain to each person how to take the subway. Specify the kind of ticket to buy. Consult the **metro** map on p. 242. (Metro line numbers are given in parentheses.)

> MODELO: *Tú vas (Ud. va) a la estación Atocha.*
> *Compras (Ud. compra) un billete sencillo, tomas (Ud. toma) la dirección de… etc.*

1. Gina, your Italian friend, is in Madrid for a couple of days. Her hotel is near Cuatro Caminos (2). She wants to go see a church that is near Atocha (1).
2. Mr. and Mrs. Dumond, French friends of your family, are spending three weeks in Madrid. Their hotel is near the Cruz del Rayo Station (9) and they want to go to the bullfights. The Madrid Plaza de Toros *(bullring)* is near the Ventas Station (2).
3. Near the Delicias Station (3), you meet a disoriented tourist who wants to get to the American Express office near the Banco de España Station (2).

c

COMENTARIOS CULTURALES

Billetes para el transporte público

Metro tickets can be bought singly (**un billete sencillo**) or in groups of ten (**un billete de diez viajes**). Also available are three-day or five-day tourist tickets (**un metrotour de tres días** or **de cinco días**). You can also buy a full-month commuter pass (**una tarjeta de abono transportes**), which allows unlimited use of the buses as well as the metro for the specific month.

Repaso

C. **¿Qué haces?** Using the adverbs of time provided, tell your class-mates about your usual activities (**los sábados, los lunes por la mañana**, etc.) and then about your upcoming plans (**el sábado próximo, el lunes próximo**, etc.).

MODELO: los lunes / el lunes próximo
—*Usualmente, los lunes voy a la escuela.*
—*Pero el lunes próximo voy a visitar a mis abuelos.*

1. los sábados por la tarde / el sábado próximo
2. los viernes por la noche / el viernes próximo
3. los domingos por la mañana / el domingo próximo
4. los lunes por la mañana / el lunes próximo
5. los jueves por la tarde / el jueves próximo
6. los sábados / el sábado próximo por la noche

ESTRUCTURA

Talking about future plans with ***pensar***

To talk about future plans in Spanish you may use:

Pensar + *infinitive (to plan to)*

The verb **pensar** is conjugated as follows:

yo	**pienso**	nosotros	**pensamos**
tú	**piensas**	vosotros	**pensáis**
él ella Ud.	**piensa**	ellos ellas Uds.	**piensan**

You will note that the **e** of the stem of the verb **pensar** becomes **ie** in all of the verb forms except those for **nosotros** and **vosotros**. **Pensar** follows the same pattern as **querer** and **preferir** that you learned in **Capítulo 7**.

¿Qué **piensas hacer** mañana?	What *do you plan to do* tomorrow?
Pienso ir al centro.	*I plan to go* downtown.
¿Qué **piensa hacer** Juan esta noche?	What does Juan *plan to do* tonight?
Piensa estudiar en la biblioteca.	*He plans to study* at the library.

Aquí practicamos

D. Replace the words in italics, making the necessary changes.

1. *Julia* piensa ir al centro mañana por la tarde. (tú / ellos / nosotros / Julia y Enrique / yo / vosotros)
2. ¿Qué piensas hacer *tú* el sábado por la noche? (Juan / María y su novio / ellos / Uds. / vosotros)
3. Yo pienso *estudiar* mañana por la noche. (ir al cine / comer en un restaurante / ver a un amigo / dar un paseo / hacer un mandado)

E. **Todos piensan hacer otra cosa** (something else). Your father asks if you plan to go to the movies with your friends. Explain to him that your friends all seem to have other plans.

MODELO: Susana / ir a un concierto
—*¿Piensas ir al cine con Susana?*
—*No, ella piensa ir a un concierto.*

1. Esteban / ver a un amigo en el centro
2. tus hermanos / comer en un restaurante
3. Linda / ir a la biblioteca
4. tus primos / dar un paseo
5. José y Catarina / mirar la televisión en casa
6. Anita / ir de compras con su madre

¡Adelante!

F. **¿Qué piensas hacer el sábado próximo?** When the teacher gives the signal, circulate around the room and ask several of your classmates what they plan to do on Saturday. Ask about their plans for different parts of the day using **por la mañana**, **por la tarde**, and **por la noche**.

G. **Por favor...** You have now become an expert on the Madrid **metro**. While you are waiting at the Colón station (4) for a bus to take you to the airport for your trip home, a group of Japanese tourists, just arriving in Madrid, ask you for help in getting to their hotel near the Puerta del Sol. Give them directions to Sol station (1), referring to the map on page 242. (One of your classmates will play the role of the group leader for the tourists.)

 **Vocabulario** ◆

Para charlar

Para tomar el metro

bajar
cambiar
¿En qué dirección?
Cambiamos en Sol.
Bajamos en Plaza de España.

Para hablar del futuro

pensar + *infinitive*
preferir + *infinitive*
querer + *infinitive*
esta semana
este año
este mes
el mes (el año, la semana) entero(a)
la semana próxima
el mes próximo
el año próximo
mañana (el sábado, el domingo, etc.) por la mañana
                por la tarde
                por la noche

Temas y contextos

El metro

un billete sencillo
un billete de diez viajes
un metrotour de tres días
un metrotour de cinco días
una entrada

una estación de metro
una línea
un plano del metro
una taquilla
una tarjeta de abono transportes

Vocabulario general

Otras palabras y expresiones

ahora
barato
como de costumbre
especial

un horario
jugar (al tenis)
otra cosa
sin límite

CAPÍTULO DOCE

¿Cómo vamos?

—¿Cómo vamos? ¿A pie o en el coche de tu padre?
—Vamos en autobús.

Primera etapa

¡Vamos a tomar un taxi!

Linda y Julia van a una **agencia de viajes**, pero antes van a almorzar en un restaurante que está cerca de la agencia. Piensan tomar un taxi.

travel agency

LINDA: ¡Taxi! ¡Taxi!
EL CHÓFER: ¿Señoritas? ¿Adónde van?

Ellas suben al taxi.

LINDA: Queremos ir al Restaurante Julián Rojo, Avenida Ventura
                     de la Vega 5, por favor. **¿Cuánto tarda** para llegar?
EL CHÓFER: Diez minutos… quince **como máximo**.

How long does it take?

at most

to pay

Ellas llegan al restaurante. Julia baja del taxi y Linda va a **pagar.**

Three hundred eighty
five hundred
change / one hundred twenty

LINDA:	¿Cuánto es, señor?
EL CHÓFER:	**Trescientas ochenta** pesetas, señorita.
LINDA:	Aquí tiene un billete de **quinientas.**
EL CHÓFER:	Aquí tiene Ud. el **cambio, ciento veinte** pesetas.

gives / tip

Linda le **da** *70 pesetas al chófer como* **propina.**

this is for you

LINDA:	Y **esto es para Ud.,** señor.
EL CHÓFER:	Muchas gracias, señorita. Hasta luego.

¡Aquí te toca a ti!

A. **¿Cuánto tarda para ir?** As you make plans with your friends, you discuss how long it will take to get to your destination. The answer will depend on the means of transportation you choose. Remember that in Spanish the preposition **en** is used in the expressions **en coche, en autobús, en metro, en taxi,** and **en bicicleta,** but **a** is used in **a pie.** Follow the model.

MODELO: al parque / en autobús (10 minutos) / a pie (30 ó 35 minutos)
—*¿Cuánto tardas para ir al parque?*
—*Para ir al parque en autobús, tardo diez minutos.*
—*¿Y para llegar a pie?*
—*¿A pie? Tardo treinta o (or) treinta y cinco minutos.*

1. a la biblioteca / a pie (25 minutos) / en bicicleta (10 minutos)
2. a la catedral / en metro (20 minutos) / en autobús (25 ó 30 minutos)
3. al aeropuerto / en taxi (45 minutos) / en metro (30 ó 35 minutos)
4. a la estación de trenes / en coche (20 minutos) / en metro (10 minutos)
5. al centro / a pie (35 minutos) / en autobús (15 minutos)

B. **¿Adónde van...?** A taxi driver asks you where you and a friend are going and you tell him or her the name of the place and the address. Follow the model.

MODELO: Restaurante Capri / Calle Barco 27
¿Adónde van?
Queremos ir al Restaurante Capri, Calle Barco 27.

1. Hotel Praga / Calle Antonio López 65
2. Restaurante Trafalgar / Calle Trafalgar 35
3. Hotel Don Diego / Calle Velázquez 45
4. Café Elche / Calle Vilá-Vilá 71
5. Hotel Ramón de la Cruz / Calle Don Ramón de la Cruz 91

Pronunciación: *The consonant ll*

You will recall when you learned the alphabet in **Capítulo 1** that the letters **ll** represent a sound in Spanish that is similar to the *y* in the English word *yes*.

Práctica

C. Listen as your teacher models the following words.

1. llamar	4. tortilla	7. ella	9. maravilla
2. calle	5. ellos	8. Sevilla	10. pollo
3. milla	6. llegar		

Repaso

▼

D. **Pregúntales a los otros.** *(Ask the others.)* Tell the person next to you to ask the other members of your group the following questions. After asking each group member individually, the questioner will report back to you.

MODELO: ir a la biblioteca
—*Pregúntales a los otros si* (if) *piensan ir a la biblioteca.*
—¿*Piensas ir a la biblioteca?* ¿*Y tú,...?*

1. ir de compras
2. visitar una ciudad famosa *(famous)* algún día *(some day)*
3. hacer mandados el sábado próximo

▼ COMENTARIOS CULTURALES ▼

Puerta del Sol is one of the most lively and popular plazas in Madrid. Several metro lines intersect there, and it is the location of **kilómetro 0**, the point from which official distances from Madrid to other cities in Spain and Portugal are measured. Below are the official distances from the capital to some major Spanish and Portuguese cities.

Barcelona	627 km	Granada	430 km	Málaga	548 km
Burgos	239 km	Lisboa	658 km	Pamplona	385 km
Cádiz	646 km	Segovia	87 km	Porto	591 km
Córdoba	407 km	Valencia	351 km	Salamanca	205 km

Note that distances are measured in kilometers **(km)**, the metric equivalent of about 5/8 of a mile **(milla)**.

■▶ **¿Qué crees?**

The distance between Madrid, Spain and Paris, France is approximately equal to the distance between:

a) Detroit, MI and Atlanta, GA
b) Boston, MA and Washington, D.C.
c) Chicago, IL and New Orleans, LA
d) Albuquerque, NM and Oklahoma City, OK

respuesta ▶

The numbers from 100 to 1,000,000

100	**cien**	900	**novecientos(as)**
101	**ciento uno**	1.000	**mil**
102	**ciento dos**	2.000	**dos mil**
200	**doscientos(as)**	4.576	**cuatro mil quinientos setenta y seis**
300	**trescientos(as)**	25.489	**veinticinco mil cuatrocientos ochenta y nueve**
400	**cuatrocientos(as)**		
500	**quinientos(as)**		
600	**seiscientos(as)**		
700	**setecientos(as)**	1.000.000	**un millón**
800	**ochocientos(as)**	2.000.000	**dos millones**

1. The word **cien** is used before a noun: **cien discos**.
2. **Ciento** is used with numbers from 101–199. There is no **y** following the word **ciento**: 120 = **ciento veinte**.
3. **Cientos** changes to **cientas** before a feminine noun: **doscientos hombres, doscientas mujeres**.
4. Notice that Spanish uses a period where English uses a comma: 3.400 = 3,400 (three thousand four hundred).
5. **millón/millones** is followed by **de** when it accompanies a noun: **un millón de dólares**, **tres millones de habitantes**.

Aquí practicamos

E. Read the following numbers out loud:

1. 278, 546, 156, 480, 610, 817, 729
2. 1.800, 2.450, 9.600, 4.267, 5.575, 7.902, 3.721, 6.134
3. 11.297, 35.578, 49.795, 67.752, 87.972, 98.386
4. 225.489, 369.765, 569.432, 789.528, 852.289
5. 1.500.000, 2.800.000, 56.250.000, 76.450.000

F. **¿Cuál es la distancia entre Madrid y...?** What is the distance in kilometers between Madrid and the following cities?

MODELO: Segovia
—*¿Cuál es la distancia entre Madrid y Segovia?*
—*Ochenta y siete kilómetros.*

1. Valencia	3. Granada	5. Pamplona	7. Burgos
2. Lisboa	4. Porto	6. Barcelona	8. Málaga

¡Adelante!

G. **Quiero ir a...** With a partner, tell at least three places you want to go and how far it is from your home town to each place.

MODELO: —*Quiero ir a Boston.*
—*¿Cuál es la distancia entre Boston y Philadelphia?*
—*Es trescientas treinta millas.*

Segunda etapa

En la agencia de viajes

AGENTE:	**¿En qué puedo servirles?**	How may I help you?
LINDA:	Queremos planear un **viaje**.	trip
AGENTE:	¿Adónde piensan ir?	
LINDA:	**Esperamos** viajar a París. ¿Cuánto cuesta viajar a París **en avión**?	We hope by plane
AGENTE:	Muchísimo. Un **viaje de ida y vuelta cuesta** 31.000 pesetas.	round trip costs
JULIA:	¿Y **en tren**?	by train
AGENTE:	En tren es más barato. Un billete de ida y vuelta **sólo** cuesta 15.000 pesetas.	only

That's a lot.	LINDA: **Es mucho**. Sólo tengo 10.000 pesetas y mi amiga tiene 9.000. AGENTE: Entonces, por 7.000 pesetas pueden ir a Barcelona o a Málaga.
pretty beaches	JULIA: ¡Mm, Málaga tiene unas **playas hermosas**!
discuss	LINDA: ¡Buena idea! Pero primero tenemos que **discutir** los planes con nuestros padres.
I'm here to help you.	AGENTE: Muy bien. **Aquí estoy para servirles**. LINDA y JULIA: Muchísimas gracias. Hasta luego.

¡Aquí te toca a ti!

A. **¿Adónde esperas viajar?**   Tell where you hope to travel. Follow the model.

> MODELO: México
> *Espero viajar a México.*

1. Barcelona   4. Nueva York   7. Seattle   9. Miami
2. Lisboa   5. Quito   8. Buenos Aires 10. Madrid
3. París   6. San Antonio

B. **¿Adónde quiere viajar...?**   Tell where the people in the drawings below want to travel.

1. Sr. y Sra. Cano   *2. Raúl*   *3. Bárbara*

4. los estudiantes   *5. tú*   *6. yo*

C. **Una encuesta** *(survey)*   When your teacher gives the signal, circulate around the room and ask as many classmates as possible where they hope to travel.

Repaso

D. **¿Cuánto?**   You and your friends are going over how much money you have paid for certain things. Each time you say the price, your friend asks for confirmation; so you repeat more clearly.

MODELO: 320
  —*Trescientas veinte.*
  —*¿Cuánto?*
  —*Trescientas veinte pesetas.*

1. 430	5. 940	9. 30.750
2. 350	6. 7.500	10. 570
3. 1.250	7. 860	11. 760
4. 790	8. 670	12. 2.400.000

Expressions for discussing plans

Esperar + *infinitive (To hope + infinitive)*

Espero comprar un coche nuevo el año próximo.	*I hope* to buy a new car next year.
Esperamos ir al cine el viernes próximo.	*We hope* to go to the movies next Friday.

You have already learned three ways to talk about future actions: what you *want* to do (**querer**), what you *are going* to do (**ir**), and what you *plan* to do (**pensar**). You now have another expression for talking about your plans and what you *hope* to do (**esperar**). In all four expressions, the action of the verb is in the infinitive form. In the following examples, note how the meanings of these expressions progress from uncertain to certain:

querer + *infinitive*
Quiero comprar un coche nuevo.   *I want to buy* a new car.

esperar + *infinitive*
Espero comprar un coche nuevo.   *I hope to buy* a new car.

pensar + *infinitive*

Pienso comprar un coche nuevo.   *I plan to buy* a new car.

ir + **a** + *infinitive*

Voy a comprar un coche nuevo.   *I am going to buy* a new car.

These expressions can also be used in the negative:

No voy a comer en un
restaurante.

I am not going to eat in a
restaurant.

Aquí practicamos

E.   Replace the verbs in italics, making the necessary changes.

   1.   No *voy* a viajar a México. (querer / esperar / pensar)
   2.   *Vamos* a comprar un coche nuevo. (querer / pensar / esperar)
   3.   ¿*Quieren* Uds. visitar la catedral? (ir a / esperar / pensar)

F.   **Algún día**   Indicate how each person feels about doing the following
activities. Use the verbs **esperar**, **pensar**, **querer,** and **ir a**.

   MODELO: ir a México (tu padre / tus amigos / tú)
                 Mi padre no quiere ir a México.
                 Mis amigos esperan ir a México algún día.
                 Yo pienso ir a México el año próximo.

   1.   ir a Madrid (tu madre / tus hermanos [hermanas, amigos] / tú)
   2.   ser presidente (tú y tus amigos / tu padre / tu hermana [amigo])
   3.   tener un Rolls Royce (tu padre / tus amigos / tú)
   4.   vivir en Alaska (tu madre / tu hermana [hermano, amigo] / tú)

¡Adelante!

G.   **Intercambio**   Ask the following questions of a classmate, who will
answer them.

   1.   ¿Qué piensas hacer esta noche?
   2.   ¿Qué vas a hacer el sábado por la tarde?
   3.   ¿Qué tienes ganas de hacer el sábado?
   4.   ¿Qué quieres hacer el domingo?
   5.   ¿Qué piensas hacer el año próximo?
   6.   ¿Qué esperas hacer algún día?

H. **Tenemos que tomar un taxi**. You are in Madrid with your parents, who don't speak Spanish. They want to go from their hotel (the Euro Building) to the Plaza Mayor. They don't like the subway; so they ask you to go with them in a taxi. Hail a taxi and tell the driver where you want to go. Then ask if it's nearby and how long the trip will take. Remember to pay for the ride when you reach your destination. (A classmate will play the role of the taxi driver.)

◆ **Vocabulario** ◆

Para charlar

Para ir al centro

¿Cuánto tarda para llegar a…?
Tarda diez minutos, como máximo.
Esto es para Ud., señor (señora, señorita).
Muchas gracias.

Para viajar

Aquí estoy para servirles.
¿En qué puedo servirles?
Queremos planear un viaje.
¿Cuánto cuesta un viaje de ida y vuelta en avión?
¿En tren?
Es mucho. Sólo tengo 2.500 pesetas.

Para hablar de sus planes

esperar + *infinitive*

Temas y contextos

Otros números

cien
ciento
doscientos(as)
trescientos(as)
cuatrocientos(as)
quinientos(as)
seiscientos(as)
setecientos(as)

ochocientos(as)
novecientos(as)
mil
un millón

Los viajes

una agencia de viajes
en avión
en taxi
en tren
billete de ida y vuelta
kilómetro
milla
propina

Vocabulario general

Adjetivos

famoso(a)
hermoso(a)
nuevo(a)

Sustantivos

el cambio
la encuesta
la playa

Verbos

discutir
pagar

Otras palabras y expresiones

algún día
o
Pregúntales a los otros.
si

Aquí leemos

You have been doing a lot of work with cognates in your reading so far. In addition to recognizing the many cognates in Spanish and English, you need to be able to make intelligent guesses about the meanings of important words you don't know. Often the *context*—that is, the words, expressions, and illustrations that surround the word you are trying to understand—will be of help. Look at these various cues to help you determine the meaning of an important word that you don't know.

DIAS AZULES

MAYO	JUNIO	JULIO	AGOSTO
L M M J V S D	L M M J V S D	L M M J V S D	L M M J V S D
1 2 3 4 5 6 7	1 2 3 4	1 2	1 2 3 4 5 6
8 9 10 11 12 13 14	5 6 7 8 9 10 11	3 4 5 6 7 8 9	7 8 9 10 11 12 13
15 16 17 18 19 20 21	12 13 14 15 16 17 18	10 11 12 13 14 15 16	14 15 16 17 18 19 20
22 23 24 25 26 27 28	19 20 21 22 23 24 25	17 18 19 20 21 22 23	21 22 23 24 25 26 27
29 30 31	26 27 28 29 30	24 25 26 27 28 29 30	28 29 30 31
		31	

SEPTIEMBRE	OCTUBRE	NOVIEMBRE	DICIEMBRE
L M M J V S D	L M M J V S D	L M M J V S D	L M M J V S D
1 2 3	1	1	1 2 3
4 5 6 7 8 9 10	2 3 4 5 6 7 8	6 7 8 9 10 11 12	4 5 6 7 8 9 10
11 12 13 14 15 16 17	9 10 11 12 13 14 15	13 14 15 16 17 18 19	11 12 13 14 15 16 17
18 19 20 21 22 23 24	16 17 18 19 20 21 22	20 21 22 23 24 25 26	18 19 20 21 22 23 24
25 26 27 28 29 30	23 24 25 26 27 28 29	27 28 29 30	25 26 27 28 29 30 31
	30 31		

La Tarjeta Joven va a cambiar tu vida. Con la Tarjeta Joven puedes viajar en tren por toda España con una reducción de 50% sobre el precio de la tarifa general, si viajas en días azules y haces un recorrido de más de 100 kms en viaje sencillo o de más de 200 kms si es de ida y vuelta. ¿Qué te parece? Puedes usar la tarjeta entre el 1 de mayo y el 31 de diciembre y recibes también un billete de litera[1] gratis válido para recorridos nacionales.

¡Y hay más! Entre el 1 de junio y el 30 de septiembre con la Tarjeta Joven puedes viajar con un descuento entre el 30 y 50% por Alemania, Francia, Italia, Portugal y Marruecos. Antes de empezar el viaje a esos países tienes que pagar por la viñeta[2] que corresponde a cada uno de los países. El precio de esta viñeta es de 1.500 pesetas para Francia y 1.200 para cada uno de los demás países.

Si tienes entre 12 y 26 años puedes comprar la Tarjeta Joven de RENFE. Está a la venta en RENFE y en agencias de viajes autorizadas.

[1] sleeping compartment   [2] stamp

Comprensión

A. **¡Adivina!** *(Guess!)* Given the context in which they appear in the reading, what do you think the following words mean?

1. tarifa
2. recorrido
3. viaje sencillo
4. válido
5. descuento
6. autorizadas

B. **La Tarjeta Joven** Answer the following questions based on the information about the Tarjeta Joven.

1. During what months is the Tarjeta Joven valid?
2. Is the Tarjeta Joven valid every day of these months?
3. What is the minimum distance required for a one-way trip?
4. What is the minimum distance required for a round trip?
5. When can you get discounted travel to other countries?
6. What age range is eligible for the Tarjeta Joven?

"gracias a la tarjeta joven de Renfe encontré a mi príncipe azul"

"desde que descubrí la tarjeta joven tengo más novias que Elvis Presley"

Repaso

C. **¿Y tú?** Based on the drawings, tell what each person hopes to or is planning to do. Then, tell what you hope or plan to do using expressions such as **yo voy a**, **yo espero**, **yo quiero**, **yo pienso**, or their negatives.

MODELO: ¿Qué piensa hacer Bárbara el
viernes por la noche?
Ella piensa ir al cine.
Yo pienso ir al cine también. o:
Yo no pienso ir al cine; yo voy a
comer en un restaurante.

1. *¿Qué piensa hacer*
   Julián esta noche?

2. *¿Qué espera hacer*
   María el año próximo?

3. *¿Qué van a hacer*
   Patricio y Ana el
   domingo por la
   tarde?

4. *¿Qué quiere comprar Fernando*
   algún día?

5. *¿Qué esperan hacer Miguel*
   y su hermana el año próximo?

Aquí repasamos

In this section you will review:

- means of transportation;
- the immediate future with **ir + a +** *infinitive*;
- the verb **hacer**;
- the days of the week;
- adverbs that designate the present and future;
- numbers from 100 to 1,000,000;

- talking about future plans with **pensar**;
- expressions for discussing plans;
- **tener ganas de**;
- the verb **poder**.

Means of transportation

A. **La familia Ramírez** Home again after a stay with a family in Spain, you tell your parents about the activities of your Spanish family. Using the information given below, indicate *where* each person goes, the *means of transportation* he or she uses, and *how long* it takes to get there.

MODELO: Sr. Ramírez / al trabajo / metro / 15 minutos
                 El Sr. Ramírez va al trabajo en metro.
                 Tarda 15 minutos.

1. Sra. Ramírez / al trabajo / metro / 20 minutos
2. Isabel / a la universidad / autobús / 30 minutos
3. Julián / a la escuela / a pie / 10 minutos
4. Marisol / a la escuela / bicicleta / 5 minutos
5. la familia / a la casa de los padres del Sr. Ramírez / coche / 1 hora
6. la familia / a la casa de los padres de la Sra. Ramírez / tren / 5 horas

The immediate future with *ir* + *a* + the infinitive

Voy a bailar.
Vas a cantar.
Él (Ella, Ud.) **va a hablar**.
Vamos a trabajar.
Vais a estudiar.
Ellos (Ellas, Uds.) **van a comer**.

The verb ***hacer*** is conjugated as follows:

yo	**hago**	nosotros	**hacemos**
tú	**haces**	vosotros	**hacéis**
él	}	ellos	}
ella	**hace**	ellas	**hacen**
Ud.		Uds.	

The days of the week

(el) lunes   **(el) viernes**
(el) martes   **(el) sábado**
(el) miércoles   **(el) domingo**
(el) jueves

Remember that when you are simply telling what day it is, the definite article is omitted: **Hoy es jueves**.

Adverbs that designate the present and future

ahora   **mañana**
hoy   **mañana por la mañana**
esta mañana   **mañana por la tarde**
esta tarde   **mañana por la noche**
esta noche   **el viernes próximo**
esta semana   **la semana próxima**
este mes   **el mes próximo**
este año   **el año próximo**

Remember that these adverbs are usually placed either at the beginning or at the end of a sentence.

B. **¡Ellos son muy activos!** Esteban Candelaria, his sister Catarina,
    and his parents (Sr. and Sra. Candelaria) lead very busy lives. Based
    on their activity calendar, indicate what will be happening on each
    day shown. Give your answers from Esteban's point of view (that is,
    Esteban = **yo**) and use **ir** + **a** + *infinitive* to indicate what is going to
    happen. Today is May 10.

    MODELO: *Esta noche, mis padres van a cenar en un restaurante.*
              Mañana, yo voy a comer en un restaurante con mi amigo.
              Mañana por la noche, voy a bailar.

C. **¿Qué hace tu...?** Using the suggested expressions (or others that you know), tell what each person *usually* does each day of the week. Suggested expressions: **trabajar** (**en la oficina** *[at the office]*, **en casa**), **ir a la escuela** (**a la universidad**), **ir al centro**, **dar un paseo**.

MODELO: tu padre
¿Qué hace tu padre?
Usualmente, el lunes, el martes, el miércoles, el jueves y el viernes mi padre trabaja en la oficina. El sábado por la mañana hace mandados. El sábado por la tarde y el domingo él mira televisión.

1. tu madre
2. tus hermanos (hermanas, amigos)
3. tu mejor amigo(a)
4. tú
5. tu padre
6. tus abuelos

The numbers from 100 to 1.000.000

100	**cien**	900	**novecientos(as)**
101	**ciento uno**	1.000	**mil**
102	**ciento dos**	2.000	**dos mil**
200	**doscientos(as)**	4.576	**cuatro mil quinientos**
300	**trescientos(as)**		**setenta y seis**
400	**cuatrocientos(as)**	25.489	**veinticinco mil**
500	**quinientos(as)**		**cuatrocientos ochenta**
600	**seiscientos(as)**		**y nueve**
700	**setecientos(as)**	1.000.000	**un millón**
800	**ochocientos(as)**	2.000.000	**dos millones**

D. Do the following number exercises.

1. Count from 100 to 300 by tens.
2. Count from 500 to 1000 by fifties.
3. Read the following numbers: 109, l.076, 1.276, 1.376, 1.476, 1.576, 26.525, 41.300, 51.500, 420.543, 987.457, 7.500.000, 8.600.000, 5.700.000, 6.800.000.

E. Read the following dates out loud:

1. 1492
2. 1776
3. 1521
4. 1898
5. 1963
6. 1984
7. 1620
8. 2000

Talking about future plans with *pensar*

yo	**pienso**	nosotros	**pensamos**
tú	**piensas**	vosotros	**pensáis**
el		ellos	
ella	**piensa**	ellas	**piensan**
Ud.		Uds.	

Expressions for discussing plans

esperar + *infinitive (to hope...)*
ir + **a** + *infinitive (to be going to...)*
pensar + *infinitive (to plan...)*
querer + *infinitive (to want...)*
tener ganas de + *infinitive (to feel like...)*

F. **Invitaciones** Invite a friend to go somewhere or to do something
with you. When your friend accepts, suggest a way of getting there.
Use the appropriate forms of **querer** and such expressions as **de
acuerdo, claro que sí**, and **por supuesto**.

MODELO: ir al centro / en autobús
            —*¿Quieres ir al centro?*
            —*Claro que sí.*
            —*Vamos en autobús.*
            —*De acuerdo. Está bien.*

1. ir al cine / en metro
2. comer en un restaurante / en taxi
3. visitar la catedral / a pie
4. hacer un mandado / en nuestras bicicletas
5. ir al museo / en mi coche

Now invite some people you know less well to do something or to go some-
where. When they accept, suggest a day.

MODELO: ir al centro / jueves
            —*¿Quieres ir al centro?*
            —*Claro que sí.*
            —*Vamos el jueves.*
            —*De acuerdo. Está bien.*

6. ir al concierto conmigo / jueves
7. cenar con nosotros en un restaurante / martes
8. dar un paseo / domingo
9. visitar la catedral con nosotros / sábado
10. ir al museo conmigo / lunes

G. **¿Por qué?** Based on the drawings, suggest why the people are doing what they are doing. Use an appropriate form of **ir + a**, **querer**, **esperar**, **pensar**, or **tener ganas de** and an infinitive in each answer.

MODELO: ¿Por qué no va a mirar la televisión Marcos?
Porque tiene ganas de estudiar.   o:
Porque quiere estudiar.   o:
Porque va a estudiar.

1. *¿Por qué estudian inglés Fernando y Consuelo?*

2. *¿Por qué va a la librería Luis?*

3. *¿Por qué estudia las ciencias Linda?*

4. *¿Por qué van al centro José y Bárbara?*

5. *¿Por qué estudian Julián y Verónica?*

The verb *poder*

yo	**puedo**	nosotros	**podemos**
tú	**puedes**	vosotros	**podéis**
él		ellos	
ella	**puede**	ellas	**pueden**
Ud.		Uds.	

H. **¿Puedes ir...?** You ask someone if he or she can go with you some-where. He or she responds negatively and tells you about his or her plans using an appropriate form of **pensar**, **querer**, **ir a**, or **esperar**. Follow the model.

MODELO: al centro, esta noche / estudiar en casa
—*¿Puedes ir al centro esta noche?*
—*No puedo ir esta noche. Pienso estudiar en casa.*

1. a la biblioteca, el domingo por la tarde / visitar a mi abuela
2. a un restaurante, el viernes por la noche / ver a un amigo
3. al baile, el sábado por la noche / estudiar español
4. al partido de fútbol, mañana / ir de compras con mi madre

Aquí llegamos

A. **Una visita corta** *(short)* **a Madrid** You and a friend have a ten-hour layover in Madrid. Discuss how you will make use of the **metro** in order to see the following sights. Use expressions such as **Vamos a la estación...**, **Tomamos la dirección...**, **Cambiamos de trenes en...**, **Bajamos en...**, **Después vamos...** Begin and end your tour at the Plaza de Colón, which has buses connecting with the airport. Refer to your **metro** map on p. 242.

1. la Plaza de España
2. la Plaza Mayor (near Sol)
3. el Parque del Retiro
4. la Plaza de Toros (near Ventas)

B. **En un café** You have just met a young traveler who speaks no English, but does speak Spanish. You and your new friend are in a café on the Paseo de la Castellana. Order something. Discuss your families, your activities, and the like. Using the **metro** map on p. 242, explain to your new friend how to take the subway from the Cuzco Station to the Atocha Station.

C. **¡Vamos al centro!** You and a friend are making plans to do something downtown over the weekend. Decide what you want to do, when you want to do it, and how you will get there. Then try to persuade two other friends to join you.

D. **Mis planes** Discuss your future plans with some friends. Talk about next year (**el año próximo**) and the years following (**en dos años**, **en cinco años**, **en diez años**, etc.). Suggestion: Consider what you definitely intend to do (**Pienso ir a la universidad**), what you would like to do (**Yo quiero ir a México**), and what you hope to do (**Espero tener tres hijos**).

Elena González

Cuando estoy en Valencia, tomo el autobús para ir al centro. Pero cuando estoy en Madrid, voy en metro. Es muy eficaz y no cuesta mucho.

Un viaje por el mundo hispano

Objectives

In this unit, you will learn:

- to understand short readings about various aspects of the Hispanic world;
- to get information about various activities in the Hispanic world;
- to talk about past, present, and future activities and events.

CAPÍTULO TRECE

América Latina

Torre Latinoamericana, Alameda Central, la ciudad de México

Primera etapa

Hispanoamérica

The material in this unit has been written to help you develop your reading skills. Each **etapa** begins with short descriptions of various aspects of the Hispanic world. When you read each paragraph, remember to concentrate on the general meaning, not on the meaning of each and every word. Try to read as smoothly as possible and to use some of the reading techniques you've already learned. You'll find that by recognizing cognates and guessing meaning from context, you can understand a text's main ideas without having to look up many words.

Antes de leer

A. Go through the following reading quickly, and identify as many of the cognates as possible.

B. Now, skim the first paragraph and find as many numbers as you can. Then go back and read the entire passage.

Lectura: *Hispanoamérica*

En los mapas en las páginas xiv-xv, podemos ver las regiones donde se habla español. Al sur del Río Grande hay México y los seis países hispanos de Centroamérica: Guatemala, Honduras, El Salvador, Nicaragua, Costa Rica y Panamá. En el Mar Caribe hay dos países hispanos, Cuba y la República Dominicana, y Puerto Rico, que no es un país independiente sino un territorio de los Estados Unidos. En la América del Sur hay otros nueve países hispanos: Colombia, Venezuela, Ecuador, el Perú, Bolivia, el Paraguay, Chile, la Argentina y el Uruguay. Estos *últimos* tres países — last están en la parte del continente que forma un cono, y la región se conoce como el Cono Sur.

El Yunque, Caribbean National Forest,
Puerto Rico

La geografía

Hay una gran diversidad geográfica — desde los más áridos desiertos hasta las grandes *selvas* tropicales. No es difícil, pues, encontrar simultáneamente dentro del mismo país regiones donde *hace mucho calor* y regiones donde *nieva* mucho. Tales variaciones son debidas a los Andes: una cadena de montañas que se extiende del norte al sur del continente.

jungles

it's very hot
it snows

La lengua

La gente que vive en estos países habla español, pero hay otros países en esta parte del mundo donde la gente no lo habla. Por ejemplo, en el Brasil, el país más grande de la América del Sur, la gente habla portugués. En Jamaica y Belice la gente habla inglés, mientras que en Haití los habitantes hablan francés.

Las diferencias étnicas

indigenous (related to Indians) / mixed

Además de las variaciones geográficas, también hay diferencias étnicas. Primero el elemento *indígena, se mezcló* (en distintas proporciones) con el elemento europeo, y después con el africano. El resultado de esta mezcla es la existencia, hoy en día, de un continente mestizo. Esta mezcla explica la presencia de la tradición indígena en países como el Perú, Bolivia y Guatemala. También explica la tradición europea en los países del Cono Sur y la tradición africana en la zona del Caribe.

Ejercicios de comprensión

C. **Latinoamérica** You want to impress your friends with your knowledge of Latin America. Complete each statement by choosing the appropriate information from among the choices provided.

1. There are (9, 6, 7) Spanish-speaking countries in Central America.
2. (Cuba, Bolivia, Chile, the Dominican Republic, Peru) are countries in the Caribbean Sea.
3. (Puerto Rico, Panama, Nicaragua) is a U. S. territory.
4. (Chile, Colombia, Panama, Uruguay, Peru, Argentina) are the three countries that make up the Cono Sur *(Southern Cone)*.
5. Portuguese is spoken by the people of (Belize, Panama, Brazil).
6. English is spoken by the people of (Bolivia, Jamaica, Cuba).
7. French is spoken by the people of (Haiti, Venezuela, Chile).
8. The Andes are (deserts, mountains, rivers, jungles) in South America.
9. (Argentina, Colombia, Bolivia, Peru, Guatemala) are three countries that have a large Indian influence.
10. (Ecuador, Argentina, Uruguay, Chile, Cuba) are three countries that have a large European influence.

Uruguay

Honduras

Nicaragua

D. **Vamos a imaginar.** Imagine you are from a Latin American country and are explaining to someone (in English) about Latin America. Combine the information you have just learned with what you already know (culture, geography, etc.) to present a favorable picture of Latin America.

E S T R U C T U R A

Preterite tense of **-ar** *verbs*

Yo hablé con Juan ayer.	*I talked* with Juan yesterday.
Él bailó mucho anoche.	*He danced* a lot last night.
Nosotros estudiamos ayer por la tarde.	*We studied* yesterday afternoon.
Ellos no miraron la TV el lunes por la noche.	*They did not watch* TV Monday night.
¿**Compraste tú** un disco el fin de semana pasado?	*Did you buy* a record last weekend?

In Spanish, to talk about actions that happened in the past, you use a past tense called the *preterite*. To conjugate **-ar** verbs in this tense, drop the **-ar** and add the following endings:

cantar			
yo	**cant-**	*é*	*canté*
tú	**cant-**	*aste*	*cantaste*
él ella Ud.	**cant-**	*ó*	*cantó*
nosotros	**cant-**	*amos*	*cantamos*
vosotros	**cant-**	*asteis*	*cantasteis*
ellos ellas Uds.	**cant-**	*aron*	*cantaron*

Notice that the **yo** and the **él, ella, Ud**. forms have a written accent.

Some common **-ar** verbs

caminar	*to walk*	**pasar tiempo**	*to spend time*
cenar	*to eat dinner*	**visitar**	*to visit*
comprar	*to buy*		

Aquí practicamos

E. Replace the subjects in italics with those in parentheses and make all necessary changes.

1. *Yo* no viajé a España. (tú / Juan / nosotras / ellas / Uds. / vosotros)
2. *Tú* compraste un disco. (yo / Linda / Jaime y Luisa / Ud. / nosotras)
3. ¿Miró *Julián* el programa de televisión? (tú / Anita / Ana y Jorge / Uds. / vosotros)

F. Replace the words in italics with those in parentheses and make all necessary changes.

1. Yo *estudié* anoche. (mirar la TV / comprar unos libros / escuchar mi estéreo / tomar el autobús / pasar tiempo con mi familia / caminar al centro)
2. ¿*Estudiaste* tú anoche? (mirar la TV / comprar unos libros / escuchar tu estéreo / tomar el autobús / pasar tiempo con tu familia / caminar al centro)
3. Ellos no *estudiaron* anoche. (mirar la TV / comprar unos libros / escuchar su estéreo / tomar el autobús / pasar tiempo con su familia / caminar al centro)

G. **Por supuesto...** Your parents have gone out to dinner and returned late at night. They ask what you've been up to while they were out. As they ask you questions, answer in the affirmative.

MODELO: ¿Terminaste tu tarea?
Sí, por supuesto, yo terminé mi tarea.

1. ¿Hablaste por teléfono con tu amigo?
2. ¿Cenaste aquí?
3. ¿Estudiaste para el examen de español?
4. ¿Miraste un programa de televisión?
5. ¿Tomaste alguna cosa?

NOTA GRAMATICAL

The preterite of the verb **hacer**

—¿Qué **hizo** Tomás ayer?

—Tomás **habló** con el profesor.
—¿Qué **hicieron** ellos anoche?
—Ellos **estudiaron** mucho.
—¿Qué **hiciste** tú anoche?
—**No hice** nada.

—What *did* Tomás *do* yesterday?

—Tomás *talked* to the teacher.
—What *did* they *do* last night?
—They *studied* a lot.
—What *did* you *do* last night?
—I *didn't do* anything.

The verb **hacer** is used in the preterite to talk about what was done in the past. Notice that when you are asked a question about the past with the verb **hacer**, you respond with a different verb that expresses what was done. Use **hacer** in your response only if you want to say that nothing was done, in which case you would say ***no hice nada***, ***no hiciste nada***, ***no hicimos nada***, etc.

In the preterite, the verb **hacer** is conjugated as follows:

hacer			
yo	**hice**	nosotros	**hicimos**
tú	**hiciste**	vosotros	**hicisteis**
él ella Ud.	**hizo**	ellos ellas Uds.	**hicieron**

Here are some expressions with **hacer**.

hacer un viaje	*to take a trip*
hacer la cama	*to make the bed*
hacer las maletas	*to pack*

En toda Colombia le dicen... ¡bienvenido!

Ellos **hicieron un viaje** a Bogotá, Colombia el año pasado.
Ernestito **hizo la cama** ayer.

¿**Hiciste las maletas** para tu viaje a México?

They *took a trip* to Bogota, Colombia, last year.
Ernestito *made the bed* yesterday.

Did you pack for your trip to Mexico?

H. Replace the subjects in italics with those in parentheses and make all necessary changes.

1. *Yo* no hice nada anoche. (nosotros / ella / ellos / tú / Ud. / vosotros)
2. ¿Qué hizo *Ud.* ayer? (tú / él / yo / Uds. / ellos / vosotras)
3. *Julio* hizo las maletas ayer. (yo / tú / María / nosotros / ellas)

I. **¿Qué hicieron anoche?** A friend wants to know what you and your friends did last night. Work with a partner and respond following the model.

MODELO: Roberto / hablar con María
            —*¿Qué hizo Roberto anoche?*
            —*Roberto habló con María.*

1. José / cenar en un restaurante
2. Marta y Ana / escuchar una cinta
3. Melisa / estudiar en casa de Jorge
4. tú / mirar un programa de televisión
5. Luis / visitar a un amigo
6. Marirrosa / hablar por teléfono con su amigo
7. Esteban / hacer las maletas para su viaje
8. nosotros / no hacer nada

J. **¿Qué hiciste en casa de tu prima?** Your parents were out of town; so you spent yesterday at your cousin Anita's house. Today, your friends want to know how you spent the day. Work with a partner and follow the model.

MODELO: hablar con María, Linda
            —*¿Hablaste con María?*
            —*No hablé con María, pero hablé con Linda.*

1. visitar a Julián, Alicia
2. estudiar con Teresa, Julia
3. hablar con los padres de Miguel, su hermana
4. tomar café, jugo de naranja
5. escuchar la radio, una cinta de Janet Jackson

Now your friends want to know what you and Anita did together.

MODELO: escuchar música / estudiar
            —*¿Qué hicieron Uds. ayer?*
            —*Escuchamos música, pero no estudiamos.*

6. mirar la televisión / estudiar
7. hablar por teléfono con Regina / visitar a Catarina
8. escuchar el estéreo / no bailar
9. tomar el autobús al centro / no comprar nada
10. visitar a Marisol / no hablar con su hermana
11. caminar a la biblioteca / no estudiar

¡Adelante!

K. **Intercambio** Ask the following questions of a classmate, who will answer them. Then reverse roles and repeat.

1. ¿Compraste alguna cosa ayer?
2. ¿Visitaste a alguien anoche?
3. ¿Qué programa de televisión miraste anoche?
4. ¿Hablaste por teléfono con alguien anoche?
5. ¿Qué estudiaste anoche?

L. **¿Qué hiciste tú durante** *(during)* **el fin de semana?** It's Monday morning, and you and your friend are telling each other what you did and did not do over the weekend. Work with a partner. Choose from among the verbs provided and be sure to use the preterite in your conversation. Possible activities: **trabajar mucho, mirar la televisión, hablar por teléfono, bailar mucho, estudiar para un examen, visitar a un(a) amigo(a), escuchar la radio, comprar un disco, caminar al centro, pasar tiempo con la familia.**

Segunda etapa

México, Centroamérica y el Caribe

Antes de leer

A. Go through the following reading quickly, and identify as many of the cognates as possible.

B. Now, skim the reading and find as many numbers as you can. Then go back and read the entire passage.

Lectura: *México, Centroamérica y el Caribe*

Acapulco, México

México

México tiene más de 86.700.000 habitantes. En su capital, la ciudad de México, viven más de 12.900.000 habitantes. Es un país de desiertos, montañas, volcanes, selvas y playas. Entre las ciudades principales de este país están Guadalajara (3.000.000 de habitantes), Monterrey (2.700.000 habitantes) y Tampico y Veracruz, dos *puertos* de primera importancia. Las hermosas playas de Acapulco, Cancún, Mazatlán y Puerto Vallarta atraen a turistas de todo el *mundo*.

ports

world

Teotihuacán, México

show

flourished

mythology

México también tiene zonas arqueológicas que *muestran* las grandes civilizaciones de indios (como los aztecas, mayas, olmecas, mixtecas y chichimecas) que en años pasados *florecieron* en esta región. Cerca de la ciudad de México está la ciudad vieja de Teotihuacán — el centro de la *mitología* mexicana. En la Península de Yucatán está Chichén Itzá, que es una de las ciudades más espectaculares de aquella época. Al sur de la capital, cerca de la ciudad de Oaxaca, está la majestuosa ciudad ceremonial de Monte Albán.

Centroamérica

populated

Al sur de México hay seis países hispanos que forman parte de Centroamérica. Guatemala tiene más de 8.900.000 habitantes (en su capital, la ciudad de Guatemala, viven más de 750.000 personas) y es el país más *poblado* de esta región. El Salvador (5.000.000 de habitantes) es el país más pequeño de Centroamérica, y en su capital, San Salvador, hay cerca de 500.000 habitantes. Honduras tiene 5.000.000 de habitantes y su capital es Tegucigalpa (575.000 habitantes). En este país están las ruinas de Copán, una impresionante ciudad antigua maya.

was destroyed
earthquake

Nicaragua (3.500.000 habitantes) es el país más grande de Centroamérica. Su capital, Managua (685.000 habitantes), *fue destruida* por un *terremoto* violento en 1972. Costa Rica (3.000.000 de habitantes) tiene la

más larga tradición democrática de *cualquier* país hispano.   any
En su capital, San José, viven
casi 278.500 habitantes. Panamá (2.400.000 habitantes) es
el país menos poblado de esta
región. Su capital, la ciudad de
Panamá, tiene más de 400.000
habitantes. Este país es importante por el canal que *une*   unites
al Océano Atlántico con el
Pacífico.

En todos estos países los productos agrícolas como el café,
las bananas, las *piñas*, el *azú-*   pineapples /
car, y el *algodón* son suma-   sugar /
mente importantes. También   cotton
se producen minerales como el
oro, la *plata* y el *plomo*. Estos   gold /
países exportan la mayoría de   silver /
estos productos a los EEUU,   lead
Alemania, el Japón, Italia,
Inglaterra y Francia.

Costa Rica

El Caribe

Dos países hispanos que están entre las islas del Caribe son Cuba y la
República Dominicana. La República Dominicana es un país de 7.000.000
de habitantes. En su capital, Santo Domingo, viven más de 1.410.000 personas. Cuba, con su hermosa capital, La Habana (2.000.000 habitantes),
es un país de 10.500.000 habitantes. En el Caribe también está Puerto
Rico, donde viven más de 4.000.000 de habitantes. Su capital, San Juan
(425.000 habitantes), es una de las ciudades más antiguas del Hemisferio
Occidental.

Puerto Rico   *República Dominicana*   *Cuba*

Ejercicios de comprensión

C. You want to show off your newly acquired knowledge about Mexico, Central America, and the Caribbean. When your partner mentions a topic from the list below, you respond in English with information about the topic that you learned from the reading. Look back at the reading if you need help.

1. capital of Mexico
2. Guadalajara
3. Tampico and Veracruz
4. beautiful beaches
5. Indian ruins near Mexico City
6. Chichén Itzá and Monte Albán
7. number of countries in Central America
8. Guatemala
9. El Salvador
10. Copán
11. Nicaragua
12. Costa Rica
13. Panama
14. Central American exports
15. countries in the Caribbean
16. Havana and Santo Domingo
17. San Juan

Repaso

D. **¿Qué hiciste durante** *(during)* **tu viaje?** You are just back from a month-long trip to Latin America. Your friend wants to hear all about it. Work with a partner, who will ask you questions using the words provided. You answer **sí** or **no**, responding in complete sentences. Follow the model.

MODELO: hablar / con muchos hispanos
           —*¿Hablaste con muchos hispanos?*
           —*Sí, hablé con muchos hispanos.*
           —*No, no hablé con muchos hispanos.*

1. cenar / en un restaurante argentino
2. escuchar / música cubana
3. visitar / una selva *(jungle)* tropical
4. hablar por teléfono / con tu familia
5. mirar / un programa de televisión en español
6. caminar / por los Andes
7. hacer / un viaje al Cono Sur
8. pasar / tiempo en México

The preterite of *-er* and *-ir* verbs

Yo **comí** en un restaurante anoche.
I *ate* in a restaurant last night.

Nosotros **escribimos** una carta ayer.
We *wrote* a letter yesterday.

Susana **no comprendió** la lección.
Susana *did not understand* the lesson.

¿**Recibieron** Uds. una invitación a la fiesta?
Did you *receive* an invitation to the party?

Ella **salió de** casa temprano ayer.
She *left* home early yesterday.

To conjugate **-er** and **-ir** verbs in the preterite, drop the **-er** or **-ir** and add the following endings:

comer, vivir					
yo	com-*í*	*comí*	nosotros	com-*imos*	*comimos*
	viv-*í*	*viví*		viv-*imos*	*vivimos*
tú	com-*iste*	*comiste*	vosotros	com-*isteis*	*comisteis*
	viv-*iste*	*viviste*		viv-*isteis*	*vivisteis*
él ella Ud. }	com-*ió*	*comió*	ellos ellas Uds. }	com-*ieron*	*comieron*
	viv-*ió*	*vivió*		viv-*ieron*	*vivieron*

Notice that the preterite endings for both **-er** and **-ir** verbs are identical and that the **yo** and the **él, ella, Ud.** forms have a written accent.

Other **-er** verbs

perder *lose*
volver *return*

Other **-ir** verbs

asistir a *attend*
salir de *leave*

Aquí practicamos

E. Replace the subjects in italics with those in parentheses and make all necessary changes.

1. *Yo* no comí nada anoche. (tú / Sergio / nosotras / ellas / Uds. / vosotras)
2. *Tú* escribiste una carta ayer. (yo / Linda / nosotros / Jaime y Luisa / Ud. / vosotros)
3. ¿Aprendió *Julián* el vocabulario? (tú / Anita / Elena y Antonio / Uds. / él)

F. Replace the words in italics with those in parentheses and make all necessary changes.

1. Tú *asististe a clase* ayer. (vender tu bicicleta / escribir una carta / correr dos millas / aprender el vocabulario / salir de casa temprano / perder tu libro / volver temprano)
2. Ellos no *corrieron* ayer. (escribir una carta / aprender los verbos / asistir a clase / comprender las instrucciones / volver tarde)
3. *¿Aprendió* Marisol *el vocabulario* ayer? (asistir a un concierto / escribir una carta / comprender las instrucciones / correr dos millas / perder un libro)

G. **El fin de semana** Your friends want to know what you did over the weekend. They ask you questions using the words provided. You answer **sí** or **no**, responding in complete sentences. Work with a partner and follow the model.

Modelo: comer en un restaurante
            —*¿Comiste en un restaurante?*
            —*Sí, comí en un restaurante.*   o:
            —*No, no comí en un restaurante.*

1. aprender información interesante
2. asistir a un concierto
3. perder la cartera
4. escribir una carta a tu amigo(a)
5. discutir algún problema con un(a) amigo(a)
6. recibir un regalo *(gift)*

NOTA GRAMATICAL

The preterite of **ir**

Yo **fui** al cine anoche.	I *went* to the movies last night.
Ellos **fueron** a un concierto el sábado pasado.	They *went* to a concert last Saturday.
Nosotros **fuimos** al centro ayer.	We *went* downtown yesterday.
¿**Fuiste** tú a la fiesta de Julia el viernes pasado?	*Did* you *go* to Julia's party last Friday?
No, no **fui** a la fiesta.	No, I *did* not *go* to the party.

In the preterite, the verb **ir** is conjugated as follows:

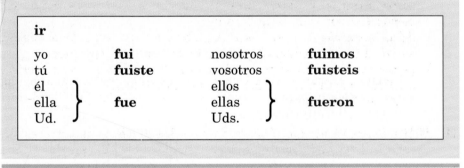

ir

yo	**fui**	nosotros	**fuimos**
tú	**fuiste**	vosotros	**fuisteis**
él		ellos	
ella }	**fue**	ellas }	**fueron**
Ud.		Uds.	

H. Replace the subjects in italics with those in parentheses and make all necessary changes.

1. *Santiago* fue a la biblioteca el domingo pasado. (tú / nosotras / Carla y Javier / yo / vosotros)
2. ¿Fueron *ellos* al cine el viernes pasado? (Marcos / Uds. / Diana y Elena / tú / vosotras)
3. *Nosotros* no fuimos al concierto el fin de semana pasado. (Enrique / Linda y Fernando / tú / ellas / yo)

I. **¿Adónde fue...?** A friend asks you where everyone went during the afternoon. You answer according to the cues. Work with a partner and follow the model.

MODELO: David / cine
           —*¿Adónde fue David?*
           —*Fue al cine.*

1. Carmen / concierto
2. tu hermana / museo
3. tú / centro
4. Jorge y Hernando / banco
5. Victoria y Claudia / restaurante mexicano
6. la profesora / médico
7. tus padres / mercado
8. el profesor de francés / biblioteca

¡Adelante!

J. **Una tarde típica** *(typical)* Using the drawings and verbs provided as guides, explain to your parents how you and your boyfriend (girl-friend) spent the afternoon.

MODELO: salir
           Salimos de la escuela.

1. *tomar*   2. *estudiar*

3. *caminar* 4. *escuchar* 5. *salir de*

6. *comprar* 7. *comer* 8. *mirar*

9. *escribir* 10. *beber*

K. **¿Adónde fuiste y qué hiciste el verano pasado?** Go around the room asking your classmates where they went and what they did last summer. Make a list and report back to the class.

Tercera etapa

América del Sur

Antes de leer

A. Go through the following reading quickly, and identify as many of the cognates as possible.

B. Now, skim the reading and find the names of as many countries as you can. Then go back and read the entire passage.

Lectura: *América del Sur*

El mito de El Dorado

place / gold
centuries
heights

treasure
distract

Cuando los conquistadores españoles llegaron al Nuevo Mundo, recibieron múltiples informes acerca de la existencia de El Dorado. Este *lugar* fantástico, donde había mucho *oro*, llegó a ser la obsesión número uno de las expediciones que hicieron los españoles en los *siglos* XVI y XVII. Aunque los españoles buscaron el oro desde las *alturas* de los Andes hasta las selvas del Río Amazonas, no encontraron el deseado *tesoro*. Hoy muchos piensan que el cuento de El Dorado fue una fabricación de los indios para *distraer* a los conquistadores.

Amazonas,
el Perú

Los incas

Los españoles no encontraron El Dorado, pero en la región que hoy es el Perú encontraron a los incas — una tribu de indios con un alto *nivel* de civilización. Hoy día las ruinas de Machu Picchu — una ciudad que construyeron los incas — atraen a turistas de todo el mundo.

level

Las riquezas naturales

Aunque los españoles no encontraron el lugar mítico, hay muchos que creen que la riqueza de El Dorado está en todo este continente. Es impresionante los abundantes frutos de la *tierra* que hay en todas las regiones y la cantidad de recursos naturales que hay en estos países. Venezuela, Ecuador y la Argentina poseen grandes depósitos de petróleo. En la América del Sur también hay muchos minerales como el *cobre*, el *carbón*, el *oro*, la *plata*, el *hierro* y el cinc. Bolivia figura entre los principales productores mundiales de *estaño* y Chile es el primer productor mundial de *yodo*.

land

copper / coal
gold / silver / iron
tin
iodine

Machu Picchu, el Perú

La Pampa, Argentina

livestock (cows and sheep)

grapes / plums
apples

La industria *ganadera (vacas y ovejas)* es importante en la Argentina, el Uruguay y el Paraguay. En Colombia, el café es el producto básico en la economía del país y éste es un producto que también exporta Ecuador. Finalmente, el cultivo y la exportación de tales frutas como las *uvas*, *ciruelas* y *manzanas* son importantes para Chile.

Ejercicios de comprensión

C. You want to show off your newly acquired knowledge about South America. When your partner mentions a topic from the list below, you respond in English with information about the topic that you learned from the reading. Look back at the reading if you need help.

1. El Dorado
2. Peru
3. Machu Picchu
4. oil deposits
5. minerals

6. tin
7. iodine
8. livestock producers
9. coffee
10. grapes, plums, apples

Repaso

D. **¿Qué hicieron?** Based on the drawings below, tell what each person did yesterday.

MODELO: *Martín y Catarina corrieron ayer.*

Martín y Catarina

1. Marisol

2. Marirrosa y Juan

3. José

4. Juanita

5. Mario y Cristina

Adverbs, prepositions, and other expressions used to designate the past

La semana pasada compré un disco.	*Last week* I bought a record.
El viernes pasado comimos en un restaurante.	*Last Friday* we ate at a restaurant.

The following time expressions are used to talk about an action or a condition in the past.

ayer	*yesterday*
ayer por la mañana	*yesterday morning*
ayer por la tarde	*yesterday afternoon*
anoche	*last night*
anteayer	*the day before yesterday*
el jueves (sábado, etc.) pasado	*last Thursday (Saturday, etc.)*
la semana pasada	*last week*
el fin de semana pasado	*last weekend*
el mes pasado	*last month*
el año pasado	*last year*

The preposition **por** will enable you to express how long you did something.

Estudié **por** dos horas.	I studied *for* two hours.
Corrió **por** veinte minutos.	She ran *for* twenty minutes.
por una hora (un día, tres años, cuatro meses, quince minutos, etc.**)**	*for one hour (one day, three years, four months, fifteen minutes, etc.)*

Aquí practicamos

E. Replace the words in italics with the words in parentheses, making all necessary changes.

1. Nosotros comimos en un restaurante *ayer*. (la semana pasada / ayer por la tarde / el viernes pasado / anteayer)
2. ¿Trabajaron Uds. *anoche*? (el sábado pasado / ayer por la mañana / el mes pasado / por cuatro horas ayer)
3. No corrimos *ayer por la mañana*. (la semana pasada / el miércoles pasado / anteayer / ayer por la tarde)

F. **¿Cuándo?** Use the expressions in parentheses to explain when you did the following things.

MODELO: ¿Cuándo hablaste con María? (ayer por la mañana)
Hablé con María ayer por la mañana.

1. ¿Cuándo estudiaste francés? (el año pasado)
2. ¿Cuándo corriste? (ayer por la tarde)
3. ¿Cuándo hablaste con tu novia(o)? (el viernes pasado)
4. ¿Cuándo compraste tu bicicleta? (el mes pasado)
5. ¿Cuándo recibiste la carta de Julia? (el jueves pasado)
6. ¿Cuándo comiste pizza? (el domingo pasado)

G. **¿Estudiaste tú anoche?** A friend asks if you did something at a certain time, and you answer that you did, and say how long you spent on the activity. Work with a partner and follow the model.

MODELO: estudiar anoche / 3 horas
—*¿Estudiaste tú anoche?*
—*Sí, estudié por tres horas anoche.*

1. escuchar un disco ayer / 30 minutos
2. hablar por teléfono con tu amigo ayer / 1 hora
3. hacer ejercicio *(exercise)* anteayer / 20 minutos
4. correr ayer por la tarde / 45 minutos
5. estudiar alemán el año pasado / 8 meses

The preterite of the verbs *andar, estar, tener*

Yo **estuve** en casa de Pablo anteayer.	I *was* at Paul's house the day before yesterday.
¿**Anduviste** tú por el parque ayer?	*Did* you *walk* in the park yesterday?
Sí, yo **anduve** con mi amiga Paula.	Yes, I *walked* with my friend Paula.
Nosotros no **tuvimos** que estudiar anoche.	We *did* not *have* to study last night.

Many common Spanish verbs are irregular in the preterite. However, some can be grouped together because they follow a similar pattern when conjugated. Note the similarities among the following three verbs when they are conjugated in the preterite.

andar, estar, tener			
yo	**anduve** **estuve** **tuve**	nosotros	**anduvimos** **estuvimos** **tuvimos**
tú	**anduviste** **estuviste** **tuviste**	vosotros	**anduvisteis** **estuvisteis** **tuvisteis**
él ella Ud.	**anduvo** **estuvo** **tuvo**	ellos ellas Uds.	**anduvieron** **estuvieron** **tuvieron**

H. Replace the subjects in italics with those in parentheses and make any necessary changes.

   1. *Catarina* tuvo que estudiar mucho anoche. (tú / Ud. / Ana y su novio / yo / nosotros / vosotras)
   2. *Juan y Roberto* no estuvieron en la fiesta de Sofía. (Uds. / Diego / yo / tú / nosotras / vosotros)
   3. ¿Anduvieron *Uds.* a la escuela ayer? (Ud. / Santiago y Enrique / Alicia / tú / vosotros)

I. Ask the following questions of a classmate who will answer them. Then reverse roles and repeat.

1. ¿Qué tuviste que estudiar anoche?
2. ¿Dónde estuviste el sábado pasado?
3. ¿Anduviste mucho el fin de semana pasado?
4. ¿Dónde estuviste el verano pasado?
5. ¿Qué tuviste que hacer ayer por la tarde?
6. ¿Anduviste anteayer por la mañana?

¡Adelante!

J. **Intercambio** Work with a partner and discuss what you did last week and for how long. Possible activities: **estudiar, comprar, hablar con amigos, comer, asistir a un concierto, andar, tener que hacer algo**.

 Vocabulario

Para charlar

Para hablar de una acción en el pasado

anoche	el fin de semana pasado
anteayer	el jueves (sábado, etc.) pasado
el año pasado	el mes pasado
ayer	por una hora (un día, tres años, cuatro meses)
ayer por la mañana	la semana pasada
ayer por la tarde	

Vocabulario general

Verbos

		Otras expresiones
andar	salir de	hacer la cama
asistir a	visitar	hacer las maletas
caminar	volver	hacer un viaje
cenar		una milla
comprar		nada
no hacer nada		por un año
pasar tiempo		por una hora
perder		por un mes
		por unos minutos

CAPÍTULO CATORCE

La presencia hispana en los EEUU

Misión de San Miguel, Santa Fe, Nuevo México

Primera etapa

La herencia hispana en los EEUU

Antes de leer

A. Go through the following reading quickly, and identify as many of the cognates as possible.

B. Skim the reading and find as many dates as you can.

C. Now, skim the reading and find as many names of people as you can. Then go back and read the entire passage.

Lectura: *La herencia hispana en los EEUU*

Juan Ponce de León

Los exploradores

Durante el siglo XVI, los españoles exploraron mucho de la región que hoy es los EEUU. En 1528 Ponce de León buscó la *Fuente de la Juventud* en la península que hoy es el estado de la Florida. Cabeza de Vaca pasó por partes de Texas y el sur de Nuevo México.

Fountain of Youth

Francisco de Coronado salió de la ciudad de México en 1540 con una expedición inmensa. Éste exploró la región que hoy es el estado de Nuevo México. También exploró partes de Arizona, Oklahoma, Texas y Kansas.

pilgrims

En 1598 salió Juan de Oñate hacia el norte para fundar una colonia. En el verano de 1598, en la región que hoy es el estado de Nuevo México, fundó la colonia de San Gabriel. Noten que esto ocurrió 22 años antes de la llegada de los *peregrinos* a Plymouth Rock y 9 años antes de la fundación de Jamestown en Virginia por el inglés, John Smith. Fray Junípero Serra estableció una serie de misiones desde San Diego hasta San Francisco en lo que hoy es el estado de California.

Misión de San Juan Capistrano, California

La casa más vieja de los EEUU, Santa Fe, Nuevo México

La impresión española

Los españoles, con su exploración y colonización, *dejaron* una *impresión*   left / mark
en nuestro país que todavía podemos ver. Por ejemplo, de origen español
son los nombres de algunos estados (California, Montana, Nevada), mon-
tañas (Sangre de Cristo, Sandía, Sierra Nevada), ríos (Río Grande, Río
Nueces, Río Colorado), ciudades (Albuquerque, Amarillo, San Antonio,
Reno, Boca Ratón, San Francisco, Durango), pueblos (Velarde, Embudo,
Truchas) y calles (Alameda, Camino Encantado, Potrero, Rodeo).

También vemos la impresión en la *gente* que habita estas regiones. Hay   people
generaciones de gente, con nombres hispanos, que *han hablado* español   have spoken
continuamente por más de 400 años.

Ejercicios de comprensión

D. You want to show off your newly acquired knowledge about the histo-
ry of Hispanics in the U.S. When your partner mentions a topic from
the list below, you respond in English with information about the
topic that you learned from the reading. Look back at the reading if
you need help.

1. Ponce de León
2. Francisco de Coronado
3. San Gabriel
4. Fray Junípero Serra
5. California, Nevada, Montana
6. names of rivers, mountains, cities, towns, streets, etc.
7. 400 years

Repaso

E. **¡Preguntas y más preguntas!** Ask a partner the following ques-
tions. Then reverse roles and repeat.

1. ¿Estuviste en la escuela el sábado pasado?
2. ¿Hiciste un viaje el año pasado?
3. ¿Miraste un programa de televisión el domingo por la noche?
4. ¿Hablaste por teléfono con alguien anoche?
5. ¿Tuviste que hacer alguna cosa el domingo pasado?
6. ¿Anduviste con tus amigos el lunes pasado?
7. ¿Tuviste que estudiar anteayer?

Hace *and* hace que *for expressing how long ago something occurred*

Hace dos semanas que Raúl   *Two weeks ago,* Raúl bought
compró el disco.   the record.

To express how long ago something happened, you use **hace +** *length of time* **+ que +** *subject* **+** *verb in the preterite* as in the following:

Hace + dos horas + que + Miguel + comió.

Or you may use *subject* **+** *verb in the preterite* **+ hace +** *length of time* as in the following:

Miguel + comió + hace + dos horas.

Notice that when **hace** is placed at the beginning of the sentence, you must insert **que** before the subject.

—**¿Cuánto hace que hablaste**   —*How long ago did you talk* to
con tu amigo?   your friend?
—**Hace una semana que**   —I *spoke* to him *a week ago.*
hablé con él.

To ask a question with this time expression, use the following model:

¿Cuánto + hace + que + *verb in the preterite***?**

Some expressions you have already learned for expressing length of time are:

un minuto, **dos minutos**, **tres minutos**, etc.
una hora, **dos horas**, **tres horas**, etc.
un día, **dos días**, **tres días**, etc.
una semana, **dos semanas**, **tres semanas**, etc.
un mes, **dos meses**, **tres meses**, etc.
un año, **dos años**, **tres años**, etc.

Aquí practicamos

F. Replace the words in italics with those in parentheses, making any necessary changes.

1. Hace *2 días* que Juan habló con su novia. (5 horas / 4 meses / 6 días / 1 mes / 3 semanas)
2. Marirrosa vendió su bicicleta hace *3 meses*. (8 días / 1 año / 6 semanas / 2 horas / 3 meses)

G. **Hablé con ella hace...** A friend wants to know how long ago you did something. Work with a partner and answer according to the model.

MODELO: hablar con ella / 2 horas
          —*¿Cuánto hace que hablaste con ella?*
          —*Hablé con ella hace 2 horas.*

1. vivir en Indiana / 10 años
2. estudiar francés / 2 años
3. comprar la bicicleta / 3 meses
4. recibir la carta de Ana / 5 días
5. comer en un restaurante / 2 semanas
6. ir al cine / 3 semanas

H. **Hace...** Now ask your partner each of the questions in Exercise G. He or she will answer, using the alternate construction below.

MODELO: hablar con ella / 2 horas
          —*¿Cuánto hace que hablaste con ella?*
          —*Hace 2 horas que hablé con ella.*

I.   **¿Cuánto hace que...?** Ask a classmate questions based on the drawings. Then reverse roles and repeat.

1.

2.

3.

4.

5.

6.

7.

8.

N O T A   G R A M A T I C A L

The preterite of verbs ending in -gar

—¿A qué hora **llegaste** a la escuela ayer?
—**Llegué** a las 8:00 de la mañana.
—¿**Jugaron** al tenis tú y Julián el domingo pasado?
—Yo **jugué**, pero Julián no **jugó**.

—¿Cuánto **pagaste** tú por la bicicleta?
—Yo **pagué** 150 dólares.

—What time *did* you *arrive* at school yesterday?
—I *arrived* at 8:00 a.m.
—*Did* you and Julián *play* tennis last Sunday?
—I *played*, but Julián *did* not *play*.

—How much *did* you *pay* for the bicycle?
—I *paid* 150 dollars.

In the preterite, verbs that end in **-gar** are conjugated as follows:

llegar			
yo	**llegué**	nosotros	**llegamos**
tú	**llegaste**	vosotros	**llegasteis**
él		ellos	
ella	**llegó**	ellas	**llegaron**
Ud.		Uds.	

Notice that in the **yo** form of these verbs, the **g** of the stem changes to **gu** before you add the **é**. The other forms of the verb are just like those you studied in Chapter 13. Two common verbs that end in **-gar** are:

pagar	*to pay*
jugar	*to play (a game)*

J. Replace the subjects in italics with those in parentheses and make any necessary changes.

1. El año pasado, *nosotros* pagamos 150 dólares por la bicicleta. (Marisol / yo / Ud. / Ángela y su mamá / él / vosotros)
2. *Julián* no jugó al tenis ayer por la tarde. (nosotros / Uds. / yo / tú / Mario y David / vosotros)
3. ¿Llegaste *tú* tarde a la clase ayer? (Juan / yo / Bárbara y yo / Linda y Clara / Ud. / vosotros)

K. Ask the following questions of a classmate. Then reverse roles and repeat.

1. ¿Cuándo llegaste a la escuela ayer por la mañana?
2. ¿Cuándo llegó tu mejor amigo(a) a la escuela anteayer?
3. ¿Cuándo llegaste a casa ayer por la tarde?
4. ¿Cuánto hace que jugaste al tenis?
5. ¿Cuánto hace que jugaste a otro deporte? ¿Qué deporte jugaste?

¡Adelante!

L. **¿Qué pasó?** Work in pairs within groups of four. Ask your partner when was the last time he (she) went to a store *(tienda)*, what he (she) bought, and how much he (she) paid for it. Your teacher will be available to provide words you don't know. As a group, total your responses. Your teacher will then record all the groups' responses on the board to determine the most popular purchases and their price ranges.

Segunda etapa

Los hispanos en los EEUU hoy

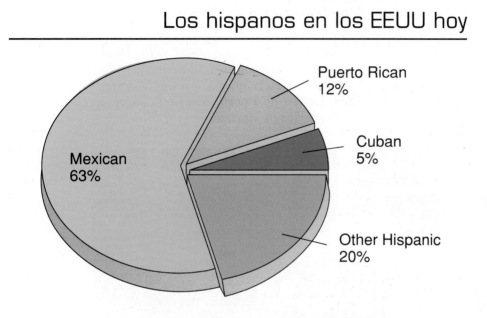

Puerto Rican
12%

Cuban
5%

Mexican
63%

Other Hispanic
20%

Antes de leer

A. Go through the following reading quickly, and identify as many of the cognates as possible.

B. Now, skim the reading and find as many dates and numbers as you can. Then go back and read the entire passage.

Lectura: *Los hispanos en los EEUU hoy*

En términos de números, podemos decir que los EEUU — nuestro país — después de México, España, Colombia y Argentina es el *quinto* país hispanohablante del mundo. Hay más de 20 millones de hispanos en este país. El 63% de éstos son de ascendencia mexicana, 12% de origen puertorriqueño, 5% cubano y 20% son de otros países hispanos.

fifth

La gente de origen mexicano

La gente de origen mexicano es de dos tipos — los que están en este país hace varias generaciones y los que emigraron en los últimos años. Hay gente hispana de ascendencia mexicana que llegó a ciertas regiones antes del siglo XIX. La región que hoy es Texas, Nuevo México, Arizona, Colorado, Nevada y California sólo *pasó a manos* de los EEUU en 1848.

passed into the hands

came

Así que hay mucha gente cuyas familias *vinieron* a esta región cuando todavía era parte de México. También hay muchos que llegaron de México recientemente, es decir, en este siglo.

La población puertorriqueña

Otro grupo importante de hispanos son los puertorriqueños. Éstos viven, en gran parte, en las grandes ciudades del este. Nueva York, Philadelphia, Boston y Providence, Rhode Island, tienen grandes *barrios* donde viven personas de origen puertorriqueño. Para este grupo, no es cuestión de emigración. Como vienen de Puerto Rico, que es un territorio de los EEUU, ya tienen los *derechos de ciudadanía*.

neighborhoods

rights of citizenship

Un desfile puertorriqueño, la ciudad de Nueva York

La población cubana

El tercer grupo más importante de hispanos en este país son los cubanos. Los cubanos llegaron en dos *olas* — una *a principios de* los años sesenta y otra a principios de los años ochenta. Llegaron a todas partes de los EEUU, pero se concentraron principalmente en la Florida, en tales ciudades como Miami y Tampa.

waves / at the beginning of

Calle Ocho, Miami, Florida

Otros grupos hispanos

También hay hispanos que emigraron y siguen emigrando de muchos
países hispanos. Algunos vienen de países como El Salvador, Nicaragua y
Panamá, y otros vienen de otros países como Colombia, Argentina, Chile
y aun España. Vienen a los EEUU por varias *razones*: el *empleo*, la fami-   reasons / employment
lia, la educación y la política.

Mary Jo Fernández   *Gloria Estefan*

Las contribuciones culturales

Los hispanos enriquecen y contribuyen a la vida de este país. De origen hispano son las cantantes Gloria Estefan y Martika. Los actores Edward James Olmos, Andy García, Esai Morales, Charlie Sheen, Lorenzo Lamas, Julie Carmen y Rita Moreno y los cómicos Paul Rodríguez y Cheech Marín son de ascendencia hispana. En el mundo de los deportes también hay muchos hispanos — José Canseco (béisbol), Mary Jo Fernández (tenis), Michael Carbajal (boxeo) y Nancy López (golf), entre otros.

También contribuyen a la vida política hispanos como los ex-*alcaldes* de San Antonio y Miami, Henry Cisneros y Xavier Suárez. Por ahora los grupos no están suficientemente organizados para representar una fuerza política unida. Para esto, tal vez vamos a tener que esperar hasta fines de los años 90 o principios de los años 2000, cuando los hispanos van a ser la minoría más numerosa de este país.

mayors

Henry Cisneros

Ejercicios de comprensión

C. You want to show off your newly acquired knowledge about Hispanics in the U.S. today. When your partner mentions a topic from the list below, you respond in English with information about the topic that you learned from the reading. Look back at the reading if you need help.

1. population of Hispanics in the U.S. today
2. percentage with Mexican background
3. percentage with Puerto Rican background
4. background of Hispanics with Mexican roots
5. patterns of Cuban immigration
6. immigration from other countries
7. Hispanic actors
8. Hispanic comedians
9. Hispanic athletes
10. Hispanic politicians

ANTOJITOS NICAS

ESPECIALIDADES EN COMIDA NICARAGUENSE
Deliciosos Pescados

Dom. a Juev. 11 am - 10 pm
Vi. y Sab. 11 am - 3 am

(415) 282-9114
3,829 Mission St., S.F.
(entre Richland & Crescent)

Repaso

D. **¿Qué hizo Esteban ayer?** Based on the drawings below, tell what Esteban did yesterday. Use the verbs under each drawing as a guide.

1. *andar*

2. *llegar*

3. *jugar*

4. *comprar*

5. *pagar*

6. *volver*

E. **¿Qué hiciste tú ayer?** Now imagine you are Esteban and tell what you did yesterday using the activities in Exercise D.

F. **¿Cuánto hace que...?** Go around the room and ask your classmates when they last did a specific activity: for example, when they played tennis, when they ate at a restaurant, walked to the park, etc. Take notes on their responses and be prepared to report back to the class.

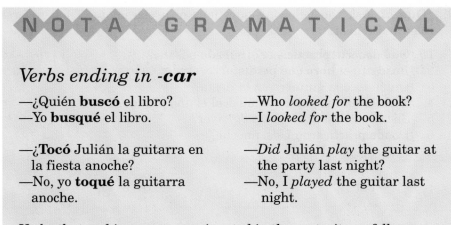

NOTA GRAMATICAL

Verbs ending in -car

—¿Quién **buscó** el libro?
—Yo **busqué** el libro.

—Who *looked for* the book?
—I *looked for* the book.

—¿**Tocó** Julián la guitarra en la fiesta anoche?
—No, yo **toqué** la guitarra anoche.

—*Did* Julián *play* the guitar at the party last night?
—No, I *played* the guitar last night.

Verbs that end in **-car** are conjugated in the preterite as follows:

buscar			
yo	**busqué**	nosotros	**buscamos**
tú	**buscaste**	vosotros	**buscasteis**
él ella Ud.	**buscó**	ellos ellas Uds.	**buscaron**

You will note that in the **yo** form of these verbs, the **c** of the stem changes to **qu** before you add the **é**. The other forms of the verb are conjugated exactly like those you studied in Chapter 13. Some common verbs that end in **-car** are:

tocar   *to play (a musical instrument); to touch*
sacar   *to take out*
practicar   *to practice*

Aquí practicamos

G. Replace the subjects in italics with those in parentheses and make any necessary changes.

1. *Elena* buscó la casa de Raúl. (tú / Ud. / Lilia y su novio / yo / vosotros)
2. *Olga* no tocó el piano anoche. (Uds. / Diego / yo / tú / nosotras)
3. ¿Practicaron *Uds.* ayer por la tarde? (nosotros / Santiago y Enrique / tú / yo / vosotras)

H. **¿Qué...?** Ask the following questions of a classmate. Then reverse roles and repeat.

1. ¿Qué deporte practicaste el sábado pasado?
2. ¿Buscaste el libro que perdiste?
3. ¿Quién tocó la guitarra en la fiesta?
4. ¿Tocaste un instrumento musical el año pasado?
5. ¿Sacaste la basura *(the trash)* ayer?
6. ¿Dónde practicaron Uds. anoche?

NOTA GRAMATICAL

Expressions used to talk about a series of actions

Primero, yo estudié en la biblioteca. **Entonces**, caminé al parque y visité a un amigo. **Por fin**, volví a casa.

When talking about a series of actions in the past, you will find the following expressions useful:

primero	*first*
entonces (luego)	*then*
por fin (finalmente)	*finally*

These expressions are also useful when talking about future actions:

Primero, voy a estudiar en la biblioteca. **Entonces**, voy a caminar al parque y voy a visitar a un amigo. **Por fin**, voy a volver a casa.

You can also use them to talk about daily routines:

Todos los días después de la escuela, llego a casa a las 4:00. **Primero**, como un sándwich y bebo un vaso de leche. **Entonces**, saco la basura. **Por fin**, estudio un rato.

I. **¿Qué hizo Felipe?** Use the expressions in parentheses to tell what Felipe did in the past and in what order. Follow the model.

MODELO: Felipe tomó el autobús al centro. (el domingo pasado)
El domingo pasado, Felipe tomó el autobús al centro.

1. Comió en un restaurante. (primero)
2. Compró un disco. (entonces)
3. Visitó a una amiga en el parque. (luego)
4. Volvió a su casa a las 5:00 de la tarde. (finalmente)

Now tell what he is going to do at some point in the future.

5. Felipe va a viajar a España. (el mes próximo)
6. Va a ir a Madrid. (primero)
7. Va a visitar la ciudad de Valencia. (entonces)
8. Va a volver el 5 de junio. (por fin)

J. **Primero... entonces... finalmente** Describe the order of each set of three activities. Choose logical verbs to go with the words provided.

MODELO: nosotros / piscina / en casa / programa de televisión
Primero nosotros fuimos a la piscina. Entonces estudiamos en casa. Finalmente miramos un programa de televisión.

1. ellos / escuela / sándwich / televisión
2. yo / biblioteca / centro / disco
3. nosotros / casa / jugo de naranja / estéreo
4. ella / café y pan tostado / autobús / un amigo
5. él / sándwich de jamón con queso / metro / centro
6. ellas / parque / refresco / casa

¡Adelante!

K. **¿Qué hizo Yolanda...?** Look at Yolanda's calendar for a week in April and answer the questions about her activities.

ABRIL

8	**lunes**	*estudiar / casa de Patricia*
9	**martes**	*biblioteca / piscina / cine*
10	**miércoles**	*tenis / Rita*
11	**jueves**	*comprar disco para Elisa* *estudiar para exámenes — español / química*
12	**viernes**	*fiesta / casa de Cristina*
13	**sábado**	*centro / Juan*
14	**domingo**	*cenar / los abuelos*

MODELO: ¿Qué hizo Yolanda el domingo, 14 de abril?
Ella cenó con sus abuelos.

1. ¿Qué hizo primero el martes, 9 de abril? ¿Y entonces? ¿Y finalmente?
2. ¿Qué hizo ella el día anterior *(before)*?
3. ¿Y el día próximo?
4. ¿Qué hizo durante el fin de semana?
5. ¿Qué hizo el viernes, 12 de abril?
6. ¿Y el día anterior?

L. **El fin de semana** Tell your friend how busy you were on Saturday or Sunday. Work in pairs and use time expressions to tell your activities in order. Use the verbs of your choice. Suggested verbs: **ir, trabajar, comprar, volver, comer, estudiar, hablar por teléfono, practicar el piano**.

◆ Vocabulario ◆

Para charlar

Para hablar de una serie de acciones

entonces
finalmente
luego
por fin
primero

Para hablar del tiempo

un año
un día
una hora
un mes
un minuto
una semana

Vocabulario general

Verbos

buscar
jugar
sacar

Sustantivos

una guitarra

Otras expresiones

¿Cuánto hace que + *verb in the preterite*?
Hacer + *length of time* + que + *subject* + *verb in the preterite*.
Subject + *verb in the preterite* + hace + *length of time*.

CAPÍTULO QUINCE

La Península Ibérica

Sevilla, España

Primera etapa

España

Antes de leer

A. Skim the reading, and identify as many of the cognates as possible.

B. Now, skim the reading and find as many of the proper nouns as possible. Then go back and read the entire passage.

Lectura: *España*

En el mapa de la página xvi, vemos que España está en el *suroeste* de Europa y que, junto con Portugal, forma la Península Ibérica. El mar Mediterráneo está al *este*, y el océano Atlántico está al *norte* y al *oeste*. Los Pirineos establecen la *frontera* natural entre España y Francia. Al sur, y separado sólo por unos 15 kilómetros, está el continente de África donde hay dos ciudades españolas: Ceuta y Melilla. Además del territorio continental, España también tiene dos archipiélagos. Las islas Baleares,

southwest

east / north / west
border

Acueducto romano, Segovia

centro turístico internacional, están al este en el Mediterráneo. En el Atlántico, al oeste de la costa africana, están las islas Canarias, lugar que, por su clima tropical, también *atrae* a turistas de todo el mundo.

attracts

La meseta central

high plains / flat fields / windmills

En el centro de la península está la *meseta* central. Esta tierra *llana* de *campos* y *molinos* no tiene mar ni montañas, pero sí cuenta con buenos vinos y quesos para ofrecer al viajero. Unas de las ciudades más importantes de esta región son Salamanca, con su antigua universidad; Segovia, con su acueducto romano y Madrid, la capital del país.

El sur

Al sur de la meseta central está Andalucía. El que viaja por tierras andaluzas puede contemplar las montañas de la Sierra Morena y la Sierra Nevada, los desiertos de Almería, los valles cubiertos de *huertos*, las playas de la Costa del Sol y tres ciudades principales: Córdoba, Sevilla y Granada. Como ejemplo de los contrastes andaluces, en Granada durante la *Semana Santa* es posible pasar un día en el mar y esquiar en las montañas al día *siguiente*.

orchards

Holy Week
following

Alhambra, Granada, España

El este

A lo largo de la costa este, el *paisaje* de Valencia y Murcia es una muestra innegable de la herencia árabe. Hay por todas partes *acequias*, *regadíos* y *molinos de agua*. El clima de esta zona es *templado* y por esa razón crece una vegetación casi tropical con abundantes palmeras. Cataluña, en el *rincón* noreste, es famosa por su Costa Brava y por su hermosa capital, Barcelona, el *sitio* de los Juegos Olímpicos en 1992.

landscape
irrigation ditches / irrigated land / water wheels / temperate
corner
site

El norte

Al norte de la meseta central están las ciudades de Bilbao y Santander, que son importantes centros industriales. Aquí está la región de Euskadi, centro de la lengua y cultura de la gente *vasca*. En el rincón noroeste de la Península está Galicia, con su clima húmedo y paisajes verdes. Santiago, la ciudad principal de esta parte del país es, indudablemente, una de las ciudades más hermosas de España.

Basque

La situación lingüística

Como podemos ver hasta ahora, España es una tierra de cambios y contrastes. Esta multiplicidad *se refleja* no sólo en el clima y la geografía, pero también en la situación lingüística del país. Además del español, la gente habla otras tres *lenguas*: gallego en Galicia, catalán en Cataluña y euskera o vasco en Euskadi.

is reflected

languages

Ejercicios de comprensión

C. You want to show off your newly acquired knowledge about Spain. When your partner mentions a topic from the list below, you respond in English with information about the topic that you learned from the reading. Look back at the reading if you need help.

1. peninsula
2. Africa
3. Canary Islands
4. old university
5. Roman aqueduct
6. Andalusia
7. Arab influence
8. 1992 Olympics
9. industrial centers
10. humid climate
11. Santiago
12. Galician
13. Catalan
14. Basque

Repaso

D. **¿Qué hizo Alicia ayer?** Based on the cues below each drawing, tell what Alicia did yesterday afternoon.

1. salir de

2. practicar

3. llegar

4. primero / sacar

5. entonces / practicar

6. luego / cenar

7. finalmente / mirar

E. **¿Qué hiciste tú ayer?** Now imagine you are the person in the drawings and tell what you did yesterday afternoon.

The present progressive

—¿Qué **estás haciendo** ahora mismo?	—What *are* you *doing* right now?
—**Estoy estudiando**.	—I *am studying*.
—¿Qué **está haciendo** Catarina ahora?	—What *is* Catarina *doing* now?
—**Está hablando** por teléfono.	—She *is talking* on the phone.
—¿Qué **están haciendo** tus padres en este momento?	—What *are* your parents *doing* at this moment?
—**Están mirando** la TV.	—They *are watching* TV.

In Spanish, when you want to show that an action is in progress at the time you are speaking, you use the *present progressive*. In the examples above, you will notice that all include a form of the verb **estar** plus a form of another verb that ends in **-ndo**. This form of the verb that ends in **-ndo** is known as the *present participle*. To form the present participle of **-ar** verbs, drop the **-ar** and add **-ando**.

habl**ar**	habl**ando**	compr**ar**	compr**ando**
bail**ar**	bail**ando**	estudi**ar**	estudi**ando**
toc**ar**	toc**ando**	nad**ar**	nad**ando**

To form the present participle of **-er** and **-ir** verbs, drop the **-er** or **-ir** and add **-iendo**.

com**er**	com**iendo**	sal**ir**	sal**iendo**
corr**er**	corr**iendo**	escrib**ir**	escrib**iendo**

The present participles of **leer** and **dormir** (two frequently used verbs you already know) are irregular.

leer	**leyendo**
dormir	**durmiendo**

Julia **está leyendo** una revista.	Julia *is reading* a magazine.
José **está durmiendo** ahora mismo.	José *is sleeping* right now.

Notice that in the above examples of the present progressive, **estar** agrees with the subject, while the present participle (the **-ndo** form of the verb) stays the same.

Some expressions you can use with the present progressive to stress that the action is in progress while you are speaking are:

ahora	*now*
ahora mismo	*right now*
en este momento	*at this moment*

Aquí practicamos

F. Replace the word(s) in italics with those in parentheses, making all necessary changes.

1. *Yo* estoy estudiando ahora mismo. (Javier / Marta y Ana / tú / Uds. / nosotros / vosotros)
2. Dolores está *comiendo* en este momento. (estudiar / correr / cantar / bailar / cenar / dormir)
3. ¿Están ellos *nadando*? (hablar por teléfono / salir de la escuela / visitar a una amiga / escribir una carta / comprar una revista / dormir)
4. *Ricardo* no está mirando la televisión ahora. (los abuelos / tú / Pablo y yo / ellas / vosotras)

G. **¿Qué está haciendo...?** Ask a classmate what the following people are doing. He (she) should answer with the verb provided. Work with a partner and follow the model.

MODELO: Pablo / comer
        —*¿Qué está haciendo Pablo ahora?*
        —*Pablo está comiendo.*

1. Esteban / beber leche
2. Rafael y Marta / mirar la TV
3. Patricio / escuchar la radio
4. Carmen y Alicia / hablar por teléfono
5. Guillermo y Ricardo / jugar al fútbol
6. Isabel / estudiar para un examen
7. Linda / leer una revista
8. Julián / dormir

H. **¿Qué están haciendo en este momento?** Tell what each of the people in the drawings below is doing.

1. *Jaime*

2. *Julia*

3. *Marirrosa y Juan*

4. *Alberto*

5. *Carmen y Cristina*

6. *Juanito*

7. *Laura*

8. *Mario*

¡Adelante!

I. **¿Qué está haciendo...?** Tell what as many people as possible are doing in the drawing below.

Segunda etapa

Madrid

Antes de leer

A. Skim the reading, and identify as many of the cognates as possible.

B. Now, skim the reading and find as many of the proper nouns as possible. Then go back and read the entire passage.

Lectura: *Madrid*

saying / roads lead

Hay un *dicho* que dice que todos los *caminos llevan* a Roma. En España, parece que de una manera u otra todos los caminos llevan a Madrid. Madrid, la capital que está a más altura de Europa (646 metros), está en el centro geográfico de la península. Hoy en día Madrid, con más de tres millones de habitantes, es una ciudad moderna y cosmopolita. No obstante, es diferente de otras capitales europeas porque posee el encanto de una ciudad pequeña.

La Puerta del Sol

La Puerta del Sol está en el centro de la ciudad y es una de las plazas más populares y animadas. Aquí hay un monumento que ilustra los *blasones* distintivos de Madrid: *el oso* y *el madroño*. Aquí también está el *mojón* del kilómetro 0, que es de donde salen las seis *carreteras* nacionales. Cerca de aquí está la Plaza Mayor donde hay muchos cafés al aire libre para comer unas tapas y tomar su refresco favorito.

emblems, symbols
bear / madrone *(type of tree)*

milestone
highways

Monumento en la Puerta del Sol, Madrid

Fuente en la Plaza de la Cibeles, Madrid

La Gran Vía

Cerca de la Puerta del Sol está la Gran Vía, que es una avenida *ancha* con *tiendas* y *almacenes* modernos. Para sentir el verdadero *ambiente* madrileño, hay que caminar por la Gran Vía hacia la Plaza de la Cibeles donde está la *fuente* más célebre de todo Madrid. A unas *cuadras* de esta plaza está el Parque del Retiro que, con sus elegantes *jardines*, fuentes y estatuas, constituye una isla verde en el centro de la capital.

wide / shops / department stores / atmosphere / fountain

blocks

gardens

La Plaza de España

Otro *sitio* importante es la Plaza de España, donde hay un monumento construido a la gloria de Miguel de Cervantes, el gran autor español. Al lado de la estatua de este autor, también hay estatuas de algunos de los personajes de sus *obras*, entre los más conocidos, Don Quijote y Sancho Panza.

place

works

La Plaza de España, Madrid

El Museo del Prado

enjoy

paintings

En cuanto a la vida cultural, tanto los españoles como los visitantes pueden *disfrutar de* la existencia de un gran número de centros dedicados al arte. Entre los museos hay que mencionar el Prado que, con más de 6.000 *cuadros*, es uno de los museos de arte más importantes del mundo.

El Rastro

is organized, gathers

antiques

Una visita a Madrid no está completa sin pasar una mañana en el Rastro. El Rastro es un mercado al aire libre que *se organiza* todos los domingos por la mañana. Aquí la gente puede comprar todo tipo de artículos, especialmente *antigüedades*.

El Rastro, Madrid

Corrida de toros, Madrid

Las fiestas

Madrid, como cualquier otro pueblo o ciudad en España, también tiene sus fiestas. Todos los años, durante el mes de mayo, los madrileños celebran a San Isidro, el santo patrón de la ciudad. En las últimas dos semanas del mes, la gente baila, canta y celebra, y en la Plaza Monumental de las Ventas hay *corridas de toros*.

bullfights

Ejercicios de comprensión

C. You want to show off your newly acquired knowledge about Madrid. When your partner mentions a topic from the list below, you respond in English with information about the topic that you learned from the reading. Look back at the reading if you need help.

1. altitude
2. geographic location
3. kilometer 0
4. outdoor cafés
5. wide avenue with modern stores
6. famous fountain
7. park
8. Plaza de España
9. important museum
10. outdoor market
11. San Isidro
12. bullfights

Repaso

D. **En este momento...** Tell what each of the people in the drawings below is doing at this moment.

1. Roberto

2. Esteban y Carmen

3. Marirrosa y su amigo

4. Carlos

5. Cristina

6. José y Patricio

7. mi papá

8. mi hermana

9. Juan y su amiga

10. Fernando

Past, present, and future time

Pasado: Ayer hablé por teléfono con mi abuelo.
Presente: Hoy hablo con mis amigos en la escuela.
Progresivo: Ahora mismo estoy hablando con mi amigo.
Futuro: Mañana voy a hablar con mi profesor.

Pasado: Esta mañana caminé a la escuela.
Presente: Camino por el parque los sábados por la tarde.
Progresivo: Estoy caminando al parque ahora mismo.
Futuro: Tengo ganas de caminar al centro más tarde.

Pasado: El año pasado viajamos a México.
Presente: Cada año viajamos a México.
Progresivo: En este momento estamos viajando a México.
Futuro: El año próximo esperamos viajar a España.

In this unit, you have learned to form the preterite so that you can talk about events in the past. You have also learned the present progressive, so that you can talk about events taking place at the moment you are speaking. You have also learned certain expressions that help situate events in the past, present, and future. Now it is important to review the verb structures and expressions that allow you to express yourself in past, present, and future time.

Present time for routine activities:

present tense
—¿Qué **haces** tú después de la escuela todos los días?
—Yo **visito** a mis amigos.

Present time for actions going on at the moment of speaking:

present progressive
—¿Qué **estás haciendo**?
—**Estoy buscando** mis llaves.

Past time:

preterite tense
—¿Qué **hiciste** tú anoche?
—Yo **comí** en un restaurante y **fui** al cine.

Future time:

ir + **a** + infinitive
querer + infinitive
quisiera + infinitive
esperar + infinitive
pensar + infinitive
tener ganas de + infinitive
—¿Qué **van a hacer** Uds. durante las vacaciones?
—Yo **voy a visitar** a amigos en California.
—Yo **quiero ir** a Nuevo México.
—Y yo **quisiera viajar** a Europa.
—Pablo **espera volver** a la Argentina.
—La profesora de español **piensa viajar** a Bolivia.

Aquí practicamos

E. Replace the words and expressions in italics with those in parentheses and make all necessary changes.

1. *Mañana* yo voy a estudiar. (ayer / ahora mismo / los sábados)
2. *Esta mañana* él tomó el metro. (mañana / en este momento / los lunes y miércoles)
3. *Ahora mismo* nosotros estamos estudiando español. (el año pasado / el año próximo / todos los días)
4. *El mes pasado* viajaron a Chile. (este mes / el mes próximo / ahora mismo)
5. *Todos los días* él habla con sus amigos en la escuela. (ayer / mañana / en este momento)
6. *Anoche* Lola y Diego miraron un programa de televisión. (esta noche / ahora mismo / los viernes por la noche)

F. **Quisiera saber...** Ask a classmate the following questions. Then reverse roles and repeat.

1. ¿Estás en la escuela todos los días? ¿Estuviste en la escuela el sábado pasado? ¿Vas a estar en la escuela el verano próximo?
2. ¿Haces un viaje cada verano? ¿Hiciste un viaje el año pasado? ¿Vas a hacer un viaje el año próximo?
3. ¿Desayunas *(Do you eat breakfast)* todos los días? ¿Desayunaste ayer por la mañana? ¿Vas a desayunar mañana por la mañana?
4. ¿Miras algún programa de televisión los viernes? ¿Miraste un programa de televisión el domingo por la noche? ¿Vas a mirar un programa de televisión mañana por la noche?

5. ¿Hablas por teléfono con alguien cada noche? ¿Hablaste por teléfono con alguien anoche? ¿Vas a hablar por teléfono con alguien esta noche?

6. ¿Tienes que hacer algo hoy por la tarde? ¿Tuviste que hacer algo el domingo pasado? ¿Vas a tener que hacer algo el fin de semana próximo?

G. **De costumbre...** For each of the drawings, explain what the people do normally (**de costumbre**), what they did in the past, and what they'll do in the future. Begin each explanation with **De costumbre...**, continue it with **pero...**, and finish it with **y...**

MODELO: ¿Qué hace José Luis durante *(during)* las vacaciones de verano?
De costumbre él está en casa escuchando música. Pero el año pasado estuvo en la playa. Y el año próximo piensa viajar a México.

de costumbre   *el año pasado*   *el año próximo*

1. ¿Qué hace Vera durante el fin de semana?

de costumbre   *el fin de semana pasado*   *el fin de semana próximo*

2. ¿A qué hora llega Marcos a la escuela?

de costumbre   *anteayer*   *el viernes próximo*

3. ¿Qué comen Sabrina y Carolina cuando van al centro?

de costumbre   el sábado pasado   el sábado próximo

4. ¿Qué hace Oscar los viernes?

de costumbre   el viernes pasado   el viernes próximo

H. **Una entrevista** You are being interviewed by a reporter from your school newspaper about your many travels. Answer the questions using the cues given in parentheses. Follow the models.

MODELOS: ¿Esperas viajar a España este año? (no, el año próximo)
No, voy a viajar a España el año próximo.
¿Piensas ir a México? (no, el año pasado)
No, fui a México el año pasado.

1. ¿Piensas ir de vacaciones mañana? (no, hoy)
2. ¿Viajaste a Costa Rica el verano pasado? (no, el mes próximo)
3. ¿Esperas viajar a Madrid? (no, el año pasado)
4. ¿Quisieras visitar la ciudad de México? (sí, el año próximo)
5. ¿Piensas ir a Santa Fé este año? (no, el año pasado)
6. ¿Quieres viajar a Europa el año próximo? (no, el verano pasado)

¡Adelante!

I. **Intercambio** Using the verbs indicated, ask questions to obtain the required information. When asking questions about the future, be sure to use some of the expressions you have already learned (**pensar**, **esperar**, **ir a**, **quisiera**, **querer**, **tener ganas de**). Work with a partner.

1. **estudiar**: Find out where your friend usually studies; whether he (she) studied there last night; whether he (she) is planning to study there tonight.
2. **ir al cine**: Find out if your friend goes to the movies a lot; if he (she) went to the movies last week; whether he (she) is going to the movies soon.
3. **viajar**: Find out if your friend travels a lot; if he (she) traveled last year, and if so, where he (she) went; whether he (she) hopes to travel next year, and if so, where he (she) intends to go.
4. **ir / tomar / andar**: Find out how your friend usually gets to school; if he (she) got to school the same way this morning; whether he (she) will get to school the same way next year.

 Vocabulario

Para charlar

Para hablar de acciones en el futuro

esperar + *infinitive*
ir + a + *infinitive*
pensar + *infinitive*
querer + *infinitive*
quisiera + *infinitive*
tener ganas de + *infinitive*

Para hablar de acciones que están pasando ahora

ahora
ahora mismo
en este momento
estar + *verb in present participle*

Aquí leemos

SABOR

Magia y color en Los Angeles

El 'espíritu intenso' de un celebrado chef del suroeste añade forma al sabor

por Regina Córdova

John Sedlar

Sedlar se inspira en la cocina popular de Nuevo México

John Sedlar, dueño de St. Estèphe en Los Ángeles y uno de los chefs más celebrados del país, combina la técnica de la *nouvelle cuisine* francesa con la cocina popular del suroeste americano. Sedlar nació en Santa Fé y uno de sus recuerdos más vivos es la comida de su abuela, Eloísa Rivera, cuyas recetas para empanaditas y bizcochitos se sirven hoy día en el elegante comedor de St. Estèphe.

Tacos, tamales, echiladas y chiles rellenos se transforman en platos de una delicadeza extraordinaria. Para que sus platos también agraden a la vista, Sedlar se inspira en los colores y texturas del suroeste. "El suroeste es un espíritu intenso que uno siente en la luz viva de Nuevo México, sus desiertos quemados por el sol, sus paisajes rústicos y su comida vital y robusta."

A. **Los cognados** Skim the reading. Find as many cognates as possible.

B. **Ejercicio de comprensión** Read the article and answer the following questions in English.

1. Who is Regina Córdova?
2. Where is this restaurant?
3. What two cuisines does this chef combine?
4. Where was he born?
5. What is his grandmother's name?
6. What two elements inspire this chef?

Aquí repasamos

In this section you will review:

- various aspects of the Hispanic world;
- the preterite tense (including the common irregular verbs **hacer**, **ir**, **estar**, **tener**, **andar**, and verbs ending in **-gar** and **-car**);
- expressions used to talk about a series of actions;

- verb structures to talk about how long ago an activity occurred;
- the present progressive tense;
- expressions to talk about actions in the past, at the moment of speaking, and in the future.

The Hispanic World

A. **América Latina, Centroamérica, la Península Ibérica** You are preparing a presentation (in English) on the Hispanic world. On a separate sheet of paper, write at least three facts about each of the topics listed to help you prepare the presentation.

1. Mexico
2. The Caribbean
3. South America
4. Central America
5. The history of Hispanics in the U.S.
6. Hispanics in the U.S. today
7. Spain
8. Madrid

The preterite of regular verbs

-ar verbs

hablé	hablamos
hablaste	hablasteis
habló	hablaron

-er verbs		**-ir verbs**	
comí	comimos	viví	vivimos
comiste	comisteis	viviste	vivisteis
comió	comieron	vivió	vivieron

Irregular preterite verbs

hacer		ir	
hice	hicimos	fui	fuimos
hiciste	hicisteis	fuiste	fuisteis
hizo	hicieron	fue	fueron

-gar verbs		-car verbs	
llegué	llegamos	busqué	buscamos
llegaste	llegasteis	buscaste	buscasteis
llegó	llegaron	buscó	buscaron

Preterite of tener, andar, estar

tuve	tuvimos
anduve	anduvimos
estuve	estuvimos

tuviste	tuvisteis
anduviste	anduvisteis
estuviste	estuvisteis

tuvo	tuvieron
anduvo	anduvieron
estuvo	estuvieron

Expressions to talk about actions in the past

anoche
anteayer
ayer
ayer por la mañana
ayer por la tarde
el jueves (sábado, etc.) pasado
la semana pasada
el fin de semana pasado
el mes pasado
el año pasado
por una hora (un día, una semana, tres años, cuatro
          meses, quince minutos)

B. **El círculo de preguntas** One student in the group asks four questions, based on one of the suggested cues. Each question should use a different pronoun — **tú, Ud., él (ella), ellos (ellas), Uds.** The other members of the group respond accordingly. Then, the next student asks four more questions based on the cue that follows, and so on. Be sure to use the preterite throughout the exercise. Follow the model.

MODELO: comer en un restaurante anoche

        Mark: *Lisa, ¿comiste tú en un restaurante anoche?*

        Lisa: *Sí, yo comí en un restaurante anoche.*

        Mark: *Heather y Sean, ¿comieron Uds. en un restaurante anoche?*

  Heather y Sean: *No, no comimos en un restaurante anoche.*

        Mark: *Heather, ¿comió Lisa en un restaurante anoche?*

    Heather: *Sí, ella comió en un restaurante anoche.*

        Mark: *Lisa, ¿comieron Heather y Sean en un restaurante anoche?*

        Lisa: *No, ellos no comieron en un restaurante anoche.*

1. andar en el centro el domingo pasado
2. correr ayer por la tarde
3. estudiar anoche
4. llegar a clase antes que *(before)* el profesor ayer
5. volver a casa temprano *(early)* el viernes pasado
6. hablar por teléfono anoche
7. asistir a un concierto el año pasado
8. ir al cine el sábado pasado
9. hacer la cama ayer por la mañana
10. buscar un libro en la librería anoche
11. estar en México el verano pasado
12. recibir una carta ayer

Some expressions for expressing length of time are:

un minuto, dos minutos, tres minutos, etc.
una hora, dos horas, tres horas, etc.
un día, dos días, tres días, etc.
una semana, dos semanas, tres semanas, etc.
un mes, dos meses, tres meses, etc.
un año, dos años, tres años, etc.

Expressions used to talk about a series of actions

    primero
    entonces (luego)
    por fin (finalmente)

C. **Las exploraciones españolas** With a partner, prepare a brief talk about the early Spanish explorations of the area that later became the U.S. Use time expressions to be precise about who did what, when, and where, etc. Be prepared to give your report to the class if you are asked.

D. **Mi itinerario** In groups of three, refer to the maps on pages xiv-xv. Plan a trip from Mexico to Ecuador in which you will make a stop in every capital city along the way. Use time expressions to tell the order in which you would pass through the various capitals and countries on the way. Then write an itinerary for your trip.

Hace and ***hace que*** for expressing *ago*

To express how long ago something happened, follow this model:

hace + *length of time* + **que** + *subject* + *verb in preterite*

or

subject + *verb in preterite* + **hace** + *length of time*

To ask a question using this model, follow this pattern:

¿Cuánto + **hace** + **que** + *verb in preterite*?

E. **Hablé con ella hace...** A friend wants to know how long ago you did something. Answer according to the model.

MODELO: hablar con ella / 2 horas
        —*¿Cuánto hace que hablaste con ella?*
        —*Hablé con ella hace 2 horas.*

1. vivir en California / 10 años
2. visitar España / 2 años
3. comprar la mochila / 3 meses
4. recibir una carta de Juan / 5 días
5. comer en un restaurante / 2 semanas
6. ir al cine / 3 semanas
7. llegar a clase / 5 minutos
8. estar en la ciudad de México / 6 años

The present progressive

Estar + the present participle:

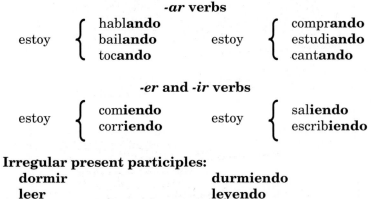

-ar **verbs**

estoy { hablando / bailando / tocando }   estoy { comprando / estudiando / cantando }

-er **and** *-ir* **verbs**

estoy { comiendo / corriendo }   estoy { saliendo / escribiendo }

Irregular present participles:
dormir   **durmiendo**
leer   **leyendo**

Expressions to talk about actions going on at the moment of speaking

ahora
ahora mismo
en este momento

F. **Quiere, pero no puede.** A friend asks if you or some of your friends want to accompany him (her) downtown. You say none of you can, because you're all doing something else at that moment. Be sure to use expressions to emphasize that you and your friends are doing something else as you are speaking. Work with a partner and answer according to the model.

MODELO: Juan /estudiar
—¿Quiere Juan ir al centro?
—Juan quiere ir, pero no puede porque está estudiando en este momento.

1. María / leer
2. Pedro / dormir
3. tú / escribir una carta
4. Julia y Roberto / correr
5. ellos / estudiar
6. tu hermana / practicar el piano

Expressions to talk about actions in the future

esperar + infinitive
ir + a + infinitive
pensar + infinitive
querer + infinitive
quisiera + infinitive
tener ganas de + infinitive

G. **Mis planes para el futuro** With a classmate, talk about the various plans you have for the future. Think about your life one year after you graduate from high school, five years after, and twenty years after. Talk about what you want to do. Mention career plans, plans for trips, etc.

Aquí llegamos

A. **La semana pasada** Explain to your classmates what you did last week and in what order. They will ask you questions for clarification. Don't forget to use a variety of verbs to talk about the past and be sure to use appropriate time indicators.

B. **La semana próxima** Explain to your classmates what you are going to do next week and in what order. They will ask you questions for clarification. Don't forget to use a variety of verbs to talk about the future and be sure to use appropriate time indicators.

C. **Nuestro viaje a España** You and several friends will spend a few days in Spain next summer. Decide what you are going to do, where you will go, and in what order. Work in groups of four to plan your trip. When you have made your plans, share them with the rest of the class. Suggestions: What time do you leave the hotel in the mornings? What cities are you going to visit? When and where are you going to eat? What time do you get back to the hotel in the evenings?

Vamos de compras

Objectives

In this unit, you will learn:

- to express what you and others like or dislike;
- to give informal commands;
- to ask for and understand information about making purchases;
- to make purchases in stores;
- to indicate quantities;
- to point out people, places, and objects;
- to compare prices, objects, and people.

Alicia Sánchez

CAPÍTULO DIECISÉIS

Vamos al centro comercial

—*Quiero comprar un disco nuevo.*
—*Yo también. ¡Vamos!*

Primera etapa

En la tienda de discos

Anoche Beatriz y Mónica **fueron** a un concierto de rock en el Parque Luna. **A ellas les encantó** escuchar a su grupo favorito los B-52s. Hoy Mónica quiere comprar uno de sus discos. **Por eso**, van a la tienda de discos "La Nueva Onda". Beatriz quiere comprar un disco de Tracy Chapman, pero es muy **caro**.

went

They loved

Because of this

expensive

Beatriz: **¡Qué pena!** No tengo **suficiente** dinero para comprar el disco.

What a shame!
enough

Mónica: Mira, yo encontré la cinta de los B-52s que me gusta y es muy **barata**.

inexpensive

Beatriz: **A ver**. ¿Dónde están las cintas?

Let's see.

Mónica: **Allí**, al lado de los vídeos y los discos compactos.

There

Beatriz: ¡Super! Aquí está la cinta que me gusta a mí.

¡Aquí te toca a ti!

A. **Para mi cumpleaños...** Complete the following sentences that make up your "wish list" for your next birthday. You can only mention items that can be bought at **"La Nueva Onda".**

1. Yo quiero...
2. Quisiera...
3. Necesito...
4. Por favor, compre...
5. ¿Tienes suficiente dinero para comprar...?

B. **Los regalos** You are at **"La Nueva Onda"** buying presents for your family and friends. Indicate what items you'll buy for each of your family members and for three of your friends.

Pronunciación: *The consonant **r***

A single **r** within a word is pronounced similar to the *dd* in the English word *daddy* and *ladder*, that is, with a single tap of the tip of the tongue against the gum ridge behind the upper front teeth.

Práctica

C. Listen and repeat as your teacher models the following words.

1. cámara	6. estéreo
2. pájaro	7. libro
3. farmacia	8. hermano
4. cuatro	9. parque
5. pintura	10. serio

*The verb **gustar***

You are already familiar with the verb **gustar** and its use in the following expressions:

Me gusta la música rock.   *I like* rock music.
Te gusta bailar.   *You like* to dance.

In order to express what someone else likes or dislikes, the pronouns **le** (singular) and **les** (plural) are used. The pronoun **nos** is used for **nosotros**.

Le gusta Tracy Chapman.	*You (formal) / He / She like(s)* Tracy Chapman.
Les gusta el concierto.	*You (plural) / They like* the concert.
Nos gusta la música latina.	*We like* Latin music.

If you want to clarify who likes something, the preposition **a** must be placed before the noun or pronoun that identifies the person(s).

A Luis le gusta el jazz.	*Luis* likes jazz.
A Ana y Javier les gusta el disco.	*Ana and Javier* like the record.
A Ud. le gusta el disco.	*You* like the record.
A Uds. les gusta la cinta.	*You* like the tape.
A Lucy y a mí nos gusta bailar.	*Lucy and I* like to dance.

Remember that **gusta** (singular) and **gustan** (plural) agree in number with the words that follow them (the subject).

A mi hermana le **gusta la tienda de discos**.	My sister *likes the record store*.
A mi hermana le **gustan los discos compactos**.	My sister *likes compact disks*.

The verb **encantar** *(to like very much, to love)* follows the same pattern as **gustar**.

Aquí practicamos

D. Replace the words in italics with those in parentheses and make the necessary changes.

1. A Uds. les gusta *la tienda de discos*. (los discos compactos / el estéreo / la radio / las grabadoras / las cintas / los vídeos / la música rock)
2. *A mí me* gusta el concierto. (a Adelita / a ti y a mí / a mis amigos / a Elena y a mí / a Victoria / a Uds.)
3. ¿*Te* gusta la computadora? (le / les / me / nos)

E. **¿Qué les gusta hacer?** Do you know your friends and family well? What is the one thing they most like to do?

> MODELO: mi hermana
> *A mi hermana le gusta estudiar.*

1. mi mejor amigo(a)
2. mi madre
3. mis abuelos
4. mis compañeros de clase
5. mis primos
6. mi padre
7. mi hermano(a)
8. mis profesores

F. **El concierto de rock** Explain who really liked the concert and who did not like it.

> MODELO: a mi hermano / sí
> *A mi hermano le encantó el concierto.*
> a mis padres / no
> *A mis padres no les gustó el concierto.*

1. a Benito y a mí / sí
2. a Laura / no
3. a mi prima / no
4. a mí / sí
5. a ellos / no
6. a Ud. / sí
7. a nosotros / sí
8. a Uds. / sí
9. a ella / no
10. a Eduardo y a mí / sí

G. **¿Qué le encanta a tu compañero(a)?** Find out from a classmate the things that he or she likes and loves to do and eat, the places that he or she likes to go, and the music or group *(grupo)* that he or she likes to listen to. Then report that information to the class. Work with a partner and follow the model.

> MODELO: Tú: *¿Qué te gusta hacer?*
> Compañero(a): *A mí me gusta… y me encanta…*
>   Tú: *A Anita le gusta… y le encanta…*

¡Adelante!

H. **¿Qué te gusta hacer los fines de semana?** Work in pairs and tell your partner the things that you like to do on weekends. Find out if there are activities that you both like. Then report back to the class.

> MODELO: —*¿Qué te gusta hacer los fines de semana?*
> —*A mí me gusta charlar con mis amigos.*
> —*A mí también me gusta charlar con mis amigos.*
> (To the class) —*A nosotros nos gusta charlar con nuestros amigos.*

Segunda etapa

En la papelería

En la papelería: At the stationery store

—Buenos días, muchachos. **¿En qué puedo servirles?**

How may I help you?

—Necesitamos **papel para escribir a máquina**. ¿Tiene?

typewriter paper

—¡Cómo no! ¿Cuántas **hojas** quieren?

sheets

—Diez, por favor. ¿Y **papel de avión**?

airmail paper

—**Aquí tienen. ¿Algo más?**

Here you are. / Anything else?

—Sí, yo necesito tres **tarjetas de cumpleaños** y una **tarjeta del Día de la Madre**.

birthday cards / Mother's Day card

—Acabamos de recibir unas muy bonitas. Mira aquí.

—Mm… Sí, son muy bonitas. ¿Vienen con **sobres**?

envelopes

—¡Pues, claro!

—Bien. **Es todo por hoy.**

That's all for today.

¡Aquí te toca a ti!

A. **¿Qué compraron en la papelería?** Use the drawings of the various items to determine what each person bought.

MODELO: Estela
Estela compró una tarjeta de cumpleaños.

Estela

1. *Cristina*

2. *Roberto*

3. *el Sr. Rodríguez*

4. *la Sra. Gómez*

5. *Inés*

6. *la Srta. Balboa*

7. *Ignacio*

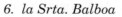

B. **¿Adónde vas para comprar...?** Say where you go to buy each item shown.

MODELO: disco
—*Voy a la tienda de discos para comprar discos.*

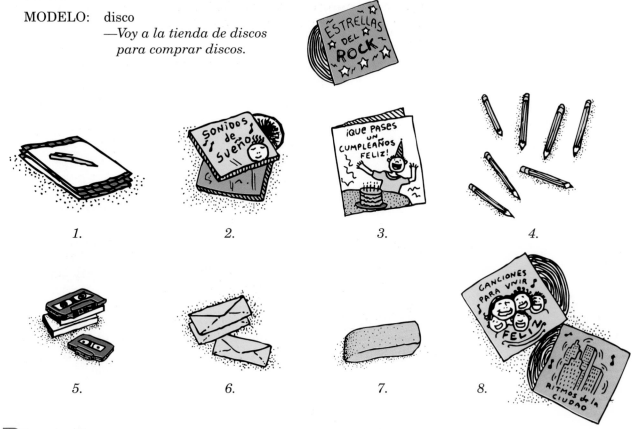

1.   2.   3.   4.

5.   6.   7.   8.

Repaso

C. **En la tienda de discos** You are shopping for presents for three of your friends at **"La Nueva Onda"**. Together with another student, play the role of the clerk and the customer at a record store. Tell the clerk the music your friends like. The clerk will make suggestions for each gift. Buy a record, a CD, and a tape. Pay and leave.

MODELO: —*¿En qué puedo servirle?*
—*A mi amiga Claudia le gusta la música clásica. Quiero comprar un disco compacto para ella. ¿Qué tiene Ud.?*

Pronunciación: *The consonant* **rr**

An **rr** (called a trilled *r*) within a word is pronounced by flapping or trilling the tip of the tongue against the gum ridge behind the upper front teeth. When an **r** is the first letter of a Spanish word, it also has this sound.

Práctica

D. Listen and repeat as your teacher models the following words.

1. borrador
2. perro
3. correo
4. barrio
5. aburrido

6. radio
7. Roberto
8. rubio
9. río
10. música rock

The imperative with *tú*: familiar commands

—Luis, **mira** las tarjetas de cumpleaños.
—Son muy bonitas. **Compra** dos.

—Luis, *look at* the birthday cards.
—They are very pretty. *Buy* two.

1. In Chapter 8, you learned to give orders, directions, and suggestions using the formal command form (**Ud.** and **Uds.**). Here you will learn the informal command form (**tú**), used to make requests of family members, peers, or younger people.

Regular Familiar Command		
Affirmative		
Verbs ending in **-ar**: **bailar**	Verbs ending in **-er**: **beber**	Verbs ending in **-ir**: **escribir**
baila	**bebe**	**escribe**

2. The *regular affirmative tú command* has the same ending as the third-person singular (**él**, **ella**) of the present tense.

3. The verbs **decir**, **hacer**, **ir**, **poner**, **salir**, **ser**, **tener**, and **venir** have irregular affirmative command forms.

decir	**di**	salir	**sal**
hacer	**haz**	ser	**sé**
ir	**ve**	tener	**ten**
poner	**pon**	venir	**ven**

Aquí practicamos

E. Give the **tú** command form of the following verbs.

1. hablar	6. salir	11. descansar
2. comer	7. doblar	12. ser
3. hacer	8. comprar	13. escuchar
4. mirar	9. decir	14. escribir
5. leer	10. correr	15. tener

F. **A tu hermano** Use the command form to get your younger brother to do what you want.

MODELO: caminar al quiosco de la esquina
          Camina al quiosco de la esquina.

1. venir aquí	6. ir al quiosco de periódicos
2. ser bueno	7. comprar mi revista favorita
3. hacer la tarea	8. usar tu dinero
4. poner la radio	9. tener paciencia
5. salir de mi cuarto	10. decir la verdad

G. **Consejos** Your best friend has problems at school. Give him or her some pieces of advice on what to do to improve the situation. Use these verbs in complete sentences.

**estudiar   escuchar   trabajar   hablar   hacer   practicar
ir   escribir   leer   llegar   decir   salir   venir**

MODELO: *Haz la tarea todos los días.*
          Llega a clase temprano.

¡Adelante!

H. **Ve a la papelería**. You need something from the stationery store, but you have to prepare for a major test. Call your friend and explain the situation. Ask him or her to do you a favor and go to the store to buy the things you need. Here is the beginning of your conversation. Work with a partner and finish the conversation. Use informal commands as needed to make your request.

MODELO: Tú: *¡Hola, Ester!*
          Amiga: *¡Hola! ¿Qué tal?*
            Tú: *Bien, pero tengo mucho que hacer.*
          Amiga: *¿Qué tienes que hacer?*
            Tú: ...

Tercera etapa

La tienda de deportes

La tienda de deportes: The sporting goods store

Elsa y Norma entran en una tienda de deportes.
—Sí, señoritas, ¿qué necesitan?

how much the raquet costs
display window
Good eye.

—Quisiera saber **cuánto cuesta la raqueta** en el **escaparate**.
—¡Ah! **Buen ojo**. Es una raqueta muy buena y cuesta 120 dólares.

on sale

—¿Cómo? ¿No está **en oferta**?
—No señorita. La oferta terminó ayer.

tennis balls
what price are they?

—¡Qué pena! Bueno. Y las **pelotas de tenis**, **¿qué precio tienen?**
—Mm… tres dólares.

I'll take / tennis shoes

—Bueno, **voy a llevar** tres. Puedo ver los **zapatos de tenis** también, por favor.
—Por supuesto. ¿Algo más?

skis

—Sí. ¿Venden **esquíes**?
—Sí, pero no hay más. Vendimos todos los esquíes en la oferta.
—Mm… bueno. Gracias.

At your service.

—**A sus órdenes**.

DEPORTES/VIAJES	
Saco dormir transformable ……	**1.530**
Bote pelotas tenis PEN	**675**
Maleta fuelle con un asa:	
50 cms. ………	**1.990**
60 cms. ………	**2.090**
70 cms. ………	**2.190**
Bolso viaje nylon, con bolsillo ………	**1.250**

COMENTARIOS CULTURALES

El fútbol
Soccer is a major pastime and interest for people of all ages in the Hispanic world. A group of players can improvise a soccer game any-where—in the streets, a school yard, on the beach, in a park— wher-ever there is open space and a soccer ball available. Children learn to kick a ball at an early age and soon become dedicated fans of the local team. For many people, soccer is more than a sport—it is a passion. Loyalties to teams are fierce, and the finals of the World Cup soccer (played every four years) are seen on TV by millions of viewers. Like baseball and football players in the U.S., many of the best soccer play-ers (for example, Pele of Brazil and Maradona of Argentina) become millionaires and celebrities known throughout the world.

¡Aquí te toca a ti!

A. **Necesito comprar...** You are in a sporting goods store and you want to examine some items before you buy. Ask to see them.

MODELO: pelotas de tenis
Quisiera ver las pelotas de tenis, por favor.

1.

2.

3.

¿Qué crees?

The site of the 1992 summer Olympic Games:

a) Barcelona
b) Korea
c) Mexico City
d) U.S.A.

respuesta

4.

5.

6.

B. **¿Cuánto cuesta...?** Now you want to know the price of different items in the sporting goods store. Ask the clerk. In pairs, play the role of the customer and clerk. The person playing the clerk should make up reasonable prices for each item in exercise A.

MODELO: pelotas de tenis
    —*Buenos días. ¿Cuánto cuestan las pelotas de tenis en el escaparate?*
    —*Cuestan 3 dólares por tres.*
    —*Mm... bien. Voy a llevar seis. Aquí tiene 6 dólares.*

Repaso

C. **Mis libros favoritos** You need to buy a present for a friend. You have decided to get something from a bookstore, but you need some advice. Ask a classmate to suggest three books that you could buy as a present. (He or she should use the **tú** command to make the suggestions.)

The imperative with *tú*: negative familiar commands

No compres los esquíes.   *Don't buy* the skis.
No lleves la raqueta.   *Don't take* the racket.

The negative **tú** command is different from the affirmative **tú** command. Study the chart.

Regular Familiar Command		
Negative		
Verbs ending in **-ar**: **bailar**	Verbs ending in **-er**: **beber**	Verbs ending in **-ir**: **escribir**
no bailes	**no bebas**	**no escribas**

1. To form the *regular negative **tú** command*, drop the **o** from the **yo** form of the present tense and add **es** for **-ar** verbs and **as** for **-er** and **-ir** verbs:

yo bailo	→ **bail-**	→ **no bailes**
yo bebo	→ **beb-**	→ **no bebas**
yo escribo	→ **escrib-**	→ **no escribas**

2. Verbs that end in **-car**, **-gar**, or **-zar** such as **practicar**, **llegar**, and **cruzar** change the spelling in the negative **tú** command: c → qu — **no practiques**, g → gu — **no llegues**, and z → c — **no cruces**.

3. The negative **tú** command of the eight irregular verbs you learned in the last **etapa** follow the same rule as the regular negative **tú** commands, except for **ir** and **ser**.

decir	**no digas**	salir	**no salgas**
hacer	**no hagas**	ser	**no seas**
ir	**no vayas**	tener	**no tengas**
poner	**no pongas**	venir	**no vengas**

Aquí practicamos

D. Give the negative **tú** command form of these verbs.

1. esquiar aquí
2. llevar los libros
3. ir al parque
4. comer en tu casa
5. ser antipático
6. vender tus pelotas de tenis
7. comprar los zapatos allí
8. salir de la tienda
9. cruzar la calle
10. tener miedo *(be afraid)*

E. Tell your friend not to do these things. Work in pairs. Then reverse roles and repeat.

1. ser malo
2. llegar tarde
3. tener problemas
4. doblar a la derecha
5. escribir en el libro
6. buscar tus cuadernos
7. mirar mucho la TV
8. venir solo a la fiesta
9. poner la radio en clase
10. decir malas palabras

F. **Consejos** You are new in the neighborhood and don't know where to go for the best buys. Your friend will direct you to various shops in town to get good prices and good quality. Work with a partner and follow the model.

MODELO: —*Voy a comprar carne en la Carnicería Montoya.*
          —*No compres allí. Compra en la Carnicería Martín. Es mejor* (better).

1. Como en el restaurante La Estancia.
2. Hago compras en la Frutería la Sevillana.
3. Voy a la Panadería López.
4. Escucho discos en la tienda de discos Cantar y Bailar.
5. Busco lápices y borradores en la Papelería Mollar.
6. Miro las flores en la Florería La Rosa Roja.

G. **¿Qué debo hacer?** Your pen pal from Mexico has come to stay with you for a month. Advise him or her on places to visit, foods to eat, and things to do while visiting your town. With a classmate playing the role of the pen pal, follow the model to begin your conversation.

MODELO: —*¿Qué debo visitar aquí?*
          —*Visita la catedral. No visites el museo—es muy aburrido.*

¡Adelante!

H. **¿Qué deporte?** Your friend wants to take up a new sport and asks you for advice because you are excellent at a number of sports. Choose a sport and advise him or her to take it up. Explain why, and tell him or her what to buy in order to start practicing.

◆ **Vocabulario** ◆

Para charlar

Para expresar gustos

me / te / le / les / nos encanta(n)
me / te / le / les / nos gusta(n)

Lugares para comprar

una papelería
una tienda de deportes
una tienda de discos

Para preguntar el precio

¿Cuánto cuesta(n)?
¿Qué precio tiene(n)?
¿No está(n) en oferta?

Expresiones para comprar

¿Algo más?
A sus órdenes.
Aquí tiene(n).
¿En qué puedo servirle(s)?
Es todo por hoy.
No hay más.
¿Qué necesita(n)?
Voy a llevar…

Temas y contextos

Una tienda de discos

una cinta
un disco
un disco compacto
un vídeo

Una tienda de deportes
unos esquíes
una pelota de tenis
una raqueta
unos zapatos de tenis

Una papelería

una hoja
el papel de avión
el papel para escribir a máquina
un sobre
una tarjeta de cumpleaños
una tarjeta del Día de la Madre

Vocabulario general

Sustantivos

un centro comercial
un escaparate
el precio

Adjetivos

barato(a)
bonito(a)
caro(a)
favorito(a)
suficiente

Otras expresiones

A ver.
Buen ojo.
fueron
por eso
¡Qué pena!
¡Super!

CAPÍTULO DIECISIETE

¿Cuánto cuesta...?

—Quisiera medio kilo, por favor.
—Bueno. Son 500 pesos.

Primera etapa

Día de feria

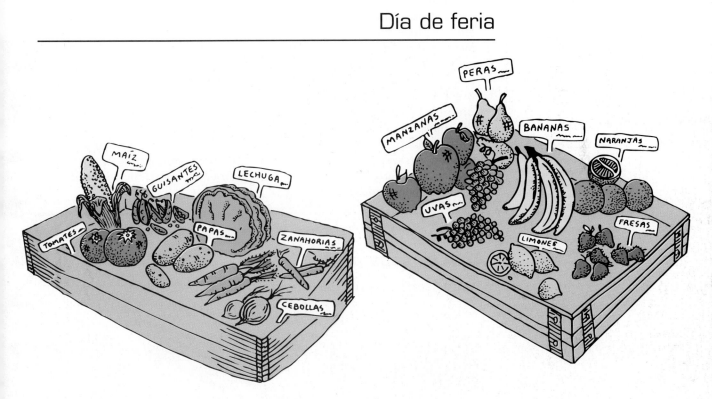

Ayer jueves fue **día de feria** en Oaxaca. La señora Fernández caminó **hasta** la plaza cerca de su casa donde **cada** semana hay un **mercado al aire libre**. A la señora Fernández le gusta comprar las frutas y los **vegetales** que **ofrecen** los **vendedores** porque son productos **frescos** y baratos. **Además** a ella le encanta **regatear**. Hoy, piensa comprar vegetales para una **ensalada**.

market day
as far as / each / open-air market / vegetables
offer / sellers / fresh
Besides / to bargain
salad

Sra. Fernández: ¿Cuánto cuesta el **atado** de zanahorias?
    Vendedora: 1.300 pesos.
Sra. Fernández: Bueno, 2.000 pesos por **estos** dos atados.
    Vendedora: Tenga, 2.100.
Sra. Fernández: Está bien.

bunch

these

COMENTARIOS CULTURALES

Los mercados al aire libre

Open-air markets are characteristic of all Hispanic countries. In rural areas, these markets are particularly important since they offer a place where people from the surrounding communities can meet to buy, sell, and socialize. Once a week, vendors and shoppers gather in a designated location, often the main plaza of a small town. Farmers come from all over the local countryside, bringing vegetables and fruit they have grown on small plots of land. One can also buy pots, pans, brooms, soap, and other household items at the markets, as well as regional handicrafts such as brightly woven cloth, colorful shirts, embroidered dresses, musical instruments, wooden carvings, and more. More and more commonly, there are even manufactured goods and high-tech equipment such as radios and televisions for sale.

¡Aquí te toca a ti!

A. **¿Qué son?** Identify the following fruits and vegetables.

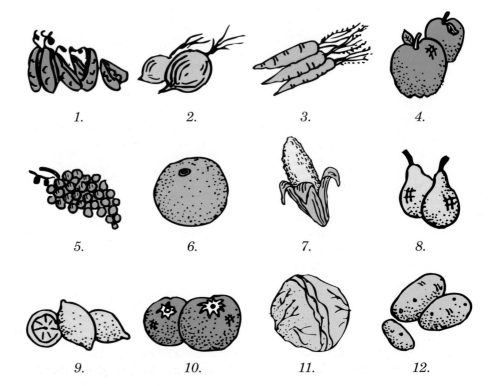

1.   2.   3.   4.

5.   6.   7.   8.

9.   10.   11.   12.

B. **Preparando una ensalada** You are preparing a green salad. Your little sister wants to help, but doesn't know what goes into a salad. Tell her if her suggestions are good or bad.

MODELO: *No, una ensalada no tiene maíz.*

1. 2. 3. 4.

5. 6. 7. 8.

9. 10.

C. **En el mercado** Your mother sends you to the store to get some things. The owner of the shop likes to joke with you by quoting ridiculously high prices for each item and then pretending to bargain. Invent your dialogue with the shop owner. Work with another student and follow the model.

MODELO: cebollas: $10 el kilo / $2
—*¿Cuánto cuestan las cebollas?*
—*10 dólares el kilo.*
—*No, 2 dólares.*
—*Está bien. Tenga.*

1. lechuga: $15 el kilo / $3
2. zanahoria: $10 el atado / $3
3. limones: $20 el kilo / $2
4. fresas: $16 el kilo / $4
5. cebollas: $22 el kilo / $3
6. uvas: $18 el kilo / $4
7. tomates: $13 el kilo / $2
8. papas: $11 por dos kilos / $5
9. maíz: $15 el kilo / $2
10. naranjas: $10 por dos kilos / $6

Lechuga Americana
De California. "Bud". Reg. $1.49
Ahorre 50¢
99¢
PRIMERA CALIDAD

Repaso

D. **La oferta** Ana and Elsa love sports and have saved some money to shop for sporting goods at a flea market. Ana always wants to buy the first thing she sees, but Elsa always looks for the cheapest thing. Work with a partner and role-play their conversation, following the model.

MODELO: comprar / las pelotas de tenis / fútbol
—*Voy a comprar la pelota de fútbol.*
—*No compres la pelota de fútbol. Las pelotas de tenis son más baratas.*

1. comprar / raqueta grande / pequeña
2. llevar / zapatos nuevos / viejos
3. comprar / esquíes para la nieve / esquíes para el agua
4. llevar / fútbol nuevo / viejo
5. comprar / bicicleta Cinelli / Sprint
6. llevar / pelota de básquetbol / pelota de fútbol

E. **La limpieza** (*The cleaning*) You and your friend are cleaning the closets in your rooms and pulling out items to sell at a yard sale. Make a list of the things you both have and then decide what you will or won't sell. Give each other advice on what to sell or not to sell. Work with a partner and follow the model.

MODELO: —*Voy a vender la raqueta de tenis.*
—*Vende la raqueta vieja. No vendas la raqueta nueva.*

Pronunciación: *The consonant f*

The consonant **f** in Spanish is pronounced exactly like the *f* in English.

Práctica

F.   Listen and repeat as your teacher models the following words.

1. fútbol	6. farmacia
2. flor	7. favorito
3. ficción	8. fresco
4. frente	9. alfombra
5. final	10. suficiente

Demonstrative adjectives

¿Quieres **estas** manzanas verdes
 o **esas** manzanas rojas?
Quiero **aquellas** manzanas **allá**.

Do you want *these* green apples
 or *those* red apples?
I want *those* apples *over there*.

Demonstrative adjectives are used to point out specific people or things. They agree in number and gender with the nouns that follow them. There are three sets of demonstrative adjectives:

este	*this*
ese	*that*
aquel	*that over there*

To point out people or things...		
	a. near the speaker	**b. near the listener**	**c. far from both speaker and listener**
Sing. masc.	este limón	ese limón	aquel limón
Sing. fem.	esta manzana	esa manzana	aquella manzana
Plural masc.	estos limones	esos limones	aquellos limones
Plural fem.	estas uvas	esas uvas	aquellas uvas

Aquí practicamos

G. Replace each definite article with the correct demonstrative adjective, according to its column heading.

> MODELO: la papa   a. near the speaker: *esta papa*
> b. near the listener: *esa papa*
> c. far from both: *aquella papa*

a. near the speaker	**b. near the listener**	**c. far from both**
1. la manzana	4. el jamón	7. el maíz
2. el limón	5. los tomates	8. las peras
3. los pasteles	6. las fresas	9. el queso

H. **¿Prefiere estas manzanas o esos tomates?** You are the checkout person at a grocery store. Your customer is undecided about what to buy. Offer him or her choices according to the cues. Work in pairs.

> MODELO: fresas / uvas
> —¿*Prefiere Ud. estas fresas o esas uvas?*
> —*Prefiero estas uvas, por favor.*

1. naranjas / manzanas	4. maíz / guisantes	7. uvas / fresas
2. banana / pera	5. tomates / lechuga	8. zanahorias /
3. limón / papas	6. cebollas / bananas	naranjas

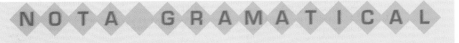

Expressions of specific quantity

¿Cuánto cuesta un **litro** de leche?	How much is a *liter* of milk?
Quisiera **medio kilo** de uvas.	I would like a *half kilo* of grapes.

The following expressions are used to indicate quantities.

un kilo de	*a kilogram of*
medio kilo de	*a half kilogram of*
una libra de	*a pound of*
50 gramos de	*50 grams of*
un litro de	*a liter of*
una botella de	*a bottle of*
una docena de	*a dozen of*
un pedazo de	*a piece of*
un atado de	*a bunch of*
un paquete de	*a package of*

I. Use the cues to answer the salesperson's questions.

    MODELO: ¿Qué desea? (2 kilos de tomates / 1 kilo de uvas)
                   Necesito dos kilos de tomates y un kilo de uvas.

   1. ¿Qué necesita hoy? (1/2 kilo de lechuga / un atado de zanahorias)
   2. ¿Qué quisiera? (200 gramos de jamón / 2 docenas de peras)
   3. ¿Qué desea? (1/2 litro de leche / 1 botella de agua mineral)
   4. ¿En qué puedo servirle? (1/2 docena de naranjas / 2 kilos de uvas)
   5. ¿Necesita algo? (3 botellas de limonada / 1 paquete de mantequilla)

J. **¿Cuánto compraron?** Based on the drawings, say how much of each item the people indicated bought.

    MODELO: ¿Qué compró Juanita?
                   Ella compró cincuenta gramos de queso.

1. *¿Qué compró Mercedes?*

2. *¿Qué compró el señor González?*

3. *¿Qué compró Antonio?*

4. *¿Qué compró Maribel?*

5. *¿Qué compró la señora Ruiz?*

6. *¿Qué compró Francisco?*

K. **En el mercado** You are shopping in an open-air market in Puerto Rico. Ask the seller the price of each item, and then say how much you want to buy. Work with a partner, playing the roles of buyer and seller. Use the cues provided and follow the model.

MODELO: zanahorias: 2 dólares el atado / 2 atados
              —¿Cuánto cuestan estas zanahorias?
              —Dos dólares el atado.
              —Quiero dos atados, por favor.
              —Aquí tiene. Cuatro dólares, por favor.

1. leche: 2 dólares la botella / 3 botellas
2. naranjas: 3 dólares la docena / 1/2 docena
3. papas: 2 dólares el kilo / 500 gramos
4. cebollas: 1.50 dólares el kilo / 1/2 kilo
5. mantequilla: 2.50 dólares el paquete / 2 paquetes
6. pastel: 1 dólar el pedazo / 2 pedazos

¡Adelante!

L. **El postre** *(dessert)* Your mother has put you in charge of buying some fruit for dessert. Work in pairs and follow the directions.

Salesperson	**Customer**
1. Greet the customer.	a. Greet the salesperson.
2. Ask what he or she needs to buy.	b. Say that you need some fruit for dessert (**para el postre**).
3. Offer a choice of fruits.	c. Decide what you are going to buy. Ask how much the fruit(s) cost(s).
4. Tell him or her the price(s).	d. Bargain over the price.
5. Agree on the price. Ask if he or she needs something else.	e. Answer.
6. Respond if necessary; then end conversation.	f. End conversation.

M. **¿Te gusta más...?** You've just won the lottery and you want to buy a number of things. Bring to class several magazine pictures of objects whose names you know in Spanish and that you would like to own. Ask your friend which ones he or she likes best. Remember to make the agreement with **este** and **ese**. Work in pairs and follow the model.

MODELO: —¿Te gusta más esta bicicleta o este coche?
              —Ese coche me gusta más.

Segunda etapa

En el supermercado

Una vez por semana Ricardo hace las compras en el supermercado **para** su mamá. Hoy Roberto también tiene que ir al supermercado para comprar **alimentos** para su familia. Los dos amigos van **juntos**. Primero, van a la sección de los **productos lácteos** porque Ricardo tiene que comprar mantequilla, leche, yogur, crema y queso. También van a la sección de las **conservas** porque necesitan tres **latas** de **sopa** y una lata de **atún**, una botella de **aceite** y un paquete de **galletas**.

Once / for

food / together
dairy products

packaged goods / cans / soup
tuna / oil / cookies

Luego pasan por la sección de los productos **congelados** porque Roberto tiene que comprar **pescado**, una pizza, un pollo y también: ¡**helado** de chocolate, por supuesto! A Roberto le encanta el helado.

Then they pass by / frozen
fish
ice cream

Para terminar, ellos compran pastas, **harina**, azúcar, **sal**, **pimienta**, arroz y mayonesa. El **carrito** de Roberto está muy **lleno**.

flour / salt / pepper
shopping cart / full

COMENTARIOS CULTURALES

Las frutas y los vegetales tropicales

In the tropical parts of Central and South America, Mexico, and the Caribbean, many kinds of delicious vegetables and fruits are commonly available for everyday consumption. You may be familiar with the **aguacate** (avocado) and the **chile** (hot green or red pepper). Fruits such as **papayas** (a small melon-like fruit) and **mangos** (a peach-like fruit) can be found fresh as well as in fruit juices in many supermarkets in the U.S. The **plátano** (a large green banana) is eaten frequently with meals in a number of Hispanic countries. It is generally served fried or boiled. The **mamey** (a coconut-like fruit) and the **zapote** (a fruit shaped like an apple with green skin and black pulp inside) can often be found on the Mexican table as a much appreciated dessert. Another popular dessert is guava paste, served with fruit or cheese.

plátano

zapote

mango

mamey

papaya

¡Aquí te toca a ti!

A. En el carrito de Lidia hay... Lidia's mother sent her to the store. But since Lidia forgot the shopping list, the shop assistant helps her to remember by mentioning some items. Work with a partner playing the roles of the shop assistant and Lidia. Look at the drawings and indicate what she's buying. Follow the model

MODELO: Clerk: *¿Necesita arroz?*
                Lidia: *No, pero necesito pastas.*

1. *¿Necesitas harina?*   2. *¿Necesitas pimienta?*   3. *¿Necesitas pollo?*

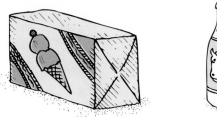

4. *¿Necesitas galletas?*   5. *¿Necesitas yogur?*   6. *¿Necesitas mayonesa?*

B. Preferencias personales Your father always likes to give you a choice when he prepares meals. He is preparing this week's menu. Tell him what you would like.

MODELO: ¿Quisieras carne o pescado hoy?
               Quisiera carne, por favor.

1. ¿Quisieras pollo o atún el lunes?
2. ¿Quisieras yogur o helado el martes?
3. ¿Quisieras pizza o pescado el miércoles?
4. ¿Quisieras pasta o papas el jueves?
5. ¿Quisieras pollo o sopa el viernes?
6. ¿Quisieras mayonesa o aceite en la ensalada el sábado?
7. ¿Quisieras fruta o helado el domingo?

Repaso

C. **¿Preparamos una sopa de vegetales?** Your favorite aunt and uncle are coming for dinner tonight. They are strict vegetarians; so you have to plan the meal carefully. You've decided to serve vegetable soup and fruit salad. With a classmate, write a shopping list. List all the vegetables and fruits you can think of in Spanish without looking in the book.

MODELO: *En la sopa podemos poner* _____
          En la ensalada de frutas podemos poner _____

ESTRUCTURA

The interrogative words **cuál** and **cuáles**

¿**Cuáles** prefiere, las manzanas verdes o las manzanas rojas?	*Which ones* do you prefer, the green apples or the red apples?

1. The words **¿cuál?** *(which)* and **¿cuáles?** *(which ones)* are used when there is the possibility of a choice within a group.

¿**Cuál** es tu nombre?	*What* is your name?
¿**Cuál** es tu dirección?	*What* is your address?

2. In some cases, in English you use the question word *what*, while in Spanish you use **cuál**, as in the examples above. Notice the idea of a choice within a group: *Of all possible addresses / names, which one is yours?:* **¿Cuál es tu dirección / nombre?**

Aquí practicamos

D. **¿Cuál quieres?** You are babysitting for a young child who doesn't speak very clearly yet. You are trying to guess what he wants by offering him some choices.

MODELO: este libro grande / aquel libro pequeño
¿Cuál quieres, este libro grande o aquel libro pequeño?

1. el vídeo de Mickey Mouse / el vídeo de Blanca Nieves *(Snow White)*
2. esta fruta / ese pan dulce
3. este sándwich de queso / aquél de jamón
4. este chocolate / ese jugo
5. estas uvas / esas fresas
6. helado de chocolate / botella de leche

 ¿Qué crees?

Chocolate is a product that originally came from:

a) Switzerland
b) Europe
c) Mexico
d) South America

respuesta

E. **Preguntas personales** Ask one of your classmates questions with **cuál** to get the required information. Work with a partner and follow the model.

MODELO: tu nombre
¿Cuál es tu nombre?

1. tu nombre
2. tu dirección
3. tu número de teléfono
4. tu profesor(a) favorito(a)
5. tu fruta favorita
6. tu vegetal favorito

Demonstrative pronouns

Ese yogur no es muy bueno. **Éste** aquí es mejor.	That yogurt is not very good. *This one* here is better.

1. Demonstrative pronouns are used to indicate a person, object, or place when the noun itself is not mentioned.

2. Demonstrative pronouns have the same form as demonstrative adjectives, but they add an accent mark to show that they have different uses and meanings.

éste **ésta**	} *this one*	**éstos** **éstas**	} *these*
ése **ésa**	} *that one*	**ésos** **ésas**	} *those*
aquél **aquélla**	} *that one (over there)*	**aquéllos** **aquéllas**	} *those (over there)*

3. Demonstrative pronouns agree in gender and number with the nouns they replace.

Esta manzana es roja, **ésa** amarilla y **aquélla** verde.	This apple is red, *that one* yellow, and *that one over there* green.
Me gusta más esta naranja que **ésa** o **aquélla**.	I like this orange better than *that one* or *that one over there*.

4. When using demonstrative pronouns, it is helpful to use adverbs of location to indicate how close to you an object is. The location helps you decide whether you should refer to the object using **éste(a)**, **ése(a)**, or **aquél(la)**.

   You have already learned **aquí** *(here)*. Here are two other adverbs you can use to talk about location:

allí	*there*
allá	*over there*

¿Quieres **esta** lechuga **aquí**, **ésa** allí o **aquélla** allá?	Do you want *this* lettuce *here*, *that one there*, or *that one over there*?

Aquí practicamos

F. **¿Cuál?** You are doing some shopping with a friend. Because there are so many items to choose from, you have to explain which objects you are discussing. Use **éste(a)**, **ése(a)**, or **aquél(la)** in your answer, according to the cue in parentheses. Follow the model.

MODELO: ¿Qué libros vas a comprar? (those)
            Voy a comprar ésos.

1. ¿Qué calculadora vas a comprar? (this one)
2. ¿Qué frutas vas a comprar? (those over there)
3. ¿Qué galletas quieres? (those)
4. ¿Qué paquete de arroz quieres? (this one)
5. ¿Qué pescado vas a comprar? (that one)
6. ¿Qué jamón quieres? (that one over there)

G. **¿Cuál prefieres?** Use the cues provided to tell what you prefer. Remember to make the pronoun agree with the noun provided. Work with a partner and follow the model.

MODELO: queso / allí
            —*¿Cuál prefieres?*
            —*Prefiero ése allí.*

1. paquete de mantequilla / allí
2. botella de aceite / allá
3. paquete de arroz / aquí
4. lata de sopa / allá
5. paquete de galletas / allí
6. lata de atún / allá
7. paquete de harina / aquí

¡Adelante!

H. **Un picnic** You and your friend are planning a picnic. At the delicatessen you have to decide what you want to buy, but you don't always agree with each other. For each suggestion you make, your friend disagrees and tells you to buy something else. Work with a partner. Use the cues provided and follow the model.

MODELO: estos sándwiches de atún / esos sándwiches de pollo
—¿Vamos a llevar estos sándwiches de atún?
—No, no lleves ésos de atún. Lleva ésos de pollo.

1. esa ensalada de frutas / aquella ensalada verde
2. esos tacos de carne / aquellos tacos de queso
3. estos licuados de banana / esos licuados de fresa
4. este helado de fresas / ese yogur de fresas

5. aquella tortilla de jamón / esa tortilla de papas
6. este pastel de fresas / aquel pastel de manzanas
7. esa salsa de tomate / esta salsa de chile
8. esa sopa de pollo / esta sopa de pescado

I. **¿Cuánto cuesta todo esto?** You and two friends are planning a dinner for some classmates. You are on a tight food budget. You have only $16.00 to spend—$3.00 for beverages, $3.00 for dessert *(el postre),* and $10.00 for the main course *(el plato principal).* Compare the prices on the lists and decide how much you can buy of each thing without going over the limit. After you decide, write down what you will buy and how much you will have spent. Work with two classmates and follow the model. Be prepared to report to the class on your final menu and its cost.

PRODUCTOS LÁCTEOS

yogur	3 / $2
leche	1 litro / $1
mantequilla	$1
crema	2 / $1
queso	$2

CONSERVAS

sopa	2 / $1
atún	2 / $2.50
salsa de tomate	2 / $1.50
aceitunas	2 / $1.50

PRODUCTOS CONGELADOS

pescado	1 kilo / $5
pizza	$5
papas fritas *(fried)*	$2
pollo	$5
vegetales	$2
helado	$4

OTROS PRODUCTOS

pan	$1
galletas	$2
arroz	$2
pastas	$2
lechuga	$1
tomates	1 kilo / $2

BEBIDAS

café	1 kilo / $5
refrescos	2 litros / $2
agua mineral	1 litro / $2
limonada	2 litros / $3

MODELO: —*¿Qué vamos a servir?*
          —*Bueno, para el plato principal, ¿por qué no*
           preparamos pollo con papas fritas y vegetales?
          —*A ver. El pollo cuesta...*

 **Vocabulario**

Para charlar

Para preguntar sobre preferencias

¿Cuál prefieres…?
¿Cuál quieres…?

Temas y contextos

Cantidades

un atado de
una botella de
una docena de
50 gramos de
un kilo de
una libra de
un litro de
medio kilo de
un paquete de
un pedazo de

Productos congelados

el helado
el pescado
el pollo

Productos lácteos

la crema
un yogur

Productos varios

el azúcar
una galleta
el harina
la mayonesa
la pasta
la pimienta
la sal

Vocabulario general

Sustantivos

los alimentos
un carrito
una feria
un mercado al aire libre
un(a) vendedor(a)

Adjectives

amarillo(a)
aquel(la)
ese(a)
este(a)
fresco(a)
lleno(a)
rojo(a)
verde

Otras palabras y expresiones

además
allá
allí
aquél(la) / aquéllos(as)
cada
ése(a) / ésos(as)
éste(a) / éstos(as)
hasta
juntos
luego
para
una vez

Verbos

ofrecer
pasar
regatear

Conservas

el aceite
una lata de atún
una lata de sopa

Frutas

una banana
una ensalada de frutas
la fresa
un limón
una manzana
una naranja
una pera
una uva

Vegetales

una cebolla
una ensalada de vegetales (verde)
un guisante
la lechuga
el maíz
una papa
un tomate
una zanahoria

CAPÍTULO DIECIOCHO

¿Qué quieres comprar?

—Quiero comprar zapatos nuevos.
—Pues, éstos son bonitos y no son caros.

Primera etapa

Tienda "La Alta Moda"

Hoy sábado Mercedes y Sarita van de compras al centro comercial en El
Paso, Texas. Ellas necesitan comprar un **regalo** para el cumpleaños de
Rosa. También a ellas les gusta **ir de escaparates**.

gift
to windowshop

—Aquí tienen **ropa** muy moderna.
—¡Mira esta **falda azul**! ¡Qué linda!
—A Rosa le va a gustar ese color. Con este **cinturón negro** es muy boni-
ta. Creo que le va a gustar.
—Sí, tienes razón. Perfecto. Ahora yo necesito un **vestido** para mí.
—Aquí al frente hay una boutique muy elegante.
—Mm… entonces, **seguro** que es cara.
—Vamos a ir de escaparates.

clothes
blue skirt
black belt

dress

surely

Los colores

una camisa roja

un suéter azul

una chaqueta verde

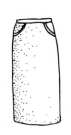

pantalones amarillos

una falda blanca

un impermeable negro

¡Aquí te toca a ti!

A. **¿Qué llevan hoy?** In your job as fashion reporter for the school newspaper, you need to know what everyone is wearing. Describe each person's outfit, following the model.

MODELO: *Luis lleva una camisa roja con unos pantalones blancos.*

Luis

1. *Roberta*

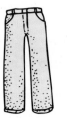

2. *Nadia*

3. *Alfonso*

4. Arturo   5. Olga   6. Esteban

B. **¿Dónde trabajas durante** *(during)* **las vacaciones de verano?**
You have decided to get a sales job this summer at a store in the local
shopping center. Explain where you are working and what you sell.

MODELO: tienda de discos
          —*Voy a trabajar en la tienda de discos, y voy a vender
          discos y cintas.*

1. papelería
2. tienda de deportes
3. tienda de discos
4. tienda de ropa para mujeres
5. tienda de ropa para hombres
6. tienda de ropa para niños

C. **¿Qué ropa llevas a la fiesta?** You are trying to decide what to wear
to the party tonight. Using the items of clothing on page 389 and your
favorite colors, put together your outfit. Work with a partner. Be pre-
pared to report back to the class.

MODELO: —*¿Qué vas a llevar a la fiesta?*
          —*Voy a llevar unos patalones negros y un suéter rojo.*

Repaso

D. **En el mercado** You need to get fruits and vegetables to accompany
your dinner. In pairs, play the role of the shopkeeper and the cus-
tomer. Remember that all the produce is not available all year round.
Before you begin, make a list of what you want to buy. Your partner
will make a list of what is available. Then create your own dialogue,
following the model.

MODELO: —*Buenos días, señorita (señor). ¿Qué desea?*
          —*¿Tiene fresas?*
          —*Sí, ¿cuánto quiere?*
          —*Medio kilo, por favor.*
          —*Aquí tiene. ¿Algo más?*

Pronunciación: *The consonant l*

The consonant **l** in Spanish is pronounced like the *l* in the English word *leak*.

Práctica

E. Listen and repeat as your teacher models the following words.

1. lápiz	6. libro
2. leche	7. luego
3. listo	8. malo
4. inteligente	9. abuela
5. papel	10. fútbol

Expressions of comparison

Hoy hay **menos** clientes **que** ayer.	Today there are *fewer* customers *than* yesterday.
Estos discos son **más** caros **que** ésos.	These records are *more* expensive *than* those.

1. To establish a comparison in Spanish, use these phrases:

más... que	*more...than*
menos... que	*less...than*

2. There are a few adjectives that have an irregular comparative form and do not make comparisons using **más** or **menos**.

bueno / buen	*good*	**mejor(es)**	*better*
malo / mal	*bad / sick*	**peor(es)**	*worse*
joven	*young*	**menor(es)**	*younger*
viejo	*old*	**mayor(es)**	*older*

Estos vestidos son **mejores que** esas blusas.	These dresses are *better than* those blouses.
Yo soy **menor que** mi hermano.	I am *younger than* my brother.

Aquí practicamos

F. **¿Qué tienes?** You are in a bad mood today and disagree with everyone. Say the opposite of what you hear.

MODELO: Pedro tiene más discos que Juan.
   No, Pedro tiene menos discos que Juan.

1. Rafael tiene más dinero que José.
2. Anita tiene más amigas que Pilar.
3. Yo tengo más paciencia que tú.
4. Tomás tiene más camisas que Alfonso.
5. Tú tienes más faldas que yo.
6. Mi familia tiene más niños que tu familia.

G. **¿Cuál es mejor?** Express which one of the two items would be a better addition to your wardrobe.

MODELO: falda roja / chaqueta negra
   Para mí, una falda roja es mejor que una chaqueta negra.

1.

2.

3.

4.

5.

6.

7.

8.

H. **Mis amigos y yo** Use the nouns provided to compare yourself to your friends. Use the expressions **más... que** and **menos... que**.

MODELO: hermanas
           Yo tengo menos hermanas que mi amiga Ana.

1. hermanos   5. discos
2. tíos   6. libros
3. amigos   7. dinero
4. radios   8. bicicletas

¡Adelante!

I. **Mis parientes** (*relatives*) Using the vocabulary that you have learned in earlier chapters, tell your classmates how many grandparents, aunts, uncles, cousins, brothers, and sisters you have. As you mention the different numbers, a classmate says that he or she has more or fewer than you.

MODELO: Tú: *Yo tengo tres hermanos.*
           Compañero(a): *Yo tengo menos hermanos que tú.*
                         Tengo un hermano.

J. **La vida de la gente famosa** You are a reporter for the school paper and are responsible for this month's gossip column. Imagine that you have interviewed several celebrities and are comparing their lifestyles.

MODELO: Arsenio Hall tiene más _____
           que David Letterman. Paula Abdul
           es menos _____ que Diana Ross.

Segunda etapa

Zapatería "El Tacón"

¡Aquí te toca a ti!

A. **En la zapatería** You need to get some new shoes. When the clerk, played by your teacher, asks you, tell him or her what you want to see.

MODELO: —¿*En qué puedo servirle?*
—*Quisiera ver unos zapatos de tacón.*

B. **¿Qué número?** Now go back to exercise A and give your shoe size to the clerk. Use your European size. Refer to the chart on page 398 for sizes.

MODELO: —¿*En qué puedo servirle?*
—*Quisiera ver unos zapatos de tenis.*
—¿*Qué número?*
—*Cuarenta y tres, por favor.*

C. **Combinaciones** You are a fashion consultant in a large department store. Recommend the right shoes for the following outfits, as well as your choice of color.

MODELO:　Elisa / vestido azul de fiesta
Con el vestido azul de fiesta Elisa debe llevar zapatos negros de tacón.

1. Roque / jeans azules y camiseta amarilla
2. Susana / falda y chaqueta negra de cuero
3. Miguel / pantalones verdes y camisa roja y blanca
4. Lilia / falda negra larga y blusa blanca de fiesta
5. Diego / pantalones amarillos cortos y camiseta
6. Rosa / impermeable azul
7. Sergio / abrigo verde

Repaso

D. **La ropa de María y Marta** Use the information provided in the following chart to make comparisons about Maria's and Martha's clothes. Remember the expressions for comparison **más... que** and **menos... que**.

MODELO:　*María tiene menos camisetas que Marta.*

	MARÍA	**MARTA**
CAMISETAS	5	6
FALDAS	2 faldas cortas 1 falda larga	1 falda azul 1 falda amarilla 2 faldas negras
VESTIDOS	1 vestido de fiesta 1 vestido rojo 1 vestido verde	1 vestido de fiesta 4 vestidos rojos 1 vestido verde
SUÉTERES	5	4
CINTURONES	1	3
PANTALONES	4	2

Expressing equality

El carrito de Roberto está **tan** lleno **como** el de Ricardo.	Robert's shopping cart is *as* full *as* Richard's.
Margarita compra **tan** frecuente-temente **como** Linda.	Margarita shops *as* frequently *as* Linda.

1. To express equality in Spanish, use the phrase **tan** + adjective/adverb + **como** = *as...as*.

Este señor compró **tanta** mercadería **como** esa señora.	This man bought *as much* merchandise *as* that woman.
Laura compró **tantos** huevos **como** Sonia.	Laura bought *as many* eggs *as* Sonia.

2. Another way to make comparisons in Spanish is with the words **tanto** and **como**. **Tanto** and **como** are used with nouns, as in the examples above.

$$\textbf{tanto(a)} + noun + \textbf{como} = as\ much + noun + as$$
$$\textbf{tantos(as)} + noun + \textbf{como} = as\ many + noun + as$$

The words **tanto(a)/tantos(as)** agree in gender and number with the nouns that follow.

 ¿Qué crees?

If you go shopping in Mexico City, in which place would you bargain?

a) supermarket
b) drug store
c) open-air market
d) department store

respuesta

Aquí practicamos

E. **Los gemelos** Because they are identical twins, Nicolás and Andrés are the same in almost every way. Compare them using the cues given. Follow the model.

MODELO: alto
Nicolás es tan alto como Andrés.

1. inteligente
2. gordo
3. bueno
4. energético
5. bajo
6. simpático
7. guapo
8. divertido

Tallas internacionales
Shoe sizes are different in Spain and Latin America than they are
in the U.S.

Men's shoes

U.S.	8	9	10	11	12	13
Spain	41	42	43	44	45,5	47

Women's shoes

U.S.	4,5	5,5	6,5	7,5	8,5	9,5
Spain	35,5	36,5	38,5	39,5	40,5	42

F. **Nicolás come tanta comida como Andrés.** The twins' mother is
always careful to serve them exactly the same amount of food.
Describe what they have on their plates, using the cues. **¡OJO!**
(Watch out!) Don't forget to use the correct form of **tanto**.

MODELO: helado
          Nicolás tiene tanto helado como Andrés.

1. papas fritas
2. pescado
3. carne
4. galletas

5. queso
6. fruta
7. pastas
8. pollo

G. **¡Yo soy mejor que tú!** Some people always think that they are the
best. With a classmate, have a bragging contest. Use the cues and your
imagination. Follow the model.

MODELO: mi casa / bonita
          —*Mi casa es tan bonita como la casa del presidente.*
          —*No importa.* (That doesn't matter.) *Mi casa es más
          bonita que la casa del presidente.*

1. mis notas / altas
2. mi madre / inteligente
3. mi hermana / bonita
4. mi padre / importante
5. mi tío / rico
6. mi hermano / divertido

c

¡Adelante!

H. **¿Cuánto cuesta todo esto** *(all this)***?** You need new shoes, socks and a bag for this season. You have $40 to spend. Here are the ads for two different shoe stores. Compare their prices and decide where you can get the best deals and what you can buy without going over the limit. Work with a partner.

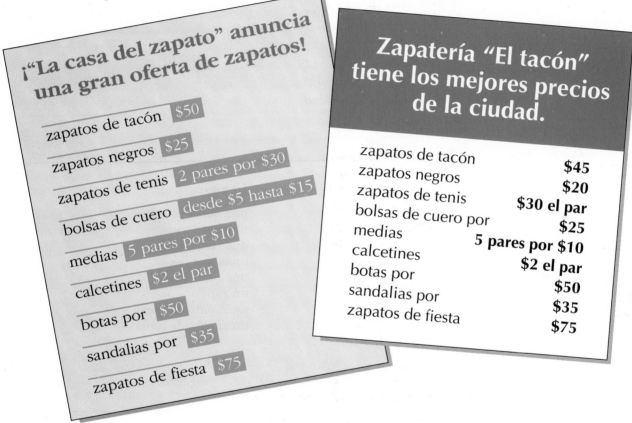

¡"La casa del zapato" anuncia una gran oferta de zapatos!

zapatos de tacón	$50
zapatos negros	$25
zapatos de tenis	2 pares por $30
bolsas de cuero	desde $5 hasta $15
medias	5 pares por $10
calcetines	$2 el par
botas por	$50
sandalias por	$35
zapatos de fiesta	$75

Zapatería "El tacón" tiene los mejores precios de la ciudad.

zapatos de tacón	$45
zapatos negros	$20
zapatos de tenis	$30 el par
bolsas de cuero por	$25
medias	5 pares por $10
calcetines	$2 el par
botas por	$50
sandalias por	$35
zapatos de fiesta	$75

MODELO: *Los zapatos de tacón son más caros en "La Casa del Zapato".*
Los zapatos de fiesta cuestan tanto en "La Casa del Zapato" como en la zapatería "El Tacón".

Vocabulario

Para charlar

Para hacer comparaciones

mayor
más... que
mejor
menor
menos... que
peor

Para establecer igualdad

tan / tanto... como

Temas y contextos

Una tienda de ropa

un abrigo
una blusa
una camisa
una camiseta
una chaqueta
un cinturón
una falda
un impermeable
unos pantalones
un suéter
un vestido

Una zapatería

una bolsa de cuero
una bota
unos calcetines
unas medias
unas sandalias
un zapato
un zapato de tacón
un zapato de tenis

Vocabulario general

Sustantivos

una boutique
la moda

Verbos

llevar

Adjetivos

azul
blanco
moderno(a)
negro
seguro(a)

Aquí leemos

The following text is the directory of *El Corte Inglés*, a famous department store in Madrid. What does it remind you of? What are five categories that you would expect to see in such a directory in English? No words have been translated; so you will be reading it just like anyone else who would walk into the store. Before you begin reading, look for any cognates that will help you to understand the text. During the first reading, try to get the general idea of what is offered in this store. Then read the questions that follow and try to find the information that you need.

Departamentos:
Tejidos. Boutique. Mercería. Sedas. Lanas. **Supermercado.** Alimentación. Limpieza. **Imagen y Sonido.** Hi-Fi. Ordenadores. Radio. TV. Vídeos. Librería. Palelería.

1er. SOTANO

Servicios: Patrones de moda. Revelado rápido de Fotografías. Consultorio Esotérico.

Departamentos:
Complementos de Moda. Perfumería y Cosmética. Joyería. Bisutería. Bolsos. Fumador. Marroquinería. Medias. Pañuelos. Relojería. Sombreros. Turismo. Fotografía.

PLANTA BAJA

Servicios:
Reparación relojes y joyas. Estanco. Quiosco de Prensa. Información. Servicio de Intérpretes. Objetos perdidos. Optica 2000. Filatelia y Numismática. Empaquetado de Regalos.

Departamentos:
Hogar Menaje. Artesanía. Cerámica. Cristalería. Cubertería/Accesorios Automóvil. Bricolaje. Loza. Orfebrería. Porcelanas (Lladró, Capodimonte). Platería. Regalos. Vajillas. Saneamiento. Electrodomésticos. Muebles de Cocina.

1a. PLANTA

Servicios:
Reparación de Calzado. Plastificado de Carnet. Duplicado de llaves. Grabación de objetos. Floristería. Listas de Boda.

Departamentos:
Niños/as. (4 a 10 años) Confección. Boutiques. Complementos. Juguetería. **Chicos/as.** (11 a 14 años) Confección. Carrocería. Canastillas. Regalos bebé. Zapatería bebé. **Zapatería.** Señoras, Caballeros y Niños.

2a. PLANTA

Servicios:
Estudio Fotográfico y realización de retratos.

Departamentos:
Confección Caballeros. Confección. Ante y Piel. Boutiques. Ropa Interior. Sastrería a Medida. Artículos de Viajes. Complementos de Moda. Zapatería. Tallas Especiales.

3a. PLANTA

Servicios:
Unidad Administrativa (Tarjeta de compra El Corte Inglés. Venta a plazos. Envíos al extranjero y nacionales. Devolución I.V.A. Post-Venta). Peluquería Caballeros y Niños. Centro de Seguros. Agencia de Viajes.

Departamentos:
Señoras. Confección. Punto. Peletería. Boutiques Internacionales. Lencería y Corsetería. Futura Mamá. Tallas Especiales. Complementos de Moda. Zapatería. Pronovias.

4a. PLANTA

Servicios:
Peluquería Señoras. Conservación de pieles.

Comprensión

A. **Preguntas generales** You are in **El Corte Inglés** and want to buy the following things. Where do you go? Each **planta** is a different level in the store. Write the name of the place and the number of the **planta** next to each item.

1. Necesitas un par de zapatos nuevos.
2. Quieres revelar tus fotografías.
3. No sabes cómo explicarle al dependiente que quieres las fotografías en colores. Necesitas un intérprete.
4. Quieres un regalo para tu hermano de 5 años.
5. Necesitas comprar fruta para el viaje en tren.

Repaso

B. **¿Cuánto deben** (do they owe)**?** Use the prices given to find out how much each person has to pay. Work with a partner.

MODELO: Pilar / pantalones / $40
—*Pilar va a comprar unos pantalones. ¿Cuánto debe?*
—*¿Unos pantalones? Debe cuarenta dólares.*

1. mi madre / un par de medias / $6
2. yo / zapatos de tacón / $54
3. nosotros / botas / $90
4. Teresa / zapatos de tenis / $25
5. tú / bolsa de cuero / $18
6. Víctor / zapatos blancos / $35

C. **Intercambio** Ask the following questions of a classmate, who will answer them. Then reverse roles and repeat.

MODELO: ¿Tienes tantos libros como la biblioteca?
No, no tengo tantos libros como la biblioteca. Tengo menos libros que la biblioteca.

1. ¿Tienes tantos tíos como tías?
2. ¿Hablas español tan bien como yo?
3. ¿Eres tan alto(a) como yo?
4. ¿Tienes tantas cintas como discos compactos?
5. ¿Tienes tantas camisetas como camisas?
6. ¿Tienes tantos amigos como amigas?

Aquí repasamos

In this section, you will review:

- the verbs **gustar** and **encantar** with the third person;
- the regular and irregular informal commands;
- expressions of specific quantity;

- expressions of comparison and equality;
- the demonstrative adjectives and pronouns;
- the interrogative word **¿cuál?**

A. **Las tiendas** Friends of your family are about to leave for Peru. Since they are going to be in small towns where there are no supermarkets, you have to explain to them what they can buy in each of the following stores: **panadería**, **librería**, **tienda de discos**, **tienda**, **tienda de deportes**, **carnicería**, **tienda de ropa**, **papelería**, **mercado al aire libre**, **zapatería**.

MODELO: *En la tienda de ropa, pueden comprar blusas, pantalones, vestidos y más.*

The verbs *gustar* and *encantar*

Le gusta Tracy Chapman.	*You (formal) / He / She likes* Tracy Chapman.
Les gusta el concierto.	*You (plural) / They like* the concert.
A Luis le encanta el jazz.	*Luis loves* jazz.
A Ana y Javier les gusta el disco compacto.	*Ana and Javier like* the CD.
A Ud. le gusta el disco.	*You like* the record.
A Uds. les gusta la cinta.	*You like* the cassette.
A Lucy y a mí nos gusta bailar.	*Lucy and I like* to dance.
Nos gusta la música latina.	*We like* Latin music.

B. **La estrella de cine** You and a classmate will role-play a situation in which you are a reporter interviewing a movie star, played by your classmate. First, take a few minutes to create your new identity —name, age, movies appeared in, family, and likes and dislikes. Then your classmate will interview and present the new star to the class.

The informal command

The affirmative and negative **tú** commands have different forms.

Regular Familiar Command		
Affirmative		
Verbs ending in **-ar**: **bailar**	Verbs ending in **-er**: **beber**	Verbs ending in **-ir**: **escribir**
baila	**bebe**	**escribe**

The verbs **decir, hacer, ir, poner, salir, ser, tener**, and **venir** have irregular affirmative command forms.

decir	**di**	salir	**sal**
hacer	**haz**	ser	**sé**
ir	**ve**	tener	**ten**
poner	**pon**	venir	**ven**

Regular Familiar Command		
Negative		
Verbs ending in **-ar**: **bailar**	Verbs ending in **-er**: **beber**	Verbs ending in **-ir**: **escribir**
no bailes	**no bebas**	**no escribas**

Verbs that end in **-car** or **-gar**, such as **practicar** and **pagar**, change the spelling: **c → qu, no practiques**; and **g → gu, no pagues**.

The corresponding negative forms of the irregular verbs are:

decir	**no digas**	salir	**no salgas**
hacer	**no hagas**	ser	**no seas**
ir	**no vayas**	tener	**no tengas**
poner	**no pongas**	venir	**no vengas**

C. **La última moda** *(Latest fashion)* You know a lot about the latest fashion in clothes and about the lifestyle of teenagers. Advise your younger friend about what he or she should and should not do.

MODELO: llevar / falda blanca / negra
               No lleves falda blanca. Lleva una falda negra. o:
               Lleva una falda blanca. No lleves falda negra.

La moda *(Fashion)*

1. comprar suéteres verdes / negros
2. llevar camisetas rojas / blancas
3. usar cinturones grandes / pequeños
4. buscar pantalones en las tiendas de mujeres / hombres
5. llevar ropa nueva / vieja

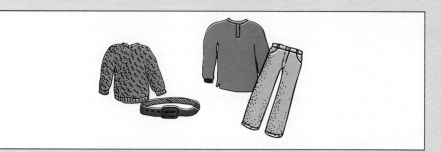

El comportamiento *(Behavior)*

6. llevar a hermanos pequeños a una cita *(date)* / ir solo(a)
7. llegar temprano a una fiesta / tarde
8. ir de paseo al parque / heladería *(ice cream shop)*
9. ser agresivo(a) / dulce *(sweet)*
10. comprar bicicleta / motocicleta
11. beber café en una fiesta / refrescos

Expressions of quantity

50 gramos de	50 grams of	**una botella de**	a bottle of
un atado de	a bunch of	**una docena de**	a dozen of
un kilo de	a kilogram of	**una lata de**	a can of
un litro de	a liter of	**una libra de**	a pound of
un paquete de	a package of	**medio... de**	a half...of
un pedazo de	a piece of		

HUEVOS
MEDIANOS
U.S.
1 Docena
Precio Reg. 97¢ doc.
79¢
DOC.
AHORRE 18¢ DOC.

D. **Las compras** You have done the shopping for your family this week. When you get home, your mother asks you how much of everything you bought. Work in pairs and follow the model.

MODELO: pescado / 2 kilos
  —¿*Cuánto pescado compraste?*
  —*Compré 2 kilos.*

1. atún / 3 latas
2. fresas / 1 kg.
3. azúcar / 1 paquete
4. mayonesa / 500 gramos
5. guisantes / 50 gramos
6. tomates / medio kilo
7. harina / 2 paquetes
8. rabanitos / 1 atado
9. huevos / 1 docena
10. leche / 4 litros

Comparisons

To establish a comparison in Spanish, you may use the words **más** and **menos**.

Irregular comparative forms:

bueno / buen	*good*	**mejor(es)**	*better*
malo / mal	*bad*	**peor(es)**	*worse*
joven	*young*	**menor(es)**	*younger*
viejo	*old*	**mayor(es)**	*older*

Expressing equality

To express equality in Spanish use the phrases:

tan + *adjective / adverb* + **como**	*as...as*
tanto(a) + *noun* + **como**	*as much* + noun + *as*
tantos(as) + *noun* + **como**	*as many* + noun + *as*

The words **tanto(a)/tantos(as)** agree in gender and number with the nouns that follow them.

NOMEN **Siempre el mejor arroz.**

Comparaciones Compare the number of possessions of the following people based on the chart.

	discos	vídeos	cintas	discos compactos
Ángeles	25	3	15	32
Pancho	26	10	27	32
José	30	10	34	35
Delia	25	12	27	38

MODELO: discos / Ángeles y José
Ángeles tiene menos discos que José.

1. vídeos / Pancho y José
2. discos compactos / José y Delia
3. cintas / Delia y Ángeles
4. discos / Pancho y José
5. discos compactos / Ángeles y Pancho
6. vídeos / José y Delia
7. cintas / Pancho y Delia
8. discos / Delia y Pancho

Demonstrative adjectives and pronouns

To point out people or things...			
	a. near the speaker	b. near the listener	c. far from both speaker and listener
Sing. masc.	este limón	ese limón	aquel limón
Sing. fem.	esta manzana	esa manzana	aquella manzana
Plural masc.	estos limones	esos limones	aquellos limones
Plural fem.	estas uvas	esas uvas	aquellas uvas

Demonstrative pronouns are used to point out a person, object, or place when the noun is not mentioned.

éste **ésta** **éstos** **éstas**	*this one*	**ése** **ésa** **ésos** **ésas**	*that one*	**aquél** **aquélla** **aquéllos** **aquéllas**	*that one over there*

F.   **¿Cuánto cuesta...?** While you are at the mall, you want to find out
the prices of several items at your favorite discount store. Inquire
about the prices. Your classmate will play the role of the clerk and
will quote a price. You have to decide whether you will buy the item
or not. Work with a partner and follow the model.

MODELO: raqueta de tenis
   —*¿Cuánto cuesta esta raqueta de tenis?*
   —*Ochenta dólares.*
   —*Bueno, voy a comprar una.*

   pelotas de tenis
   —*¿Cuánto cuestan estas pelotas de tenis?*
   —*Cincuenta dólares.*
   —*Gracias, pero son muy caras.*

1. sobres
2. faldas
3. pantalones
4. grabadora
5. cámara

6. juguetes
7. suéter
8. chaqueta
9. camiseta
10. blusa

G.   **Las frutas y los vegetales** You are in an open-air market. You
choose some fruit that you like, but your friend always finds others
that are better. Work in pairs and follow the model.

MODELO: esos limones
   —*Me gustan estos limones.*
   —*Mira, éstos aquí son mejores.*
   —*Mm... tienes razón.*

1. esas piñas
2. estas fresas
3. aquel limón

4. aquellos tomates
5. esos aguacates
6. estas peras

H.   **¡Un gran problema!** You take a trip to the seashore. When you
return from swimming, your car has been stolen. A policeman comes,
and you have to describe your car by comparing it to others parked
nearby.

MODELO: lindo / aquel Jaguar
   Mi coche es tan lindo como aquel Jaguar.

1. grande / ese Mercedes rojo
2. pequeño / aquel Alfa Romeo azul
3. nuevo / este BMW blanco
4. amarillo / ese Peugeot
5. viejo / este Renault aquí
6. bajo / aquel Fiat

The interrogative word *¿cuál?*

The words **¿cuál?** *(which?)* and **¿cuáles?** *(which ones?)* are used when there is the possibility of a choice within a group.

¿Cuál quieres, ésta o ésa?
¿Cuáles te gustan más, estas peras o aquéllas?

I. **En la tienda de música "La Nueva Onda"** Find out what your friends bought at "La Nueva Onda". Use **qué**, **cuál**, or **cuáles** in the questions.

MODELO: disco / B-52s
                —*¿Qué compraste?*
                —*Compré un disco.*
                —*¿Cuál compraste?*
                —*El último disco de B-52s.*

1. vídeo / Talking Heads
2. cinta / U2
3. disco / Van Halen
4. disco compacto / Gloria Estefan
5. cinta / REM
6. vídeo / Rolling Stones

LA MAQUINA DEL SONIDO

WRIO FM 101

LA MAQUINA DEL SONIDO

PETICIONES: 842-1010/OFICINAS: 848-8101/FAX: 841-5184.

Aquí llegamos

A. **Vamos de picnic.** You are going on a picnic. Together with two of your friends, plan what you want to eat. Then decide who is going to do the shopping and where will you shop. Don't forget to make a shopping list!

B. **En el mercado** You are in a **mercado** buying food for a dinner you are making for your vegetarian friends. Together with a classmate play the roles of the shopkeeper and the customer.

   1. Greet the shopkeeper.
   2. Explain what you want and specify quantities.
   3. Ask how much you owe for each item.
   4. Thank the shopkeeper and say good-bye.

C. **La música** Explain to your classmate the type of music you like, the singers you like to listen to, and whether you prefer cassettes, CDs, or records. Find out what his or her preferences are.

D. **Mi ropa** You and your mother go shopping. Tell her what you hope to buy and the colors and combinations you like. Work in pairs and take turns playing each role.

Me llamo Alicia. Trabajo en la tienda de discos que está cerca de la escuela.

Glossary of functions

The numbers in parentheses refer to the chapter in which the word or phrase may be found.

Greeting/taking leave of someone
¡Hola!   (1)
Buenos días.   (1,2)
Buenas tardes.   (1)
Buenas noches.   (1)
¿Cómo estás?   (1)
¿Cómo está(n) Ud(s).?   (2)
¿Cómo te va?   (1)
¿Qué tal?   (1)
Muy bien, gracias.   (1,2)
Bien gracias. ¿Y tú?   (1)
(Estoy) bien, gracias. ¿Y Ud.?   (2)
Más o menos.   (1)
Adiós.   (1)
Chao.   (1)
Hasta luego.   (1)
Saludos a tus padres.   (2)

Introducing someone
Te presento a …   (1)
Quisiera presentarle(les) a …   (2)
Mucho gusto.   (1)
Encantado(a).   (2)
Me llamo …   (4)
Se llama …   (6)

Being polite
Por favor …   (1)
(Muchas) gracias.   (1)
De nada.   (1)
Sea(n) Ud(s). …   (8)
Vaya(n) Ud(s). …   (8)

Talking about preferences
(No) me/te/le/les/nos gusta(n).   (1,16)
Me/te/le/les/nos encanta(n).   (16)
¿Cuál quieres?   (17)
¿Cuál prefieres?   (17)
¿Qué te gusta más?   (5)
Me gusta más …   (5)
Prefiero …   (11)
Sí, tengo ganas de …   (10,15)

Ordering/taking orders for food or drink
Vamos al café.   (1)
Vamos a tomar algo.   (1)
¿Qué van a pedir?   (3)
¿Qué desea(n) tomar?   (1)

¿Y Ud.?   (1)
Yo quisiera …   (1)
Voy a comer …   (1)
Para mí …   (1)
Aquí tiene(n).   (1)
¡Un refresco, por favor!   (1)

Commenting about the food
¡Qué bueno(a)!   (3)
¡Qué comida más rica!   (3)
¡Qué picante!   (3)
¡Es riqísimo(a)!   (3)
¡Es delicioso(a)!   (3)

Identifying personal possessions
¿De quién es/son?   (4)
Es/Son de …   (4)

Getting information about other people
¿De dónde eres/es?   (3)
¿Dónde vive?   (6)
¿Cuántos(as) … ?   (6)
¿Por qué … ?   (6)
¿Qué … ?   (6)
¿Quién … ?   (3,6)
¿Cómo es/son?   (6)
Está casado(a) con …   (6)
¿Cuántos años tienes?   (7)
Tiene … años.   (7)
Vive en …   (4)
Es de …   (3)
Pregúntales a los otros.   (12)

Expressing frequency/time
a menudo   (7)
de vez en cuando   (7)
en otra oportunidad   (7)
nunca   (7)
rara vez   (7)
una vez al año   (9)
algún día   (12)
como de costumbre   (11)
una vez   (17)
cada domingo   (6)
todos los días   (6)
la semana entera   (11)
por unos minutos   (13)
    una hora   (13)

un día   (13)
dos meses   (13)
tres años   (13)

Telling time
¿Qué hora es?   (9)
¿A qué hora?   (9)
¿Cuándo?   (9)
a las cinco de la mañana   (9)
a la una de la tarde   (9)
desde … hasta …   (9)
entre … y …   (9)
al mediodía   (9)
a la medianoche   (9)
ahora   (9)

Asking for/giving directions
¿Cómo llego a … ?   (8)
¿Dónde está … ?   (8)
¿Está lejos/cerca de aquí?   (8)
Allí está …   (3)
Cruce la calle …   (8)
Doble a la derecha.   (8)
        a la izquierda.   (8)
Está al final de …   (8)
        al lado de …   (8)
        cerca de …   (8)
        delante de …   (8)
        detrás de …   (8)
        entre … y …   (8)
        en la esquina de …   (8)
        frente a …   (8)
        lejos de …   (8)
Tome la calle …   (8)
Siga derecho por …   (8)

Making plans to go out/to go into town
¿Quieres ir conmigo?   (10)
¿Para qué?   (10)
Tengo que …   (10)
¿Cuándo vamos?   (10)
¿Cómo vamos?   (12)
¿Adónde vamos?   (7)
Vamos a dar un paseo.   (10)
        hacer un mandado.   (10)
        ir de compras.   (10)
        ver un amigo.   (10)
Vamos en autobús.   (10)
        a pie.   (10)
        en bicicleta.   (10)
        en coche.   (10)
        en metro.   (10)
        en taxi.   (10)

Vamos hoy.   (10)
        esta mañana/tarde/noche.   (10)
        mañana.   (10)
        mañana por la mañana.   (10,11)
        el sábado por la noche.   (10,11)
¿Cuánto tarda para llegar a … ?   (12)
Tarda diez minutos, como máximo.   (12)

Taking the subway
Por favor, un billete sencillo.   (11)
        un billete de diez viajes.   (11)
        un metrotour de tres días.   (11)
        un metrotour de cinco días.   (11)
        una tarjeta de abono transportes.   (11)
        un plano del metro.   (11)
¿Dónde hay una estación de metro?   (11)
¿Dónde bajamos del tren?   (11)
Bajamos en …   (11)
Cambiamos en …   (11)
¿En qué dirección … ?   (11)
¿Qué dirección tomamos?   (11)
una línea   (11)

Making travel plans
Quiero planear un viaje.   (12)
Aquí estoy para servirles.   (12)
¿En qué puedo servirles?   (12)
¿Cuánto cuesta un viaje de ida y vuelta?   (12)
        en avión?   (12)
Es mucho—sólo tengo … pesetas.   (12)
Tengo que hacer las maletas.   (13)

Talking about the past
el año pasado   (13)
el mes pasado   (13)
la semana pasada   (13)
el fin de semana pasado   (13)
el jueves pasado   (13)
ayer por la mañana   (13)
        por la tarde   (13)
ayer   (13)
anoche   (13)
anteayer   (13)
¿Cuánto hace que (no te veo)?   (14)
Hace (5 años) que (no te veo).   (14)
(José,) (no te veo) hace (5 años).   (14)

Talking about the present
Nos vamos ahora.   (15)
        ahora mismo.   (15)
        en este momento.   (15)
Estoy comiendo (estudiando, etc.).   (15)

Talking about the future
Pienso ir a ...   (11,15)
Espero hacer un viaje a ...   (13)
Quiero ...   (15)
Quisiera ...   (15)
Tengo ganas de ...   (15)
Voy a ...   (7)
Iremos de viaje esta semana.   (11)
        este año.   (11)
        este mes.   (11)
        la semana próxima.   (11)
        el mes próximo.   (11)
        el año próximo.   (11)
        mañana por la tarde.   (10,11)

Expressing wishes and desires
Quiero ...   (11,15)
Tengo ganas de ...   (10,15)
Espero ...   (12,15)
Quisiera ...   (15)

Making purchases
¿Cuánto cuesta(n)?   (16)
¿Qué precio tiene(n)?   (16)
¿No está en oferta?   (16)
A ver.   (16)
¡Super!   (16)
A sus órdenes.   (16)
Aquí tiene(n).   (16)
¿Cuántos hay?   (4)
¿Dónde hay ... ?   (4)
Aquí hay otro(a) ...   (3)
No hay más.   (16)
¡Qué pena!   (16)
Voy a llevar ...   (16)
(Tiene Ud.) buen ojo.   (17)
¿Qué necesita(n)?   (16)
Necesito(amos) un atado de ...   (17)
        una botella de ...   (17)
        una docena de ...   (17)
        50 gramos de ...   (17)
        un (medio) kilo de ...   (17)
        una libra de ...   (17)
        un litro de ...   (17)
        un paquete de ...   (17)
        un pedazo de ...   (17)
¿Algo más?   (16)
Es todo por hoy.   (16)

Making comparisons
mayor que ...   (18)
peor que ...   (18)
mejor que ...   (18)
menor que ...   (18)
menos ... que ...   (18)
más ... que ...   (18)
tan/tanto ... como ...   (18)

Expressing disbelief
¿Verdad?   (2)
¿No?   (2)

Making plans to meet
¿Dónde nos encontramos?   (9)
¿A qué hora nos encontramos?   (9)
De acuerdo.   (9)
¡Claro (que sí)!   (5,10)
Sí, puedo.   (10)
No, no puedo.   (10)
Lo siento.   (7)
Es imposible.   (10)

Answering the telephone
¡Bueno!   (7)
¡Hola!   (7)
¡Diga!   (7)
¡Dígame!   (7)

Glossary

Spanish-English

The numbers in parentheses refer to the chapters in which the words or phrases may be found.

A

a   to   (1)
a menudo   frequently, often (7)
a pie   on foot, walking   (10)
¿A qué hora?   At what time? (9)
a veces   sometimes   (1)
A ver.   Let's see.   (16)
al   to the   (7)
al lado de   beside, next to   (8)
abrigo   *m.*   coat   (18)
abogado(a)   *m. (f.)*   lawyer   (3)
abuela   *f.*   grandmother   (6)
abuelo   *m.*   grandfather   (6)
aburrido(a)   bored, boring   (6)
acabar de ...   to have just ...   (2)
acción   *f.*   action   (15)
aceite   *m.*   oil   (17)
aceituna   *f.*   olive   (2)
además   besides   (17)
adiós   good-bye   (1)
¿adónde?   where?   (7)
aeropuerto   *m.*   airport   (7)
agua   *f.*   water   (1)
ahora   now   (9)
ahora mismo   right now   (15)
alemán (alemana)   *m. (f.)* German   (3)
Alemania   Germany   (3)
alfombra   *f.*   rug, carpet   (4)
algo   something   (1)
algún día   someday   (12)
alimento   *m.*   food   (17)
alto(a)   tall   (6)
alumno(a)   *m. (f.)*   student   (4)
allá   over there   (17)
allí   there   (4)
amarillo(a)   yellow   (17)
americano(a)   *m. (f.)*   American (3)
amigo(a)   *m. (f.)*   friend   (2)
andar   to go along, walk   (13)
animal   *m.*   animal   (5)
anoche   last night   (13)
antipático(a)   disagreeable   (6)

anunciar   to announce   (9)
año   *m.*   year   (14)
apartamento   *m.*   apartment (4)
apellido   *m.*   last name   (6)
aprender   to learn   (5)
aquel(la)   that   (17)
aquél(la)   *m. (f.)*   that one   (17)
aquí   here   (4)
Argentina   Argentina   (3)
argentino(a)   *m. (f.)* Argentinian   (3)
arquitecto(a)   *m. (f.)*   architect (3)
arroz   *m.*   rice   (3)
arte   *m. or f.*   art   (5)
asistir a   to attend   (13)
atado   *m.*   bunch   (17)
atún   *m.*   tuna   (17)
autobús   *m.*   bus   (7)
estación de autobuses   *m.* bus terminal   (7)
avión   *m.*   plane   (12)
azúcar   *m.*   sugar   (17)

B

bailar   to dance   (1)
baile   *m.*   dance   (9)
baile folklórico   *m.*   folk dance   (9)
baile popular   *m.*   popular dance   (9)
bajar   to go down, to lower   (11)
bajo(a)   short   (6)
banana   *f.*   banana   (17)
banco   *m.*   bank   (7)
barato(a)   cheap   (16)
barrio   *m.*   neighborhood   (7)
básquetbol   *m.*   basketball   (5)
bebida   *f.*   drink   (1)
béisbol   *m.*   baseball   (5)
beso   *m.*   kiss   (5)
biblioteca   *f.*   library   (7)
bicicleta   *f.*   bicycle   (4)
bien   well, fine; very   (1)

billete   *m.*   ticket   (11)
billete de diez viajes   *m.* ten-trip ticket   (11)
billete de ida y vuelta   *m.* roundtrip ticket   (12)
billete sencillo   *m.*   one-way ticket   (11)
biología   *f.*   biology   (5)
blusa   *f.*   blouse   (18)
bocadillo   *m.*   sandwich (French bread)   (1)
bolígrafo   *m.*   ball point pen   (4)
Bolivia   Bolivia   (3)
boliviano(a)   *m. (f.)*   Bolivian (3)
bolsa   *f.*   purse   (18)
bonito(a)   pretty   (6)
borrador   *m.*   eraser   (4)
bota   *f.*   boot   (18)
botella   *f.*   bottle   (17)
boutique   *f.*   boutique   (18)
bueno(a)   good, well   (1)
Buenas noches.   Good evening./Good night.   (1)
Buenas tardes.   Good afternoon.   (1)
¡Bueno!   Hello! (answering the phone)   (7)
Buenos días.   Good morning. (1)
buscar   to look for   (14)

C

cacahuete   *m.*   peanut   (2)
cada   each, every   (17)
café   *m.*   café, coffee   (1)
calamares   *m.*   squid   (2)
calcetín   *m.*   sock   (18)
calculadora   *f.*   calculator   (4)
caliente   hot   (3)
calle   *f.*   street   (8)
cama   *f.*   bed   (4)
cámara   *f.*   camera   (4)
camarero(a)   *m. (f.)*   waiter (waitress)   (1)

H

hablar to talk (1)
hacer to do, to make (9)
  hacer la cama make the bed (13)
  hacer las maletas to pack (13)
  hacer un mandado to do an errand (10)
  hacer un viaje to take a trip (13)
hamburguesa *f.* hamburger (3)
harina *f.* flour (17)
hasta until (17)
  Hasta luego. See you later. (1)
hay there is/are (4)
helado *m.* ice cream (17)
hermana *f.* sister (6)
hermano *m.* brother (6)
hermoso(a) beautiful (12)
hija *f.* daughter (6)
hijo *m.* son (6)
hispano(a) *m. (f.)* Hispanic (9)
hoja *f.* leaf, piece of paper (16)
¡Hola! Hello! (1)
hombre *m.* man (3)
Honduras Honduras (3)
hondureño(a) *m. (f.)* Honduran (3)
hora *f.* hour (9)
horario *m.* schedule (11)
horrible horrible (3)
hospital *m.* hospital (7)
hotel *m.* hotel (7)
hoy today (10)

I

iglesia *f.* church (7)
igualdad *f.* equality (18)
impermeable *m.* raincoat (18)
imposible impossible (10)
ingeniero(a) *m. (f.)* engineer (3)
Inglaterra England (3)
inglés (inglesa) *m. (f.)* English man (woman) (3)
inteligente intelligent (6)
interesante interesting (6)
invitación *f.* invitation (12)

ir to go (7)
  ir a ... to be going to ... (10)
  ir de compras to go shopping (10)
  Vamos a... Let's go ... (1)
Italia Italy (3)
italiano(a) *m. (f.)* Italian (3)
izquierda left (8)

J

jamón *m.* ham (1)
Japón Japan (3)
japonés (japonesa) *m. (f.)* Japanese man (woman) (3)
jazz *m.* jazz (5)
joven young (18)
jueves *m.* Thursday (10)
jugar to play (a sport or game) (11)
jugo *m.* juice (1)
junto together (17)

K

kilo *m.* kilogram (17)
  medio kilo half kilo (17)
kilómetro *m.* kilometer (17)

L

la *f.* the (4)
lácteo(a) dairy (17)
  producto lácteo *m.* dairy product (17)
lápiz *m.* pencil (4)
las *f.* the (plural) (4)
lata *f.* can, tin (17)
leche *f.* milk (1)
lechuga *f.* lettuce (17)
leer to read (5)
lejos (de) far (from) (8)
lengua *f.* language, tongue (5)
libra *f.* pound (17)
librería *f.* bookstore (7)
libro *m.* book (4)
licuado *m.* milkshake (1)
limón *m.* lemon (17)
limonada *f.* lemonade (1)
línea *f.* line (11)
listo(a) ready (9)
litro *m.* liter (17)
los *m.* the (plural) (4)
luego then, afterwards (14)
lugar *m.* place, location (7)

lunes *m.* Monday (10)

LL

llamarse to be called (4)
  Me llamo ... My name is ... (4)
  Se llama ... His or her name is ... (6)
llave *f.* key (4)
llegar to arrive (8)
lleno(a) full (17)
llevar to take, carry (4)

M

madre *f.* mother (6)
maíz *m.* corn (17)
mal poorly (1)
malo(a) bad (6)
mantequilla *f.* butter (1)
manzana *f.* apple (17)
mañana *f.* morning, tomorrow (10)
martes *m.* Tuesday (10)
máquina *f.* machine (4)
  máquina de escribir *f.* typewriter (4)
más more (1)
  más o menos so-so (1)
  más ... que more ... than (18)
mayonesa *f.* mayonnaise (17)
mayor older (18)
mecánico(a) *m. (f.)* mechanic (3)
media *f.* stocking (18)
medianoche *f.* midnight (9)
médico *m.* doctor (3)
medio(a) half (17)
medio *m.* middle, means (4)
  medio de transporte *m.* means of transportation (4)
mediodía *m.* midday (9)
mejor better (9)
melocotón *m.* peach (1)
menor younger (18)
menos ... que less ... than (18)
mercado *m.* market (7)
  mercado al aire libre *m.* open-air market (17)
merienda *f.* snack (1)
mermelada *f.* jelly (1)
mes *m.* month (14)
metro *m.* subway (11)

estación de metro *f.* subway station (11)
mexicano(a) *m. (f.)* Mexican (3)
México Mexico (3)
mi(s) my (plural) (4)
mí me (1)
miércoles *m.* Wednesday (10)
mil thousand (12)
milla *f.* mile (12)
millón *m.* million (12)
minuto *m.* minute (14)
mirar to look at, to watch (2)
   ¡Mira! Look! (3)
mochila *f.* knapsack (4)
moda *f.* style (18)
moderno(a) modern (18)
moreno(a) *m. (f.)* dark-haired, brunet(te) (6)
motocicleta *f.* motorcycle (4)
muchísimo very much (1)
mucho(a) a lot (1)
   Muchas gracias. Thank you very much. (1)
   Mucho gusto. Nice to meet you. (1)
mujer *f.* woman (3)
museo *m.* museum (7)
música *f.* music (5)
   música clásica *f.* classical music (5)
   música rock *f.* rock music (5)
muy very (1)
   Muy bien, gracias. Very well, thank you. (1)

N

nacionalidad *f.* nationality (3)
nada nothing (13)
naranja *f.* orange (17)
naturaleza *f.* nature (5)
necesitar to need (2)
negocio *m. (f.)* business (3)
   hombre (mujer) de negocios *m. (f.)* businessman (businesswoman) (3)
Nicaragua Nicaragua (3)
nicaragüense *m. or f.* Nicaraguan (3)
no no (1)
noche *f.* night (9)
nombre *m.* name (6)

norteamericano(a) *m. (f.)* North American (3)
nosotros(as) *m. (f.)* we (1)
novecientos(as) nine hundred (12)
noventa ninety (7)
nuestro(a) our (4)
nuevo(a) new (12)
número *m.* number (7)
nunca never (7)

O

o or (12)
ochenta eighty (7)
ochocientos(as) eight hundred (12)
oferta *f.* sale (16)
   ¿No está(n) en oferta? It's not on sale? (16)
ofrecer to offer (17)
orden *m.* order (12)
   a sus órdenes at your service (12)
otro(a) other (11)
   otra cosa *f.* another thing (11)

P

padre *m.* father (6)
   padres *m.* parents (6)
pagar to pay (12)
país *m.* country (8)
pájaro *m.* bird (5)
pan *m.* bread (2)
   pan dulce *m.* any kind of sweet roll (1)
   pan tostado *m.* toast (1)
panadería *f.* bakery (7)
Panamá Panama (3)
panameño(a) *m. (f.)* Panamanian (3)
pantalones *m.* trousers (18)
papa *f.* potato (17)
papel *m.* paper (16)
   papel de avión *m.* air mail stationery (16)
   papel para escribir a máquina *m.* typing paper (16)
papelería *f.* stationery store (16)
paquete *m.* package (17)
para for, in order to (9)

Paraguay Paraguay (3)
paraguayo(a) *m. (f.)* Paraguayan (3)
parque *m.* park (7)
pasar to pass (17)
   pasar tiempo to pass time (13)
paseo *m.* walk (10)
   dar un paseo to take a walk (10)
pasta *f.* pasta (17)
pastel *m.* pastry, pie (1)
patata *f.* potato (2)
   patatas bravas *f.* cooked potatoes diced and served in spicy sauce (2)
pedazo *m.* piece (17)
pedir to ask for something, to request (8)
película *f.* film, movie (5)
   película cómica *f.* comedy movie (5)
   película de aventura *f.* adventure movie (5)
   película de ciencia ficción *f.* science fiction movie (5)
   película de horror *f.* horror movie (5)
pelirrojo(a) redheaded (6)
pelota *f.* ball (16)
   pelota de tenis *f.* tennis ball (16)
pensar to think (11)
peor worse, worst (18)
pequeño(a) small (6)
pera *f.* pear (17)
perder to lose (13)
perdón excuse me (8)
periodista *m. or f.* journalist (3)
pero but (1)
perro *m.* dog (5)
persona *f.* person (6)
Perú Peru (3)
peruano(a) *m. (f.)* Peruvian (3)
pescado *m.* fish (17)
picante spicy (3)
pimienta *f.* pepper (17)
pintura *f.* painting (5)
piscina *f.* swimming pool (7)
planear to plan (12)
plano del metro *m.* subway map (11)
planta *f.* plant, floor (4)

playa *f.* beach (12)

playa de estacionamiento *f.* parking lot (8)

plaza *f.* plaza, square (7)

pluma *f.* fountain pen (4)

poco a little (1)

poder to be able to (10)

policía *f.* police *m.* policeman (7)

   estación de policía *f.* police station (7)

política *f.* politics (5)

pollo *m.* chicken (3)

por for (11)

   por eso that is why (16)

   por fin finally (14)

   por la mañana in the morning (11)

   por la noche at night (11)

   por la tarde in the afternoon (11)

   por supuesto of course (9)

¿por qué? why? (6)

porque because (6)

portafolio *m.* briefcase (4)

posesión *f.* possession (4)

póster *m.* poster (4)

practicar to practice (1)

precio *m.* price (16)

preferencia *f.* preference (17)

preferir to prefer (7)

preguntar to ask a question (9)

premio *m.* prize (9)

presentación *f.* presentation, introduction (2)

presentar to present, introduce (1)

primero first (7)

primo(a) *m. (f.)* cousin (6)

producto *m.* product (17)

profesión *f.* profession (3)

profesor(a) *m. (f.)* professor, teacher (3)

propina *f.* tip (12)

próximo(a) next (10)

Puerto Rico Puerto Rico (3)

puertorriqueño(a) *m. (f.)* Puerto Rican (3)

pues then (1)

Q

que that (1)

¿qué? what? (6)

   ¿Qué día es hoy? What day is today? (10)

   ¿Qué hora es? What time is it? (9)

   ¿Qué tal? How are you? (1)

¡Qué ...! How ...! (3)

   ¡Qué bueno(a)! Great! (3)

   ¡Qué comida más rica! What delicious food! (3)

   ¡Qué horrible! How terrible! (3)

   ¡Qué pena! What a pity! (16)

queso *m.* cheese (1)

quedar to stay (8)

querer to want (7)

¿quién? who? (3)

química *f.* chemistry (5)

quinientos(as) five hundred (12)

quiosco de periódicos *m.* newspaper kiosk (8)

R

radio despertador *m.* clock radio (4)

raqueta *f.* racket (16)

rara vez rarely (7)

rebanada de pan *f.* slice of bread (1)

recibir to receive (5)

refresco *m.* soft drink (1)

regatear to bargain (17)

República Dominicana Dominican Republic (3)

restaurante *m.* restaurant (1)

riquísimo delicious (3)

rojo(a) red (17)

rubio(a) blond(e) (6)

Rusia Russia (3)

ruso(a) *m. (f.)* Russian (3)

S

sábado *m.* Saturday (10)

sacapuntas *m.* pencil sharpener (4)

sacar to obtain; to get out something (14)

sal *f.* salt (17)

salir (de) to go out, leave (13)

salsa *f.* sauce, type of music (3)

saludar to greet (2)

saludo *m.* greeting (2)

salvadoreño(a) *m. (f.)* Salvadorian (3)

sandalia *f.* sandal (18)

sándwich *m.* sandwich (1)

secretario(a) *m. (f.)* secretary (3)

seguro(a) sure (18)

seiscientos(as) six hundred (12)

semana *f.* week (14)

sentir to feel

   Lo siento. I'm sorry. (7)

señor *m.* Mr. (1)

señora *f.* Mrs. (1)

señorita *f.* Miss (1)

ser to be (3)

   Es de ... Is from ..., It belongs to ... (4)

   Es la una y media. It is one thirty. (9)

   Son de ... They are from..., They belong to ... (4)

   Son las tres. It is 3 o'clock. (9)

serie *f.* series, sequence (14)

serio(a) serious (6)

servir to serve (12)

sesenta sixty (7)

setecientos(as) seven hundred (12)

setenta seventy (7)

si if (12)

sí yes (1)

siempre always (1)

silla *f.* chair (4)

simpático(a) nice (6)

sin límite unlimited (11)

sobre *m.* envelope (16)

soda *f.* soda (1)

su(s) his, her, your, their (4)

suéter *m.* sweater (18)

suficiente enough (16)

¡Super! Super! (16)

T

taco *m.* taco, corn tortilla filled with meat and other things (3)

también also (2)

tampoco neither (2)

tan so (8)

   tan/tanto ... como as/as much ... as (18)

tapa española *f.* Spanish snack (2)

taquilla *f.* booth (11)
tarde *f.* afternoon, late (9)
tarjeta *f.* card (16)
   tarjeta de abono transportes *f.* commuter pass (11)
   tarjeta de cumpleaños *f.* birthday card (16)
   tarjeta del Día de la Madre *f.* Mother's Day card (16)
taxi *m.* taxi (7)
té *m.* tea (1)
teatro *m.* theatre (7)
teléfono *m.* telephone (7)
televisor (a colores) *m.* (color) television set (4)
tener to have (6)
   tener ... años to be ... years old (7)
   tener ganas de ... to feel like ... (10)
   tener hambre to be hungry (7)
   tener que to have to (6)
   tener sed to be thirsty (7)
tenis *m.* tennis (5)
tía *f.* aunt (6)
tiempo *m.* time (14)
tienda *f.* store (7)
   tienda de deportes *f.* sporting goods store (16)
   tienda de discos *f.* record shop (16)
   tienda de ropa *f.* clothing store (18)
tío *m.* uncle (6)
tocar to touch, to play an instrument (2)
todo(a) all (9)
   todos los días *m.* every day (1)
tomar to drink, to take (1)

tomate *m.* tomato (17)
tonto(a) silly, stupid, foolish (6)
tortilla *f.* omelette (Spain) or cornmeal pancake (Mexico) (3)
trabajar to work (1)
tren *m.* train (7)
   estación de trenes train station (7)
trescientos(as) three hundred (12)
triste sad (9)
tú you (familiar) (1)
tu(s) your (plural) (4)
turista *m.* or *f.* tourist (11)

U

un(a) a(n) (1)
universidad *f.* university (7)
uno one (2)
Uruguay Uruguay (3)
uruguayo(a) *m. (f.)* Uruguayan (3)
usted (Ud.) you (formal) (1)
ustedes (Uds.) you (formal plural) (1)
usualmente usually (10)
uva *f.* grape (17)

V

varios(as) various (17)
vaso *m.* glass (1)
vegetal *m.* vegetable (17)
veinte twenty (7)
vendedor(a) *m. (f.)* salesman (woman) (17)
vender to sell (5)
venezolano(a) *m. (f.)* Venezuelan (3)
Venezuela Venezuela (3)

venir to come (7)
ver to see (9)
¿verdad? right? (2)
verde green (17)
vestido *m.* dress (18)
vez *f.* time, instance (9)
   una vez once (17)
   una vez al año once a year (9)
viajar to travel (1)
viaje *m.* trip (12)
   agencia de viajes *f.* travel agency (12)
vida *f.* life (13)
vídeo *m.* video (16)
videocasetera *f.* videocassette player (4)
viejo(a) old (6)
viernes *m.* Friday (10)
visitar to visit (7)
vivir to live (5)
vólibol *m.* volleyball (5)
volver to go back (13)
vosotros(as) *m. (f.)* you (familiar plural) (1)

Y

y and (1)
yo I (1)
yogur *m.* yogurt (17)

Z

zanahoria *f.* carrot (17)
zapatería *f.* shoe store (18)
zapato *m.* shoe (18)
   zapato de tacón *m.* high-heeled shoe (18)
   zapato de tenis *m.* tennis shoe (16)

Glossary

English-Spanish

The numbers in parentheses refer to the chapters in which the words or phrases may be found.

A

(to be) able to **poder** (10)
accountant **contador(a)** *m. (f.)* (3)
across from **frente a** (8)
action **acción** *f.* (15)
adventure movie **película de aventura** *f.* (5)
after **después** (1)
afternoon **tarde** *f.*
afterwards **luego** (14)
age **edad** *f.* (7)
air mail stationery **papel de avión** *m.* (16)
airport **aeropuerto** *m.* (7)
all **todo(a)** (9)
also **también** (2)
alteration **cambio** *m.* (12)
always **siempre** (1)
American **americano(a)** *m. (f.)* (3), (from the United States) **estadounidense** *m.* or *f.* (3)
amusing **divertido(a)** (6)
and **y** (1)
angry **enojado(a)** (9)
animal **animal** *m.* (5)
(to) announce **anunciar** (9)
another **otro(a)** (11)
another thing **otra cosa** *f.* (11)
(to) answer **contestar** (1)
any **cualquier** (13)
apartment **apartamento** *m.* (4)
(to) apologize **disculparse** (7)
apple **manzana** *f.* (17)
appointment **cita** *f.* (10)
architect **arquitecto(a)** *m. (f.)* (3)
Argentina **Argentina** (3)
Argentinian **argentino(a)** *m. (f.)* (3)
(to) argue **discutir** (12)
(to) arrive **llegar** (8)
art **arte** *m.* or *f.* (5)

as **como** (11)
as/as much … as **tan/tanto … como** (18)
as usual **como de costumbre** (11)
(to) ask a question **preguntar** (9)
(to) ask for something **pedir** (8)
at **a** (1)
at night **por la noche** (11)
at some other time **en otra oportunidad** (7)
at this moment **en este momento** (15)
At what time? **¿A qué hora?** (9)
at your service **a sus órdenes** (12)
(to) attend **asistir a** (13)
aunt **tía** *f.* (6)

B

bad **malo(a)** (6)
bakery **panadería** *f.* (7)
ball **pelota** *f.* (16)
balloon **globo** *m.* (1)
banana **banana** *f.* (17)
bank **banco** *m.* (7)
(to) bargain **regatear** (17)
baseball **béisbol** *m.* (5)
basketball **básquetbol** *m.* (5)
(to) be **estar** (8), **ser** (3)
beach **playa** *f.* (12)
beans **frijoles** *m.* (3)
beautiful **hermoso(a)** (12)
because **porque** (6)
bed **cama** *f.* (4)
behind **detrás de** (8)
belt **cinturón** *m.* (18)
beside **al lado de** (8)
besides **además** (17)
better **mejor** (9)
between **entre** (8)
bicycle **bicicleta** *f.* (4)

biology **biología** *f.* (5)
bird **pájaro** *m.* (5)
birthday card **tarjeta de cumpleaños** *f.* (16)
biscuit **galleta** *f.* (17)
blond(e) **rubio(a)** (6)
blouse **blusa** *f.* (18)
Bolivia **Bolivia** (3)
Bolivian **boliviano(a)** *m. (f.)* (3)
book **libro** *m.* (4)
bookshelf **estante** *m.* (4)
bookstore **librería** *f.* (7)
boot **bota** *f.* (18)
booth **taquilla** *f.* (11)
bored, boring **aburrido(a)** (6)
bottle **botella** *f.* (17)
boutique **boutique** *f.* (18)
bread **pan** *m.* (2)
bread, slice of **rebanada de pan** *f.* (1)
breakfast **desayuno** *m.* (1)
briefcase **portafolio** *m.* (4)
brother **hermano** *m.* (6)
brunet(te) **moreno(a)** (6)
building **edificio** *m.* (7)
bunch **atado** *m.* (17)
bus **autobús** *m.* (7)
bus terminal **estación de autobuses** *m.* (7)
business **negocio** *m.* (3)
businessman(woman) **hombre (mujer) de negocios** (3)
but **pero**
butcher shop **carnicería** *f.* (7)
butter **mantequilla** *f.* (1)
(to) buy **comprar** (13)

C

café **café** *m.* (1)
calculator **calculadora** *f.* (4)
(to be) called **llamarse** (4)
camera **cámara** *f.* (4)
can **lata** *f.* (17)

Canada **Canadá** (3)
Canadian **canadiense** *m.* or *f.* (3)
canned good **preserva** *f.* (17)
car **coche** *m.* (4)
card **tarjeta** *f.* (16)
carpet **alfombra** *f.* (4)
carrot **zanahoria** *f.* (17)
(to) carry **llevar** (4)
cat **gato** *m.* (5)
cathedral **catedral** *f.* (7)
(to) celebrate **celebrar** (9)
center **centro** *m.* (16)
chair **silla** *f.* (4)
change **cambio** *m.* (12)
(to) change **cambiar** (11)
(to) chat **charlar** (1)
cheap **barato(a)** (16)
cheese **queso** *m.* (2)
chemistry **química** *f.* (5)
chicken **pollo** *m.* (3)
Chile **Chile** (3)
Chilean **chileno(a)** *m. (f.)* (3)
China **China** (3)
Chinese man (woman) **chino(a)** *m. (f.)* (3)
chocolate **chocolate** *m.* (1)
church **iglesia** *f.* (7)
classical music **música clásica** *f.* (5)
clock radio **radio despertador** *m.* (4)
close (to) **cerca (de)** (8)
clothing store **tienda de ropa** *f.* (18)
club **club** *m.* (7)
coat **abrigo** *m.* (18)
coffee **café** *m.* (1)
Colombia **Colombia** (3)
Colombian **colombiano(a)** *m. (f.)* (3)
(to) come **venir** (7)
(to) comment **comentar** (3)
commuter pass **tarjeta de abono transportes** *f.* (11)
compact disk **disco compacto** *m.* (16)
company **compañía** *f.* (3)
comparison **comparación** *f.* (18)
computer **computadora** *f.* (4)
(to) continue **continuar** (9)
cookie **galleta** *f.* (17)
cool **fresco(a)** (17)
corn **maíz** *m.* (17)

corner **esquina** *f.* (8)
cornmeal pancake (Mexico) **tortilla** *f.* (3)
Costa Rica **Costa Rica** (3)
Costa Rican **costarricense** *m.* or *f.* (3)
country **país** *m.* (8)
cousin **primo(a)** *m. (f.)* (6)
cream **crema** *f.* (17)
croissant **croissant** *m.* (1)
(to) cross **cruzar** (8)
Cuba **Cuba** (3)
Cuban **cubano(a)** *m. (f.)* (3)
custard, caramel **flan** *m.* (3)

D

dairy **lácteo(a)** (17)
  dairy product **producto lácteo** *m.* (17)
dance **baile** *m.* (9)
(to) dance **bailar** (1)
date **cita** *f.* (10)
daughter **hija** *f.* (6)
day **día** *m.* (14)
delicious **delicioso(a), riquísimo** (3)
delighted **encantado(a)** (2)
dentist **dentista** *m.* or *f.* (3)
desk **escritorio** *m.* (4)
disagreeable **antipático(a)** (6)
discotheque **discoteca** *f.* (7)
divorced **divorciado(a)** (6)
(to) do **hacer** (9)
  (to) do an errand **hacer un mandado** (10)
doctor **médico** *m.,* **doctor(a)** *m. (f.)* (3)
dog **perro** *m.* (5)
Dominican **dominicano(a)** *m. (f.)* (3)
Dominican Republic **República Dominicana** (3)
dozen **docena** *f.* (17)
dress **vestido** *m.* (18)
dresser **cómoda** *f.* (4)
drink **bebida** *f.* (1)
(to) drink **tomar** (1)
drugstore **farmacia** *f.* (7)

E

each **cada** (17)
(to) earn **ganar** (2)
(to) eat **comer** (1)

Ecuador **Ecuador** (3)
Ecuadorian **ecuatoriano(a)** *m. (f.)* (3)
eight hundred **ochocientos(as)** (12)
eighty **ochenta** (7)
El Salvador **El Salvador** (3)
engineer **ingeniero(a)** *m. (f.)* (3)
England **Inglaterra** (3)
Englishman(woman) **inglés (inglesa)** *m. (f.)* (3)
enough **suficiente** (16)
entrance ticket **entrada** *f.* (11)
envelope **sobre** *m.* (16)
equality **igualdad** *f.* (18)
eraser **borrador** *m.* (4)
(to) establish **establecer** (18)
every **cada** (17)
  every day **todos los días** *m.* (1)
excuse me **perdón** (8)
expensive **caro(a)** (16)
(to) express **expresar** (1)
expression **expresión** *f.* (6)

F

facing **frente a** (8)
fair **feria** *f.* (9)
family **familia** *f.* (6)
famous **famoso(a)** (12)
far (from) **lejos (de)** (8)
fat **gordo(a)** (6)
father **padre** *m.* (6)
favorite **favorito(a)** (16)
(to) feel **sentir**
  (to) feel like … **tener ganas de …** (10)
festival (religious) honoring a town's patron saint **Fiesta del pueblo** *f.* (9)
fifty **cincuenta** (7)
film **película** *f.* (5)
finally **finalmente, por fin** (14)
(to) find **encontrar** (9)
fine **bien** (1)
fireworks **fuegos artificiales** *m.* (9)
first **primero** (7)
fish **pescado** *m.* (17)
five hundred **quinientos(as)** (12)
floor **planta** *f.* (4)

flour **harina** *f.* (17)
flower shop **florería** *f.* (7)
folk dance **baile folklórico** *m.* (9)
food **alimento** *m.* (17), **comida** *f.* (3)
foolish **tonto(a)** (6)
football **fútbol americano** *m.* (5)
for **para** (9), **por** (11)
forty **cuarenta** (7)
four hundred **cuatrocientos(as)** (12)
France **Francia** (3)
Frenchman(woman) **francés (francesa)** *m. (f.)* (3)
frequently **a menudo** (7), **frecuentemente** (10)
Friday **viernes** *m.* (10)
friend **amigo(a)** *m. (f.)* (2)
from **desde** (9)
    from time to time **de vez en cuando** (7)
frozen **congelado(a)** (17)
fruit **fruta** *f.* (17)
    fruit salad **ensalada de frutas** *f.* (17)
full **lleno(a)** (17)
fun **divertido(a)** (6)
future **futuro** *m.* (15)

G

garage **garaje** *m.* (3)
German **alemán (alemana)** *m. (f.)* (3)
Germany **Alemania** (3)
(to) get out something **sacar** (14)
glass **vaso** *m.* (1)
globe **globo** *m.* (1)
(to) go **ir** (7)
    (to) go along **andar** (13)
    (to) go back **volver** (13)
    (to) go down **bajar** (11)
    (to) go out **salir (de)** (13)
    (to) go shopping **ir de compras** (10)
    (to be) going to … **ir a …** (10)
good **bueno(a)** (1)
    Good afternoon. **Buenas tardes.** (1)
    Good evening. **Buenas noches.** (1)

Good morning. **Buenos días.** (1)
Good night. **Buenas noches.** (1)
good-bye **adiós, chao** (1)
gram **gramo** *m.* (17)
grandfather **abuelo** *m.* (6)
grandmother **abuela** *f.* (6)
grape **uva** *f.* (17)
Great! **¡Qué bueno(a)!** (3)
green **verde** (17)
(to) greet **saludar** (2)
greeting **saludo** *m.* (2)
grenadine **granadina** *f.* (1)
group **grupo** *m.* (1)
Guatemala **Guatemala** (3)
Guatemalan **guatemalteco(a)** *m. (f.)* (3)
guitar **guitarra** *f.* (14)

H

half **medio(a)** (17)
    half kilo **medio kilo** (17)
ham **jamón** *m.* (1)
hamburger **hamburguesa** *f.* (3)
handsome **guapo(a)** (6)
happy **contento(a)** (9)
(to) have **tener** (6)
    (to) have just … **acabar de …** (2)
    (to) have supper **cenar** (13)
    (to) have to **tener que** (6)
he **él** (2)
Hello! **¡Hola!** (1)
    Hello! (answering the phone) **¡Bueno!, ¡Diga! / ¡Dígame!** (7)
her **su(s)** (4)
here **aquí** (4)
high school **escuela secundaria** *f.* (7)
high-heeled shoe **zapato de tacón** *m.* (18)
his **su(s)** (4)
Hispanic **hispano(a)** *m. (f.)* (9)
Honduran **hondureño(a)** *m. (f.)* (3)
Honduras **Honduras** (3)
horrible **horrible** (3)
hospital **hospital** *m.* (7)
hot **caliente** (3)
hot pepper **chile** *m.* (3)

hotel **hotel** *m.* (7)
hour **hora** *f.* (14)
house **casa** *f.* (4)
how **como** (11)
    how? **¿cómo?** (1)
    How are you? **¿Qué tal?** (1)
    How are you? (formal) **¿Cómo está Ud.?** (2)
    How can I help you (plural)? **¿En qué puedo servirle(s)?** (12)
    How is it/are they? **¿Cómo es/ son?** (6)
    how many? **¿cuántos(as)?** (6)
    How many are there? **¿Cuántos hay?** (4)
    How much is it (are they)? **¿Cuánto cuesta(n)?** (16)
    How old are you? **¿Cuántos años tienes?** (7)
    How …! **¡Qué …!** (3)
    How terrible! **¡Qué horrible!** (3)
hundred **cien** (7), **ciento** (12)
(to be) hungry **tener hambre** (7)
husband **esposo** *m.* (6)

I

I **yo** (1)
ice cream **helado** *m.* (17)
if **si** (12)
impossible **imposible** (10)
in **en** (1)
    in front of **delante de** (8)
    in order to **para** (9)
    in the afternoon **por la tarde** (11)
    in the morning **por la mañana** (11)
    In which direction? **¿En qué dirección?** (11)
Independence Day **Día de la Independencia** *m.* (9)
instance **vez** (7)
intelligent **inteligente** (6)
interesting **interesante** (6)
(to) introduce **presentar** (1)
introduction **presentación** *f.* (2)
invitation **invitación** *f.* (12)
It belongs to … **Es de …** (4)
It is 3 o'clock. **Son las tres.** (9)

It is one thirty.   **Es la una y media.** (9)
It's at the end of …   **Está a(l) final de …** (8)
It's not on sale?   **¿No está(n) en oferta?** (16)
Italian **italiano(a)** *m. (f.)* (3)
Italy **Italia** (3)

J

jacket **chaqueta** *f.* (18)
Japan **Japón** (3)
Japanese man (woman) **japonés (japonesa)** *m. (f.)* (3)
jazz **jazz** *m.* (5)
jelly **mermelada** *f.* (1)
journalist **periodista** *m. (f.)* (3)
juice **jugo** *m.* (1)

K

key **llave** *f.* (4)
kilogram **kilo** *m.* (17)
kilometer **kilómetro** *m.* (17)
kiss **beso** *m.* (5)
knapsack **mochila** *f.* (4)

L

language **lengua** *f.* (5)
late **tarde** (9)
lawyer **abogado(a)** *m. (f.)* (3)
leaf **hoja** *f.* (16)
(to) learn **aprender** (5)
leather **cuero** *m.* (18)
(to) leave **salir (de)** (13)
left **izquierda** (8)
lemon **limón** *m.* (17)
lemonade **limonada** *f.* (1)
less … than **menos … que** (18)
Let's go … **Vamos a …** (1)
Let's see. **A ver.** (16)
lettuce **lechuga** *f.* (17)
library **biblioteca** *f.* (7)
life **vida** *f.* (13)
like **como** (11)
(to) like **gustar** (5)
line **línea** *f.* (11)
(to) listen **escuchar** (1)
liter **litro** *m.* (17)
little, a **poco(a)** (1)
(to) live **vivir** (5)
location **lugar** *m.* (7)

Look! **¡Mira!** (3)
(to) look at **mirar** (2)
(to) look for **buscar** (14)
(to) lose **perder** (13)
lot, a **mucho(a)** (1)
(to) lower **bajar** (11)

M

machine **máquina** *f.* (4)
mad **enojado(a)** (9)
(to) make **hacer** (9)
(to) make the bed **hacer la cama** (13)
man **hombre** *m.* (3)
market **mercado** *m.* (7)
married **casado(a)** (6)
mayonnaise **mayonesa** *f.* (17)
me **mí** (1)
meal **comida** *f.* (1)
means of transportation **medios de transporte** *m.* (4)
meat **carne** *f.* (3)
mechanic **mecánico(a)** *m. (f.)* (3)
Mexican **mexicano(a)** *m. (f.)* (3)
Mexican food **comida mexicana** (3)
Mexico **México** (3)
midday **mediodía** *m.* (9)
middle **medio** *m.* (4)
midnight **medianoche** *f.* (9)
mile **milla** *f.* (12)
milk **leche** *f.* (1)
milkshake **licuado** *m.* (1)
million **millón** (12)
minute **minuto** *m.* (14)
Miss **señorita** *f.* (1)
modern **moderno(a)** (18)
Monday **lunes** *m.* (10)
money **dinero** *m.* (2)
month **mes** *m.* (14)
more **más** (1)
more … than **más … que** (18)
morning **mañana** *f.* (10)
mother **madre** *f.* (6)
Mother's Day card **tarjeta del Día de la Madre** *f.* (16)
motorcycle **motocicleta** *f.* (4)
movie **película** *f.* (5)
movie, comedy **película cómica** *f.* (5)
movie, horror **película de horror** *f.* (5)

movie theater **cine** *m.* (7)
Mr. **señor** *m.* (1)
Mrs. **señora** *f.* (1)
much **mucho** (1)
very much **muchísimo** (1)
museum **museo** *m.* (7)
music **música** *f.* (5)
must **deber** (10)
my **mi(s)** (4)

N

name **nombre** *m.* (6)
last name **apellido** *m.* (6)
(to be) named **llamarse** (4)
nationality **nacionalidad** *f.* (3)
nature **naturaleza** *f.* (5)
near **cerca (de)** (8)
(to) need **necesitar** (2)
neighborhood **barrio** *m.* (7)
neither **tampoco** (2)
never **nunca** (7)
new **nuevo(a)** (12)
newspaper kiosk **quiosco de periódicos** *m.* (8)
next **próximo(a)** (10)
next to **al lado de** (8)
Nicaragua **Nicaragua** (3)
Nicaraguan **nicaragüense** *m. or f.* (3)
nice **simpático(a)** (6)
Nice to meet you. **Mucho gusto.** (1)
night **noche** *f.* (9)
last night **anoche** (13)
nine hundred **novecientos(as)** (12)
ninety **noventa** (7)
no **no** (1)
North American **norteamericano(a)** *m. (f.)* (3)
notebook **cuaderno** *m.* (4)
nothing **nada** (13)
now **ahora** (9)
number **número** *m.* (7)
nurse **enfermero(a)** *m. (f.)* (3)

O

(to) obtain **sacar** (14)
of **de** (3)
of the **de la / del** (8)

of course **por supuesto** (9)
  Of course! **¡Claro!** (5)
  Of course!! (reaffirmed) **¡Claro que sí!** (10)
(to) offer **ofrecer** (17)
often **a menudo** (7)
oil **aceite** *m.* (17)
OK **de acuerdo** (9)
old **viejo(a)** (6)
older **mayor** (18)
olive **aceituna** *f.* (2)
omelette (Spain) **tortilla** *f.* (3)
on **en** (1)
  on foot **a pie** (10)
  on the corner of **en la esquina de** (8)
once **una vez** (17)
  once a year **una vez al año** (9)
one **un(a)** (1), **uno** (2)
one hundred **ciento** (12)
onion **cebolla** *f.* (17)
open-air market **mercado al aire libre** *m.* (17)
or **o** (12)
orange **naranja** *f.* (17)
order **orden** *m.* (12)
other **otro(a)** (11)
our **nuestro(a)** (4)
over there **allá** (17)
(to) owe **deber** (10)

P

(to) pack **hacer las maletas** (13)
package **paquete** *m.* (17)
painting **pintura** *f.* (5)
Panama **Panamá** (3)
Panamanian **panameño(a)** *m. (f.)* (3)
pants **pantalones** *m.* (18)
paper **papel** *m.* (16)
  piece of paper **hoja** *f.* (16)
parade **desfile** *m.* (9)
Paraguay **Paraguay** (3)
Paraguayan **paraguayo(a)** *m. (f.)* (3)
(to) pardon **disculpar** (7)
parents **padres** *m.* (6)
park **parque** *m.* (7)
parking lot **playa de estacionamiento** *f.* (8)

party **fiesta** *f.* (9)
(to) pass **pasar** (17)
  (to) pass time **pasar tiempo** (13)
pasta **pasta** *f.* (17)
pastry **pastel** *m.* (1)
(to) pay **pagar** (12)
pea **guisante** *m.* (17)
peach **melocotón** *m.* (1)
peanut **cacahuete** *m.* (2)
pear **pera** *f.* (17)
pen, ball point **bolígrafo** *m.* (4)
pen, fountain **pluma** *f.* (4)
pencil **lápiz** *m.* (4)
  pencil sharpener **sacapuntas** *m.* (4)
pepper **pimienta** *f.* (17)
person **persona** *f.* (6)
Peru **Perú** (3)
Peruvian **peruano(a)** *m. (f.)* (3)
pharmacy **farmacia** *f.* (7)
pie **pastel** *m.* (1)
piece **pedazo** *m.* (17)
place **lugar** *m.* (7)
plain **feo(a)** (6)
(to) plan **planear** (12)
plane **avión** *m.* (12)
plant **planta** *f.* (4)
(to) play (a sport or game) **jugar** (11)
(to) play (an instrument) **tocar** (2)
plaza **plaza** *f.* (7)
poetry contest **concurso de poesía** *m.* (9)
police **policía** *f.* (7)
  police station **estación de policía** *f.* (7)
  policeman **policía** *m.* (7)
politics **política** *f.* (5)
pool **piscina** *f.* (7)
poorly **mal** (1)
popular dance **baile popular** *m.* (9)
possession **posesión** *f.* (4)
post office **correo** *m.* (7)
poster **póster** *m.* (4)
potato **papa** *f.* (17), **patata** *f.* (2)
  potatoes: cooked, diced, and served in spicy sauce **patatas bravas** *f.* (2)
pound **libra** *f.* (17)

(to) practice **practicar** (1)
(to) prefer **preferir** (7)
preference **preferencia** *f.* (17)
(to) present **presentar** (1)
presentation **presentación** *f.* (2)
preserve **conserva** *f.* (17)
pretty **bonito(a)** (6)
price **precio** *m.* (16)
prize **premio** *m.* (9)
product **producto** *m.* (17)
profession **profesión** *f.* (3)
professor **profesor(a)** *m. (f.)* (3)
Puerto Rican **puertorriqueño(a)** *m. (f.)* (3)
Puerto Rico **Puerto Rico** (3)
purse **bolsa** *f.* (18)

Q

quantity **cantidad** *f.* (17)

R

racket **raqueta** *f.* (16)
raincoat **impermeable** *m.* (18)
rarely **rara vez** (7)
(to) read **leer** (5)
ready **listo(a)** (9)
(to) receive **recibir** (5)
record album **disco** *m.* (4)
record shop **tienda de discos** *f.* (16)
red **rojo(a)** (17)
redhead **pelirrojo(a)** (6)
(to) request **pedir** (8)
(to) rest **descansar** (9)
restaurant **restaurante** *m.* (1)
rice **arroz** *m.* (3)
right **derecha** (8)
  right? **¿verdad?** (2)
  right now **ahora mismo** (15)
rock music **música rock** *f.* (5)
room **cuarto** *m.* (4)
roundtrip ticket **billete de ida y vuelta** *m.* (12)
rug **alfombra** *f.* (4)
(to) run **correr** (5)
Russia **Rusia** (3)
Russian **ruso(a)** *m. (f.)* (3)

S

sad **triste** (9)
salad **ensalada** *f.* (17)
sale **oferta** *f.* (16)
salesman(woman) **vendedor(a)** *m. (f.)* (17)
salt **sal** *f.* (17)
Salvadorian **salvadoreño(a)** *m. (f.)* (3)
sandal **sandalia** *f.* (18)
sandwich **sándwich** *m.* (1), (French bread) **bocadillo** *m.* (1)
Saturday **sábado** *m.* (10)
sauce **salsa** *f.* (3)
sausage **chorizo** *m.* (2)
(to) say **decir** (10)
(to) say good-bye **despedirse** (1)
schedule **horario** *m.* (11)
school **colegio** *m.* (7), **escuela** *f.* (4)
science **ciencia** *f.* (5)
science fiction movie **película de ciencia ficción** *f.* (5)
sculpture **escultura** *f.* (5)
secretary **secretario(a)** *m. (f.)* (3)
(to) see **ver** (9)
See you later. **Hasta luego.** (1)
(to) sell **vender** (5)
sequence, series **serie** *f.* (14)
serious **serio(a)** (6)
seven hundred **setecientos(as)** (12)
seventy **setenta** (7)
(to) share **compartir** (5)
she **ella** (2)
shirt **camisa** *f.* (18)
shoe **zapato** *m.* (18)
shoe store **zapatería** *f.* (18)
(to) shop **ir de compras** (10)
shopping cart **carrito** *m.* (17)
shopping center **centro comercial** (16)
short **bajo(a)** (6)
should **deber** (10)
sick **enfermo(a)** (9)
silly **tonto(a)** (6)
(to) sing **cantar** (1)
sister **hermana** *f.* (6)
six hundred **seiscientos(as)** (12)

sixty **sesenta** (7)
ski **esquí** *m.* (16)
skirt **falda** *f.* (18)
slice of bread **rebanada de pan** *f.* (1)
slow **despacio** (8)
small **pequeño(a)** (6)
snack **merienda** *f.* (1)
snack, Spanish **tapa española** *f.* (2)
so **tan** (8)
so-so **más o menos** (1)
soccer **fútbol** *m.* (5)
sock **calcetín** *m.* (18)
soda **soda** *f.* (1)
soft drink **refresco** *m.* (1)
someday **algún día** (12)
something **algo** (1)
sometimes **a veces** (1)
son **hijo** *m.* (6)
I'm sorry. **Lo siento.** (7)
Spain **España** (3)
Spaniard **español(a)** *m. (f.)* (3)
special **especial** (11)
sphere **globo** *m.* (1)
spicy **picante** (3)
sport **deporte** *m.* (5)
sporting goods store **tienda de deportes** *f.* (16)
square **plaza** *f.* (7)
squid **calamares** *m.* (2)
stadium **estadio** *m.* (7)
station **estación** *f.* (7)
stationery store **papelería** *f.* (16)
(to) stay **quedar** (8)
stereo **estéreo** *m.* (4)
stocking **media** *f.* (18)
store **tienda** *f.* (7)
strawberry **fresa** *f.* (17)
street **calle** *f.* (8)
student **alumno(a)** *m. (f.)* (4), **estudiante** *m.* or *f.* (3)
(to) study **estudiar** (1)
stupid **tonto(a)** (6)
style **moda** *f.* (18)
subway **metro** *m.* (11)
subway map **plano del metro** *m.* (11)
subway station **estación de metro** *f.* (11)
sugar **azúcar** *m.* (17)
Sunday **domingo** *m.* (10)
Super! **¡Super!** (16)

sure **seguro(a)** (18)
survey **encuesta** *f.* (12)
sweater **suéter** *m.* (18)
sweet roll, any kind **pan dulce** *m.* (1)
swimming pool **piscina** *f.* (7)

T

T-shirt **camiseta** *f.* (18)
(to) take **tomar** (1), **llevar** (4)
(to) take a trip **hacer un viaje** (13)
(to) take a walk **dar un paseo** (10)
(to) talk **hablar** (1)
tall **alto(a)** (6)
tape (cassette) **cinta** *f.* (4)
tape recorder **grabadora** *f.* (4)
taste **gusto** *m.* (5)
taxi **taxi** *m.* (7)
tea **té** *m.* (1)
teacher **profesor(a)** *m. (f.)* (3)
telephone **teléfono** *m.* (7)
telephone conversation **conversación telefónica** *f.* (7)
television set, (color) **televisor (a colores)** *m.* (4)
tennis **tenis** *m.* (5)
tennis ball **pelota de tenis** *f.* (16)
tennis shoe **zapato de tenis** *m.* (16)
thank you **gracias** (1)
Thank you very much. **Muchas gracias.** (1)
Thanksgiving Day mass **la misa de Acción de Gracias** *f.* (9)
that **aquel(la), ese(a)** (17), **que** (1)
that is why **por eso** (16)
that one **ése(a)** *m. (f.)* (17)
that one over there **aquél(la)** *m. (f.)* (17)
the **el** *m.*, **la** *f.*, (plural) **los** *m.*, **las** *f.* (4)
theatre **teatro** *m.* (7)
movie theatre **cine** *m.* (7)
their **su(s)** (4)
then **entonces** (9), **luego** (14), **pues** (1)
there **allí** (4)
there is/are **hay** (4)

they **ellos(as)** *m. (f.)* (2)

thin **delgado(a)** (6)

thing **cosa** *f.* (11)

  another thing **otra cosa** *f.* (11)

(to) think **pensar** (11)

(to be) thirsty **tener sed** (7)

this **este(a)** (17)

this one **éste(a)** *m. (f.)* (17)

thousand **mil** (12)

three hundred **trescientos(as)** (12)

Thursday **jueves** *m.* (10)

ticket **billete** *m.* (11)

  ticket, ten-trip **billete de diez viajes** *m.* (11)

  ticket, one-way **billete sencillo** *m.* (11)

time **tiempo** *m.* (14), **vez** *f.* (9)

tin **lata** *f.* (17)

tip **propina** *f.* (12)

tired **cansado(a)** (9)

to **a** (1)

  to the **al** (7)

toast **pan tostado** *m.* (1)

today **hoy** (10)

together **junto(a)** (17)

tomato **tomate** *m.* (17)

tomorrow **mañana** (10)

tongue **lengua** *f.* (5)

(to) touch **tocar** (2)

tourist **turista** *m.* or *f.* (11)

train **tren** *m.* (7)

  train station **estación de trenes** (7)

(to) travel **viajar** (1)

travel agency **agencia de viajes** *f.* (12)

trip **viaje** *m.* (12)

trousers **pantalones** *m.* (18)

Tuesday **martes** *m.* (10)

tuna **atún** *m.* (17)

(to) turn **doblar** (8)

twenty **veinte** (7)

two hundred **doscientos(as)** (12)

typewriter **máquina de escribir** *f.* (4)

typing paper **papel para escribir a máquina** *m.* (16)

U

ugly **feo(a)** (6)

uncle **tío** *m.* (6)

(to) understand **comprender** (5)

United States **Estados Unidos** (3)

university **universidad** *f.* (7)

unlimited **sin límite** (11)

until **hasta** (17)

Uruguay **Uruguay** (3)

Uruguayan **uruguayo(a)** *m. (f.)* (3)

usually **usualmente** (10)

V

various **varios(as)** (17)

vegetable **vegetal** *m.* (17)

  vegetable salad **ensalada de vegetales (verduras)** *f.* (17)

Venezuela **Venezuela** (3)

Venezuelan **venezolano(a)** *m. (f.)* (3)

very **muy, bien** (1)

  very much **muchísimo** (1)

  Very well, thank you. **Muy bien, gracias.** (1)

video **vídeo** *m.* (16)

videocassette player **video-casetera** *f.* (4)

(to) visit **visitar** (7)

volleyball **vólibol** *m.* (5)

W

(to) wait **esperar** (12)

waiter (waitress) **camarero(a)** *m. (f.)* (1)

(to) walk **caminar, andar** (13)

  a walk **paseo** *m.* (10)

walking **a pie** (10)

wallet **cartera** *f.* (4)

(to) want **desear** (1), **querer** (7)

(to) watch **mirar** (2)

water **agua** *f.* (1)

we **nosotros(as)** *m. (f.)* (1)

Wednesday **miércoles** *m.* (10)

week **semana** *f.* (14)

weekend **fin de semana** *m.* (10)

well **bien** (1)

what? **¿qué?, ¿cómo?** (1)

  What a pity! **¡Qué pena!** (16)

  What day is today? **¿Qué día es hoy?** (10)

  What delicious food! **¡Qué comida más rica!** (3)

What time is it? **¿Qué hora es?** (9)

What's your name? **¿Cómo te llamas?** (4)

where? **¿adónde?** (7), **¿dónde?** (6)

  Where are you from? **¿De dónde es (eres)?** (3)

  Where is/are there...? **¿Dónde hay...?** (4)

  Where is ...? **¿Dónde está ...?** (8)

which? **¿cuál?** (17)

who? **¿quién?** (3)

whole **entero** (11)

Whose is it? **¿De quién es ... ?** (4)

why? **¿por qué?** (6)

wife **esposa** *f.* (6)

store window **escaparate** *m.* (16)

(to) wish for **desear** (1)

with **con** (2)

  with me **conmigo** (10)

  with pleasure **con mucho gusto** (1)

woman **mujer** *f.* (3)

(to) work **trabajar** (1)

worse, worst **peor** (18)

(to) write **escribir** (5)

Y

year **año** *m.* (14)

(to be) ... years old **tener ... años** (7)

yellow **amarillo(a)** (17)

yes **sí** (1)

yogurt **yogur** *m.* (17)

you (familiar) **tú**, (familiar plural) **vosotros (as)** *m. (f.)*, (formal) **usted (Ud.)**, (formal plural) **ustedes (Uds.)** (1)

you're welcome **de nada** (3)

young **joven** (18)

younger **menor** (18)

your **su(s)** (18), **tu(s)** (4)

Index